经典战史回眸 二战系列

“轮到我们开火了”

★1942年美国太平洋舰队的第一次反击★

谭飞程 著

WUHAN UNIVERSITY PRESS
武汉大学出版社

图书在版编目(CIP)数据

“轮到我们开火了”:1942 年美国太平洋舰队的第一次反击/谭飞程著.—武汉:武汉大学出版社,2017.9
经典战史回眸.二战系列
ISBN 978-7-307-19516-5

Ⅰ.轮… Ⅱ.谭… Ⅲ.第二次世界大战战役—史料 Ⅳ.E195.2

中国版本图书馆 CIP 数据核字(2017)第 181397 号

责任编辑:王军风　　责任校对:汪欣怡　　版式设计:马　佳

出版发行:**武汉大学出版社**　(430072　武昌　珞珈山)
(电子邮件:cbs22@ whu. edu. cn　网址:www. wdp. com. cn)
印刷:武汉中远印务有限公司
开本:787×1092　1/16　印张:12.5　字数:296 千字
版次:2017 年 9 月第 1 版　2017 年 9 月第 1 次印刷
ISBN 978-7-307-19516-5　定价:46.00 元

目　　录

自序：我与军事历史写作的一点事

每次提及军事历史写作，我总是有一肚子话想说，但又不知从何说起。应当说，我从小并没有打算走上军事历史写作的道路，只是出于男孩子的天性，喜欢打打杀杀的内容罢了。两岁时，外公就给我买人民美术出版社版的杨家将。那时，他发了工资，就带着我上街，买一本连环画，买一块上海益民食品厂产的奶油巧克力，然后骑在他脖子上回家。可以说，那时候是我一生最无忧无虑的时候。

再长大一些，外公给我买了一把装电池的玩具枪（印象中类似苏式波波莎，转盘供弹，气冷散热枪管的孔还会卡住手指），一扣扳机枪管、转盘弹夹会闪红光，发出“哒哒哒”的声音。这是我第一件与军事有关的玩具。随着看各种战争电视剧，我开始在家里用板凳堆工事，积木做手榴弹，尽情地玩耍。偶尔也会来一把古装，用个灯罩做头盔，拉条毯子做披风，剪几块硬纸板穿上绳子做甲，皮带斜插一把塑料剑，熊猫牌的玩具吸盘当盾①，手舞晾衣服叉的木杆子做长矛，来一把冲锋陷阵。

玩这些都只是童年的游戏，而文字却不曾落笔，甚至从三岁到十来岁，一直都仅限于纸上涂鸦——画飞机、大炮、战马、战阵……画得一塌糊涂，上不得台面。尤其初中以后，开始尝试写古诗词，高中以后写些不着调的散文，仿佛一下变成文学少年、文学青年，直奔文学创作而去了。那时也读书，但很杂，历史和军事只是其中的一部分而已，并不像现在那么纯粹。

一切的变化，因为因特网和论坛。1999年，因为一段感情，我开始上网，并且学会了在bbs灌水。从2000年开始，常去一个叫兵器的论坛，还认识了一个叫林空的四川网友。可是，好景不长，那个论坛突然关闭了，就在我不知道该去哪时，林空给我推荐了音速论坛。

刚到新论坛，我十分活跃，经常跟人争论，特别是太平洋海战的内容。时间一长，引起了《国际展望》杂志社一位编辑的关注，向我约稿。说实话，那个时候主要看的都是中文书，虽然在正式媒体上发表过文字，但没有军事历史写作的经验。那次，按照编辑要求，写了一篇有关“三隈”号最后命运的故事，一篇珊瑚海海战。最后编辑用了前一篇稿子，以《中途岛大海战中最著名的血火插曲详述——“三

① 20世纪80年代一种玩具，接球盘为塑料原盘，有把手，像盾。盘面光滑，使用的球非球状，而是类似羽毛球状，前方为橡胶吸盘，后方是塑料网格体。

限”号的最后航程》为题发表在《国际展望》2002年第11期上。

这次写稿经历为我开启了人生军事历史写作的大门——不仅是第一篇稿子，还为我赢得了第一份工作。这事现在想来也颇机缘巧合，因为我没有收到稿费，就去问杂志社催要。接待的主编助理问我在做什么，我说刚毕业在找工作，他就让我去面试。我惴惴不安地来到江宁路澳门路那幢“世纪之门”大楼，才知道负责“三限”号故事的专职战史编辑要出国留学，他们看我对战史有点认知，就抽了“壮丁”。从此，我在这里一干就是五年。

在这五年里，结合我的兴趣，杂志主要给我的任务是太平洋方向和海军军舰方向。于是，我在这两方面用了不少心思，搜集了一部分中外资料，也写了百万字的作品。其中太平洋和海军军舰方向有33篇发表在《国际展望》，5篇发表在《军事历史》。那个时候，每天带着厚厚的资料和一个快译通，在地铁上不停地翻译，回到家里就把翻译出来的文字输入电脑，整理成章。虽然很辛苦，但是很快乐。特别是那种成就感，它来自三个方面：其一，黑纸白字发表了，这是一种肯定；其二，圈子里会谈论甚至互动，认识了很多朋友，积累了小小的名声；其三，稿费的收入使得自己能够减轻还房贷的压力，还能有选择地买一些外文资料。

好景不长，2008年1月《国际展望》关闭了，我暂时失去了工作。当时父母建议我回杭州。在拖延了一段时间之后，我才做出了去杭州的决定，至今仍不知这样的选择是对还是错。

杭州的写作条件就不及上海了，首先是我的书不可能全部从上海搬回来，于是资料分隔两地。起先，自己还觉得年轻，两地随便跑，但后来时间和精力都有些不允许了。本以为结婚后可以一步到位，结果还是让人失望了。现在，资料分隔在了三个地方，经常为找一本书而抓狂。

其次是写作的环境。杭州的住处内外皆有不便。说外，旁边是个火车停车场，每天深夜和凌晨必鸣笛；楼下是所小学，自从独立办学、更换校长之后，经常放学之后夜里还有各种高噪音的活动。说内，住的房子隔音效果很差，特别是楼上住户的小孩，制造各种噪音不绝。只有过年他们回乡下，才能太平几日。婚后本以为可以远离这些问题，但谁知道临时婚房距离火车停车场更近，几乎每天6点不到准时被火车叫醒。而且楼上有一家住着个间歇性精神病人，每天半夜滚拖东西。近两年以来，安眠之日不超过一个手掌之数。

再次是电脑的问题。因为个人不通电脑，又似乎与电脑天生犯冲，一直以来对电脑的安全性、稳定性要求比较高。在上海时，依靠一位深圳精通电脑的朋友提供的最保险的装配方案，请承包单位电脑与网络事务的一位先生供货并随时提供维护，这才基本安全运行。那位先生的店距离家也不远，维护比较方便。但回到杭州之后，没有熟悉的供货，单位的网管或承包商也都不接私人业务，电脑城又集中在城西，往返需约五个小时。这样，只好买品牌机，出了比较严重的问题，再花钱请人上门维护。

最后便是各种杂事的增多。这一点在婚后表现得尤其明显。毕竟结婚是两个人的事，两个家庭的事。而单位意外的出差和临时任务也不断增加，时间计划上的不确定性越来越大。

当然，虽然困难众多，虽然几度明里暗里说要封笔，但始终没有付诸实施。一是因为兴趣，还有探索历史的愿望；二是因为喜欢看书，工资收入不高，买书全靠稿费，一旦封笔，就等于不能买书了。

写这本书，自然也是与上述两个原因相关的。起初，我通过给杂志写商用文章，以相对低的成本来赚取稿费，然后用稿费换取资料，用于写书。比如2012－2013年，我写《南昌会战》，买资料的钱大大超过《南昌会战》一书的版税收益，基本依赖其他稿费贴补。在这里要感谢《舰船知识》《战争史研究》《突击》《战争事典》等出版物，这些年来是众多老师、朋友的提携和帮助，刊发我的作品，使得我能维系写作状态。然而，我也在思考，是不是写书一定要写成近乎学术，近乎一锤定音的书，可不可以写一些盈利的书，让写书自己养活自己，就像给杂志写文章那样。最近一段时间，看见年轻后辈如雨后春笋般冒出来，他们以年轻的身体和活跃的精力投身军事写作，一本接一本地出作品，也着实刺激了我。最终，我决定，尝试写一本比较商业化，比较通俗，可读性更强的书。并且，选择自己比较擅长的太平洋战争作为书的主题，尽量利用手头已有的资料创作，不大规模外购资料。

当然，选择通俗性的写作不等于降低文章的质量。我选择的这个题目，在2005年我已经写过一篇2万多字的《第一次反击——美军第8特混舰队袭击马绍尔群岛》，发表在《军事历史》2006年第2－3期上。我以这篇文章为基础，补充了这两年手头新积累的不少资料。这里看点主要在以下五个方面：

其一，选题的扩大。原杂志文章只涉及第8特混舰队的内容，而这次将第17特混舰队的内容也包括了进来，成为一个完整版的第一次反击（奇袭马绍尔群岛与吉尔伯特群岛）。

其二，当初是作为杂志文章写的，讲究速成，基本只使用了英文资料，写作时也完全是以美方视角来看问题。而这一次，虽然仍以美方视角为主，但补充了大量日本方面的资料。比如日军各个岛礁防御力量的构建过程和具体实力，日军对美军袭击的反应，八代祐吉被炸死的细节和死后指挥权争夺等等。此外，我也没有完全照抄原来杂志的文章，在梳理和扩写过程中，修正了大量以前的错谬。比如针对美军最初定策中的反对人物的再考订等。

其三，我摈弃了原来枯燥的战史写作方法，采用故事性叙述。即不再于正文或注中大量罗列各种说法，进行详细考证，而是根据自己掌握的资料，得出一种逻辑上的可能，按照这一可能直接表述。在一些细节方面，也是在坚实证据基础上，作适当文学性的延伸和发挥。比如关于“蚝隆头鱼”号艇长威林厄姆看见棉纺厂童工的事。这是1910年佩尔城棉纺厂童工照片引发的联想。对于一个几百人的小城来说，他看见过此情此景是完全可能的。还有，关于第5鱼雷机中队中队长泰勒摸黑起飞和在暴风雨中前进的描述，并没有实际资料说他想到了自己家乡的那场美式足球赛。但是以那场球赛的知名度，他一定听说过，所以大胆做了那样的渲染。这样的例子不少，也算是自己的一种脑洞吧，欢迎批评或者补充。

其四，在某些章节，为了充分介绍情况，保留了部分战史写作的模式。比如在第10章里，相对全面地介绍了夸贾林环礁内主要船只的性能与历史。这些没有作为补丁安排，是因为我听到的，几乎所有的读者都吐槽补丁太大，影响阅读的流畅性。所以，我尽量做了衔接，使之融入正文。类似的情况，也包括人物简介，同样采取融入正文的方式。可能这样的安排会让有些读者觉得啰嗦、突兀，如果真这么觉得，欢迎提意见，让我听听其他声音。

其五，在细节把握上，我没有丝毫松懈。比如我原来以为西姆斯级军舰上还安装着12.7毫米高射机枪，在看到美国有书描述20毫米机关炮的情形，起初有些不信，于是翻查navsource上的图片，直到查到确认的图。而对于千岁航空队装备的九六式陆基攻击机，因为未能完全确证型号，而不同型号技术性能有差异，也采用了模糊的表述法。

总之，这是一本跟我以往的抗战战史书完全不同体验的书。

在写作本书的过程中，我一如既往遭遇了许多困难。最重要的是时间和精力不足。我主要利用早晨提前到单位的十几分钟，中午休息时间以及下班前5分钟到下班后20分钟之间的时间写作（因为发现早到车站同样要等），晚上回家就得看家庭里的状况了，有时间的时候很少，几乎都有各种各样五花八门的突发情况。正是因为时间计划的不确定性，我首先试写了一章，发现基本顺利，才确定要写出这本书。之后，直到完成七八成的文字量才敢去联系编辑。近两年身体也不好，每天早晨起来都头晕。特别是去年12月到今年3月份，冷空气一来就牙疼，而且本书截稿之前，左手还出现了手指麻木的现象，甚至一度从小手指发展到无名指与中指，颇有一种跟时间赛跑的感觉。

还有，正是因为在单位、父母家以及临时婚房三处开工，未成稿和各种准备的资料在三台电脑上存得相当乱，有时根本记不起一个资料是下在哪台电脑上了。各种文件来回拷贝，虽然采用日期+英文字母+阿拉伯数字的编号，但到最后也有些发晕。最无语者，在父母家多作停留，被长辈误作夫妇不和，多次横遭驱赶。

找寻资料也遇到了一些问题，特别是配图。临时婚房内的无线网络简直令人无语，很多在有线网络可以正常打开的网站，到了它这里却很缓慢，甚至根本打不开。

但是，在创作过程中，我也得到了许多鼓舞和帮助。从内因来说，我觉得美国人的军事史或军事报道总是有一种别样的“革命乐观主义精神”，他们的作家和媒体人，总能找到一个又一个令人亢奋的段子，融汇成一个完整的特别令人振奋的故事。这是我在写作中，多数情况下感觉愉悦畅爽的重要原因（相对来说，写中国的抗战就抑郁得多），使我能坚持完成作品。

就外因而言，许多老师和朋友们也始终不渝地给予了我帮助。在美国的顾剑帮我复印了大量资料，高峻帮我买了英文书籍；在日本的一位不知名的朋友，半夜帮我找图，发来时是日本时间凌晨2时21分；还有上海图书馆的张轶，帮我复印了整本的防卫厅战史，而童丰一遍遍帮我翻拍图片……在写作期间，特别是第一章试写时，文献学学者牛继清老师、明清史学者彭勇老师尽管对太平洋战争不熟悉，还是从专家对晚辈的关怀角度，给予了多次鼓励……这样的例子太多，在短短的序文中不能尽述（见正文之后的“鸣谢”）。没有他们的帮助和鼓励，这本书的完成是不可想象的。

还有武汉大学出版社的王军风编辑。以前出抗战的书，我们在文字上需要作比较多的沟通，有时两边都颇费唇舌。然而这次写太平洋的有关战役，他在阅读完样章后感叹麦克拉斯基，追忆中途岛，触动我的心弦。仿佛不是作者与编辑，而就是两个军迷在对话。我更加确信这本书稿必须问世。

当然，我不敢说这本书就写得完美无缺了，无论从组织架构、语言表述还是细节考证上，还有很大的提高空间，出于经济性的考虑对资料的利用也比较狭隘或者不够深入，欢迎各位专家、读者予以批评指正。

2017年4月20日中午迷糊中完成于办公室

特别说明

1. 时间

日期非注明，均为西经日期，注明（东）者为东经日期。一般情况下，东经日期减1日为西经日期。文中涉及凌晨、早晨、上午、下午、黄昏、夜晚等表述，均以事件发生地为准。第6－16章所有涉及时分的精确时间，均依马绍尔群岛当地时间为准（日本方面的资料均已+3小时）。

2. 译名

西方人名、船名都标记原文，并且只标记一次。人名中文第一次出现时，使用名+姓，原文人名为名+教名缩写+姓，无教名的为名+姓。姓名不全的，按已有资料表述保留。英语姓名的翻译按《英语姓名译名手册》（第4版）统一。船名原则上按音译，专有名词采取意译。美国军舰有编号的，第一次出现时予以标注。美国军舰建造船厂第一次出现时，标注船厂所在地州+城市名，之后省略。地名不标注原文，涉及马绍尔群岛与吉尔伯特群岛的岛礁名则统一归入附录之中。

3. 军衔

人名+军衔第一次出现时，军衔前注明军种，此后不再赘述。美国人因为有英文名字标注，故而第一次出现时军衔列于人名之前，日本人则列于名后。

4. 度量衡

除军舰常用的速度单位节、排水量单位吨（长吨）和海战一般使用的海里之外，其余全部统一成公制单位。船只发动机输出功率一般为公制马力，但因资料混杂，可能有未及换算或误判的，欢迎指正。

马绍尔群岛与吉尔伯特群岛简图

马绍尔群岛主要环礁

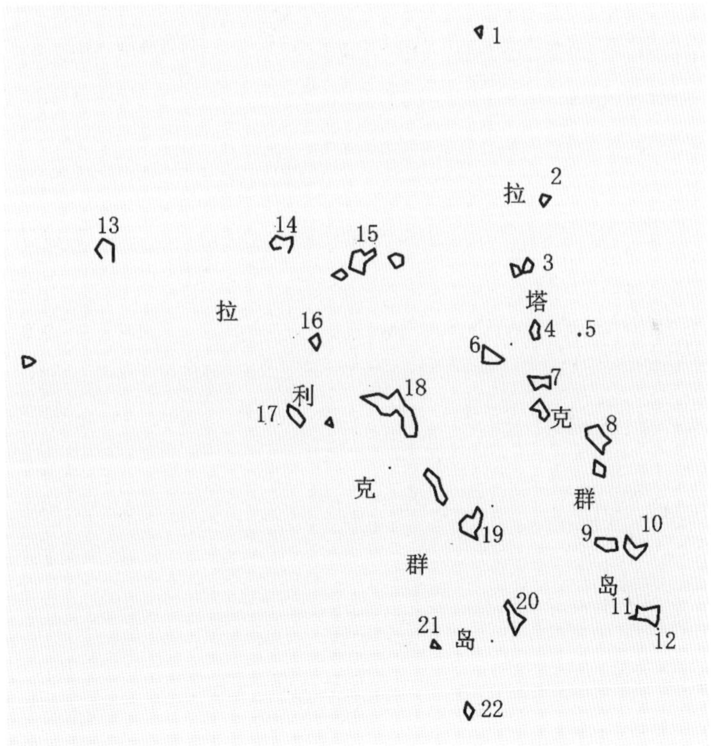

1. 塔翁吉
2. 比卡尔
3. 乌蒂里克
4. 艾卢克
5. 梅吉特
6. 利基普
7. 沃特杰
8. 马洛埃拉普
9. 马朱罗
10. 阿尔诺
11. 米利
12. 诺克斯
13. 埃尼威托克
14. 比基尼
15. 朗格拉普
16. 沃托
17. 乌贾
18. 夸贾林
19. 艾林拉普拉普
20. 贾卢伊特
21. 纳莫里克
22. 埃崩

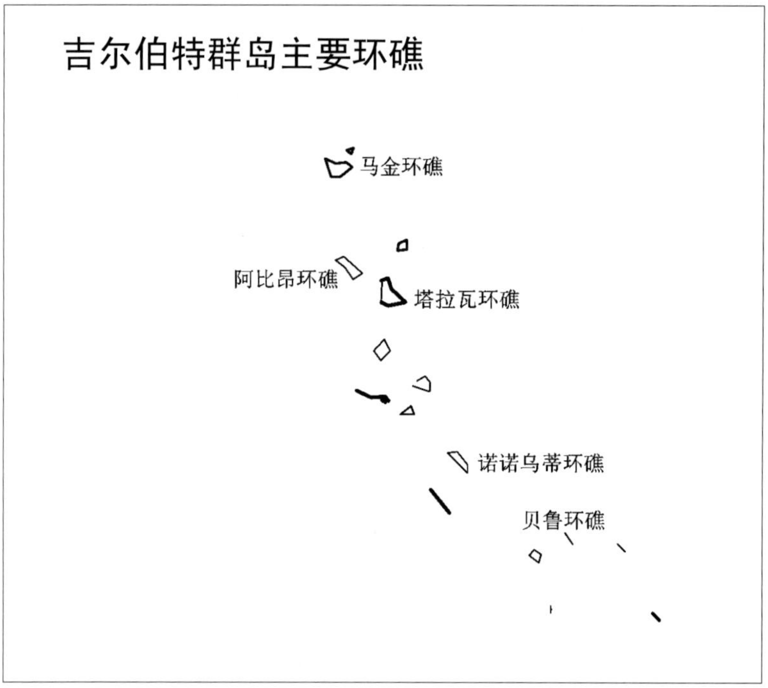
吉尔伯特群岛主要环礁
马金环礁
阿比昂环礁
塔拉瓦环礁
诺诺乌蒂环礁
贝鲁环礁

第一章 复仇计划

目睹惨状

1941年12月8日黄昏时分，美国海军第8特混舰队（以下简称TF8）出现在了瓦胡岛南端的珍珠港之外。十天前，这支舰队就是从这里出发，前去威克岛执行增援和飞机运输任务。昨天，当他们抵达距离瓦胡岛只有200海里处，忽然收到了珍珠港遭到袭击的噩耗。为了找寻可能存在的日本舰队，主动对其实施攻击，编队尽可能地进行了搜索，但一无所获。其间，舰队司令小威廉·哈尔西（William F. Halsey Jr.）海军中将让3艘重巡洋舰和几艘驱逐舰先行返回，自己又带着剩余的军舰逗留了几个小时，最后因为燃料不足，还是驶向了珍珠港。

在珍珠港入口，“企业”号航空母舰（CV-6 Enterprise）和几艘驱逐舰一字排开，一艘接一艘地鱼贯而入，缓缓穿越狭窄的航道，绕过怀皮奥角，驶向福特岛附近的锚地。官兵们都想看一眼珍珠港到底发生了什么，所以不值班的人都来到了甲板上，惊讶而悲哀地看着港内的一切。

是的，珍珠港，这座美国太平洋舰队的基地，刚刚遭受了日本海空力量的蹂躏，正处于迷茫、痛苦和混乱之中。此刻，太阳刚刚下山，港内滚滚黑烟升腾不散，与浓厚的云层混合，笼罩着整个港区，烧焦的重油在海面上翻涌，刺鼻的恶臭弥漫在空中，仿佛末日世界一般。在怀皮奥角东北，东湾港区入口右侧海军医院角附近，正躺卧着“内华达”号战列舰（BB-36 Nevada）。它起初想逃离港口，但是遭到日本飞机的集中攻击，为了避免因沉没堵塞航道，而不得不选择了就近搁浅。现在，它的舰尾沉没在浑浊的海水中，多枚航

甲板遭到极大破坏的“内华达”号战列舰。

空炸弹穿透甲板的爆炸，使得整个甲板扭曲破损，看上去就像一堆废铜烂铁。

在右侧更远一点的陆地上，是陆军航空兵的希甘姆机场。这里本来有成片的机场建筑和大约70架各类飞机。袭击过后，建筑物坍塌得七零八落，烧毁的机库还冒着青烟，停机坪上散落着支离破碎的B-17“飞行堡垒”——这些从本土远涉重洋赶来的大家伙，还没发挥作用就被炸成了零件。

稍稍前行，在福特岛南航道的左边出现了“加利福尼亚”号战列舰（BB-44 California）的身影，它已经向左倾斜下沉，左舷甲板边缘接触到了水面，动弹不得。[①]在其身后更远处就是著名的“战列舰大街”。两排并列停泊的5艘战列舰正在痛苦中挣扎——单侧挨了5条鱼雷的“俄克拉荷马”号（BB-37 Oklahoma）几乎倒扣了过来，露出巨大的螺旋桨，远远望去就像一条搁浅待毙的鲸鱼。“西弗吉尼亚”号（BB-48 West Virginia）也坐沉在水中，只有炮塔和舰桥露出水面。舰上的火已经扑灭，但烧得只剩骨架的OS2U观测机与变形的弹射器附着在炮塔上，仿佛已破碎的玩具。“田纳西”号（BB-43 Tennessee）和“马里兰”号（BB-46 Maryland）看上去情况稍好一些。最惨的就数“亚利桑那”号（BB-39 Arizona），它因为殉爆而裂成了两段，一段沉入了大海，一段还暂时浮在水面，而后者仍然在熊熊燃烧。消防水龙的水雾和浓烟交织在一起，遮盖了部分残骸，好似地狱魔幻般的残影。

编队一路走来，官兵们看到的尽是沉默忙碌的人影。无论是陆地防御设施内的人，还是抢救军舰的水兵、港务人员，大多数都一脸的沮丧、疲惫，呆呆地望着“企业”号航母驶过，一声不吭。等军舰过去之后，又继续干活。“企业”号编队的官兵也是一样地

“加利福尼亚”号战列舰向左舷侧倾，接触到水面。

① 诸多著作对珍珠港内战列舰惨状的描述略为夸张，比如讲“加利福尼亚”号“只有炮塔和舰桥露出水面”，实际上“西弗吉尼亚”号更接近这种描述。本书未完全按照先前著作的表述，而是参照美国海军现存的照片，重新解读。

翻覆的“犹他”号（右）。

无语，默默致哀。偶尔也会遇到几个“活跃”的人，他们耸耸肩，用挑衅的语气高声喊：“喂，你们这些人躲到哪里去了？”其中有些脾气暴躁的人，更是直接飙起了脏话。但编队内没有人搭理他们。

最后，“企业”号穿过战列舰大街，驶过福特岛东北部，掉头向西寻找泊位。在他们最熟悉的那个位置，大家看到了“犹他”号靶舰（AG-16 Utah）。这艘军舰被日本人当成战列舰攻击，已经朝左侧翻覆，露出了硕大饱满的船腹，看上去即将步“俄克拉荷马”号的后尘。目睹这一幕，站在“企业”号舰桥，一直绷着脸咬着牙的哈尔西终于耐不住了，他瞬间咆哮起来，“在我们遗忘这一切之前，日本话只会在地狱里响起！”——这个注册商标式的句子是他第一次吼出来，但决不是最后一次。

夜幕低垂时，“企业”号终于在细雨的陪伴下进入了泊位。码头上漆黑一片，因为灯都被日本人给摧毁了，起重机也损坏严重而无法使用，但是补给工作就在这种条件下展开了。油轮靠近“企业”号，乌黑的重油注入了空空如也的油舱；驳船一轮又一轮地运载来弹药、食品……速度快得超乎想象，平时在白天都要花上12个小时的补给工作，在那个夜晚，居然只用了8个小时——所有人都拧着劲儿，千万要赶在天亮前完成工作，以免再次遭到敌人的偷袭。9日凌晨5时（一说6时），“企业”号又迅捷地离开了珍珠港，开赴怒涛无边的大洋。

新官点火

珍珠港遭到的袭击，震动了整个美利坚合众国，破天荒地横扫孤立主义情绪，促成了美国政府宣布加入世界大战的行列。为了应对海上战事，1941年12月30日，美国总统罗斯福下令设立全新的美国舰队总司令（COMINCH），并任命欧内斯特·金（Ernest J. King）海军上将担任此职。这个舰队总司令不同于以前的舰队总司令，它不再是各大舰队司令轮流坐庄的虚职，而是真正全权指挥美国的海上力量，直接对总统负责的实职。

金，全名欧内斯特·约瑟夫·金，1878年11月23日出生于俄亥俄州洛雷恩市的一个铁路工人家庭。1897年，他进入安纳波利斯海军军官学校学习，成绩优异，在最后一个学年，获得了海军少校学员军衔（MIDN LCDR）①，是当时学员中军衔最高者。就读期间，美西战争爆发，他补入“旧金山”号巡洋舰（C-5 San Francisco）参与了战事。1901年正式毕业后，一直在水面舰队服役。1914年，金迎来人生第一个指挥官职务——“特里”号驱逐舰（DD-25 Terry）舰长。他指挥该舰参加了对墨西哥韦拉克鲁斯的入侵行动。第一次世界大战期间，他担任大西洋舰队司令部参谋，因极其出色的服务表现获得海军十字勋章。战后，去了美国海军研究院。在那里，他与达德利·诺克斯（Dudley W. Knox）、威廉·派伊（William S. Pye）一起起草了一份海军训练报告，就海军训练与职业化提出建议。其中大部分建议被海军采纳，成为海军条令正式颁布。1923－1925年，金被调到潜艇部队。因指挥抢救S-51号潜艇表现出色，获得第一枚优异服务奖章。1926年起，他又蒙海军航空署署长威廉·莫菲特（William A. Moffett）海军少将的青眼，投身航空领域，先后担任“莱特”号飞机供应舰（AV-1 Wright）舰长、海军航空署助理署长、“列克星敦”号航空母舰（CV-2 Lexington）舰长等职。1932年，金进入海军战争学院，他在一份名为《国家政策对战略的影响》论文中，公开炮击美国代议制民主，认为它“奖励平庸”，是软弱政策的根源。1933年，老上司莫菲特死于“阿克伦”号飞艇（ZRS-4 Akron）事故，金接任海军航空署署长。在他的积极努力下，海军航空队迅速壮大。而且他身先士卒，虽然年届五十，仍然参与飞行。从1926－1936年，他个人累积了150个飞行小时。此后，金担任基地舰队航空司令。1938年，他成功地重演了哈里·亚内尔（Harry E. Yarnell）海军上将在1932年实施过的袭击珍珠港演习，再次证实了珍珠港脆弱的防御。然而，美国海军上下仍然缺乏足够警惕，以至于三年后演习成为了可怕的现实。1939年，老迈的金谋求海军作战部长或舰队总司令的职务失败，被扔到了海军总委员会等待退休。在朋友、海军作战部长哈罗德·斯塔克（Harold R. Stark）的推荐下，他得以出任大西洋舰队总司令。眼下珍珠港事件的爆发，终于将他托举到了梦寐以求的位置，而且新的舰队总司令是全新的职位，拥有前所未有的权力。

从某种意义上说，罗斯福的选择是正确的。据说金上将曾经说过一句名言“当他们惹上麻烦的时候就会招来一群婊子养的家伙”，有人曾向他求证，但他坚决否认。金是否亲口说过这话已不重要，重要的是因为珍珠港这件麻烦，招来的显然不尽是“一群婊子养的家伙”。从前述金的履历就可以知道，这是一位拥有水面舰队、潜艇、航空等多领域经验的军官。特别是他对航空力量的运用有独到的眼光和见

年轻时的欧内斯特·金。

① 安纳波利斯海军军官学校的学员军衔分为10级，依次是：四级学员（MIDN 4/C）、三级学员（MIDN 3/C）、二级学员（MIDN 2/C）、一级学员（MIDN 1/C）、少尉学员（MIDN ENS）、中尉学员（MIDN LTJG）、上尉学员（MIDN LT）、少校学员（MIDN LCDR）、中校学员（MIDN CDR）、上校学员（MIDN CPT）。

哈罗德·斯塔克。

解。更为重要的是，金是一个性格坚毅、冷酷无情又崇尚积极主动的人。在就任舰队总司令之后，他将自己的作风带进了整个美国海上力量之中。就像他先前批判“代议制民主”一样，他将整个舰队总司令部变成个人“一言堂”。比如他认为某位海军少将并不称职，直接命令一位海军中校去取代对方，还要求这位少将在下午5时之前离开海军部的大楼。在平时，这种不留情面的粗暴作风对军队建设是有害的，但是在战时就有所不同了。珍珠港袭击之前的美国海军，正沉溺于散漫拖拉的氛围中，上下缺乏战争必要的物质和心理准备，不能胜任战争的需要。要迅速进入战争状态，从珍珠港的阴影中走出来，恢复自信，就需要一个严于律己也严于律人的铁腕人物。

尽管参加过一战，还担任过大西洋舰队司令，但在金的战略构想里，美国海军的重点是在太平洋。因此，舰队总司令部刚刚在华盛顿安顿下来，他就迫不及待地给太平洋舰队下达指示。1942年1月2日下午，一纸电报飞越大洋送到了太平洋舰队司令部。在电文中，金郑重提醒，太平洋舰队的首要任务是保卫中途岛在内的夏威夷群岛，并保障美国和夏威夷、美国和澳大利亚直至萨摩亚之间的海上运输线。为此，以“约克城”号航母（CV-5 Yorktown）为核心的第17特混舰队（以下简称TF17），将从大西洋开赴太平洋水域，并顺道完成运输船团的护航任务——船团装载的是第一批增援萨摩亚基地的海军陆战队，而增援行动的始作俑者就是金的恩主海军作战部长斯塔克。

同时，金在电报内明确指示“实施一些攻击行动以振奋全军士气”。他要求太平洋舰队动用可用的航母特混舰队，向吉尔伯特群岛及日本托管地发起攻击，以牵制日军在菲律宾和荷属东印度的攻势，打乱其向东和东南扩张的计划。他还建议这些攻击行动最好能与增援船队抵达萨摩亚的时间协调一致。

前线争论

接到金上将电报的，是新任太平洋舰队司令切斯特·尼米兹（Chester W. Nimitz）海军上将。他早在12月16日就得到了总统任命，并且乘坐“卡塔琳娜”水上飞机，于12月25日圣诞节当天清晨7时飞抵珍珠港。尼米兹的履历比较常见，这里就不赘述了。有一点很清楚，他显然不属于那“一群婊子养的家伙”。在抵达珍珠港之后，他首先会见了当地的部分高级指挥官，听取了他们的汇报。在汇报和会议的间隙，视察了岛上的设施、各个部门以及伤损军舰抢救的工作。在细致的调查研究之后，他判断珍珠港的损失并没有预想的严重，但是最大的问题在于珍珠港部队士气极端低落——高级指挥官们担心事件追责问题，精神压力很大；而部队内部最初满腔怒火的反击劲头，也因为迟迟不见行动和不断传来的坏消息而每况愈下。

对此，尼米兹迅速作出了应对。12月31日上午8时，他在珍珠港“唯一留给他”的“茴鱼”号（SS-209 Grayling）潜艇上，匆匆举行了就职仪式。在打发走喋喋不休的新闻记者之后，他立即召集司令部军官召

尼米兹在“茴鱼”号潜艇上举行就职典礼。

开会议，明确宣布对每一个人充分信任，并不认为他们需要承担什么责任。他肯定了舰队司令部的人都是极具才干的，要大家继续发挥业务特长，共同尽忠职守。对于想离开的，他愿意个别听取意见，协商一个稳妥的方法和去处。他还特别强调，“关键岗位上的工作人员必须坚决留任”。这番话倘若别人来说，未必可信，但是出自尼米兹之口，就可靠得多了。要知道，他此前正是主管海军人事工作的航海局局长，许多人能调到太平洋舰队就是出自他的手笔，还有什么可怀疑的呢？

初步安定了人心之后，接下来就是要谋划新的作战计划了。尼米兹同样也渴望战斗，因为只有反击，只有胜利能聚拢人心，维持士气，回应新闻界“美国海军到哪里去了？”的质疑。但如何与实力占优的日本人周旋呢？承受多方重压的他陷入了深深的思考之中，甚至为此失眠。当然，尼米兹主要是在战略层面进行思考，战役的具体策划属于舰队作战计划官。

时任太平洋舰队作战计划官是查尔斯·麦克莫里斯（Charles H. McMorris）海军上校，他属于前述“关键岗位”的留任人员之一，自1941年2月以来，一直担任着这个职务。他1890年8月31日出生于亚拉巴马州的韦塔姆卡，天生其貌不扬，甚至有几分滑稽，像马戏团的小丑，但是在这副貌似蠢萌的外表下，是一颗充满智慧的大脑。在安纳波利斯海军军官学校学习期间（1908－1912年），他就获得了“苏格拉底”的绰号，毕业成绩在156名同学里位列第6。毕业后长期在水面舰队和岸基基地任职。他最大的实战经验源自于第一次世界大战，当时他乘坐驱逐舰参与了大西洋反潜作战。可能是反潜战要求的主动进攻精神，面对珍珠港之后的颓废局面和上级的反击用意，他一直倡导主动攻击。为此他推出了一个全力出击的行动方案。

麦克莫里斯的方案最初的源头是一个名为“侦察与突袭”的作战计划，这是他在战前制订的1941年舰队作战计划的一部分。该计划要求出动2个航母编队，一个从威克岛方向接近，攻击马绍尔群岛北部，一个绕过吉尔伯特群岛，攻击马绍尔群岛南部。在珍珠港遭到袭击后，麦克莫里斯将这个方案修改成一个极度冒险的南北齐攻方案，用于威克岛增援作战。方案要求一队航母编队攻击马绍尔群岛吸引日军注意力，然后由其他航母编队完成增援威克岛的任务。随着威克岛被放弃，这个方案没有真正执行。

查尔斯·麦克莫里斯。

现在，新方案又一次回到了最初的“侦察与突袭”作战计划，但内容有了充实与调整。按照麦克莫里斯的设想，太平洋舰队现有的3支航母特混编队全部出动，以“列克星敦”号航母为核心的第11特混舰队（以下简称TF11）先于1月13或14日攻击马绍尔群岛外围，以“企业”号航母为核心的第8特混舰队（以下简称TF8）随后在1月17日攻击吉尔伯特群岛，而以“萨拉托加”号航母（CV-3 Saratoga）为核心的第14特混舰队（以下简称TF14）在瓦胡岛以西掩护行动。

当尼米兹收到金的指示电报后，觉得反击的提议正合心意，一面聪明地复电“早有预想，正在筹划”，一面将麦克莫里斯的计划提交军事会议讨论。他希望听听部下的意见，集中众人的智慧，得到优选方案。在这个会议上，麦克莫里斯遭到了相当程度的孤立——多数高级幕僚反对这样的计划。在这些人中，反对最有力的是第14海军军区司令克劳德·布洛克（Claude C. Bloch）海军少将。这位肯塔基州出生的犹太人资格极老，其海军军官学校的学历比金高二届，还曾在1938－1940年担任美国舰队总司令。他倚老卖老，甚至利用身高优势像长辈一样将手臂搭在尼米兹的肩上，教他应该如何作战。前任驱逐舰部队司令、现任舰队参谋长米洛·德雷梅尔（Milo F. Draemel）海军少将和现任驱逐舰部队司令罗伯特·西奥博尔德（Robert A. Theobold）海军少将也是为人熟知的铁杆反对者。其中德雷梅尔与麦克莫里斯先前就存在严重的观点分歧和个人恩怨，无法一起共事，尼米兹已经注意到了这一矛盾，但眼下还不是解决它的时候。更为关键的是，航空兵出身的关键军官也反对袭击计划。诸如TF14前任司令、第1航母分队司令、目前正负责太平洋舰队航空兵训练的奥布里·菲奇（Aubrey W. Fitch）海军少将就是代表人物。同为航空兵出身的第2巡逻机联队司令帕特里克·贝林杰（Patrick N. L. Bellinger）海军少将以及非航空兵出身临时指挥航母的TF11司令小威尔逊·布朗（Wilson Brown，Jr.）海军少将也极可能是反对者。[1]

那么他们的反对意见具体是什么呢？说起来也很简单，他们认为这样的计划过于冒险。因为日本人既然选择以航母部队袭击珍珠港，那么对“以彼之道，还施彼身”一定有着充分的心理准备和物质准备，尤其是这些临近珍珠港的岛屿，他们正严阵以待美军航母部队的反击。眼下，太平洋舰队的大部分战列舰都损失在了港内，岸基航空力量也受到毁灭性打击，能够保护夏威夷群岛的只剩宝贵的航母特混舰队。一旦进攻造成任何损失，

米洛·德雷梅尔。

都是难以承受的，会招来灭顶之灾。应该说，他们的意见有相当的说服力，反击计划顿时蒙上了一层阴影。

双子救星

面对激烈的反对声潮，老道的尼米兹并没有被唬住，恰恰相反，熟谙人事的他迅速找到了第一个突破口——太平洋舰队战列舰部队司令威廉·派伊海军中将。派伊就是和金一起起草训练报告的人，他1880年6月9日出生于明尼苏达州明尼阿波利斯市，1897－1901年就读于安纳波利斯海军军官学校，不仅与金同一届，还保持着非比寻常的友谊。尽管身材矮小，但有着浓眉大眼的他以沉静细致闻名，与外表滑稽、活跃冲动的麦克莫里斯形成鲜明的对比。尼米兹敏锐地意识到，派伊骨子里不会反对金的反击意见，只是不欣赏麦克莫里斯个人罢了。德雷梅尔对麦克莫里斯的诸多打压，除了资历和官位确实在后者之上以外，还源于派伊的默许。于是，他以迂为直，邀请这位实质上的舰队二把手，考察萨摩亚增援行动的战略与战术。派伊自然求之不得，欣然受命。

随后，第二个救星也降临了。1月7日，TF8又一次返回了珍珠港，太平洋舰队航母部队司令哈尔西中将归来了。这位普通军迷耳熟能详的斗士，全名小威廉·弗雷德里克·哈尔西，1882年10月30日在新泽西州伊丽莎白市出生，父亲是美国海军上校威廉·哈尔西（William F. Halsey）。1904年，因美国海军大扩军，需要基层干部，他在海军军官学校提前毕业，到战列舰和驱逐舰部队服役，曾参与了大白舰队的环球航行。他是个火爆脾气又极具冲劲的人。1934年时任

威廉·派伊。

① 美国海军学院著名海军史学家埃尔默·波特（Elmer B. Potter）在尼米兹传记中记载“多数航空兵军官同意布洛克的意见，而尼米兹本人不是飞行员出身，也没有指挥过航空母舰”。尽管波特没有明确指出航空兵军官是谁，但从这话里可以分析出，飞行员出身或指挥过航母的人都有很大的嫌疑。而同时符合这两点的要数奥布里·菲奇，基本可确定他是反对派。本人2005年在《军事历史》2006年第2－3期上发表的《第一次反击》一文中，还将第14特混舰队司令利里中将列入反对派，实际是当年失察，利里当时指挥舰队在瓦胡岛以西活动，不可能参加相关会议。

海军航空署署长的金任命他为“萨拉托加”号舰长，结果一个只担任过驱逐舰舰长的军官居然胜任这一职务飞跃。在妻子批准他作为观察员从事飞行之后，不满足的他竟然去学习飞行员的技术。52岁的哈尔西是最老的飞行菜鸟。其视力极差，为了避免眼镜损坏带来麻烦，他坚持目视训练，结果屡屡出错，被授予“蹩脚驾驶”胸章。最后在特别制作的有度数的护目镜帮助下，通过超乎常人的艰苦训练，他成功从彭萨科拉飞行基地合格毕业，获得了飞行胸章。成为航空部队指挥官后，他仍然保留了那块“蹩脚胸章”，贴在自己舱室门口，时时激励自己。刻苦努力加上对航空兵使用天才的眼光，如今，他已是太平洋舰队中航空兵使用的权威。对于珍珠港事件后，航母部队整整一个月漫无头绪的行动，他正满腔怒火，随时要抓住机会“开炮”。

1月8日早晨，太平洋舰队司令部例行的早餐汇报会召开了。会上，派伊中将抛出了他的研究报告。在报告中，他首先设定了一个前提，即日本人可能通过墨西哥间谍，获得了美军增援萨摩亚的情报，并采取了阻挠措施。这一前提可不是空穴来风，是有一定立论基础的。自日俄战争之后，随着日本与美国之间利益冲突加剧，墨西哥与日本之间的关系融洽起来。一战时，日本开始在墨西哥有组织地实施间谍活动。一战以后，曾计划传授捕鱼技术，换取日本渔民在墨西哥的定居权，以获得更多海上监视、调查美国舰队的机会。日本还通过驻墨西哥商人坐火车往来美墨的机会，拍摄沿途的设施，以及收买墨西哥印第安人，收集美国海上、陆地交通运输的情报。自20世纪30年代中期，美国联邦调查局和海军情报局大量立案，后者还增加了经费，以应对威胁。此外，司令弗兰克·弗莱彻（Frank J. Fletcher）海军少将在1月5日的来电也提供了间接佐证——电报说美国本土的码头毫无保密意识，码头的货箱公开贴着目的地的名字，他的舰队“构成和目的地已是众所周知”。

据此，派伊提出了一个全新的反击计划，即派遣TF8南下，增援从大西洋赶来的TF17，一起完成萨摩亚增援行动。之后，同时对马绍尔群岛东南的米利环礁和吉尔伯特群岛中的马金－塔拉瓦环礁发动袭击，再保持相互可支援的距离撤退。袭击之前，需“全面评估在贾卢伊特岛可能驻扎陆基轰炸机的情况下，在其500海里范围内使用航母攻击所面临的风险”。派伊认为在得到TF17增援之前，太平洋舰队实施任何冒险的反击都是“不智之举”；而日本陆基航空兵刚刚炸沉了英国“威尔士亲王”号战列舰与“反击”号战列巡洋舰，所以有必要对日本的陆基轰炸机力量有所警惕。同时，他还要求萨摩亚南北加强侦察力量，既可以监视日军，又可以掩护反击舰队撤退，以及给TF8增配4艘驱逐舰，这些驱逐舰届时将加入TF17，以加强其反潜能力，应对似乎无处不在的日本潜艇。

细细剖析派伊的方案，实际上是将金的萨摩亚行动和麦克莫里斯的反击行动熔于一炉，既否定了麦氏的立即投入反击的方案，又将反击行动变成萨摩亚行动的延续或附庸，是尽可能保证安全下的有限冒险。计划中对细节问题的关注，则充分表现出派伊个人的细致风格。

尼米兹对于这个方案是基本赞成的。此前，他也曾质疑过增援萨摩亚行动的必要，因为情报综合显示，日军没有派出像样的力量袭扰萨摩亚。不过，尼米兹是个出色的政治操盘手，他需要团结最大多数的力量，不愿因为这样的细枝末节否定了反击的本意。

然而，在那些高级幕僚面前，这个方案仍然得不到足够的支持，讨论陷入了僵持之中。反对者基本上还是老调重弹，强调反击过于冒险，损失难以估量。支持者一边还增加了诸如第5巡洋舰分队的司令雷蒙德·斯普鲁恩斯（Raymond A. Spruance）海军少将。在派伊代理太平洋舰队司令时，他就对舰队司令部的犹豫不决愤懑不已，但他并非航空兵出身的军官，影响力微弱。

就在一群"婊子养的家伙"七嘴八舌之际，忍无可忍的哈尔西终于开口了，他就像一座喷发的火山，横扫一切。他痛斥会议室里弥漫的失败主义情绪，并且一针见血地指出，反击计划确实相当冒险，但如果不冒险，怎么才能与日本人干架？怎么才能消灭该死的日本佬？他表示自己坚决支持反击计划，并自告奋勇担任这场行动的总指挥。

在这一番雷霆风暴之后，会议室里转为沉静，反对者们不敢再吭声，反击计划竟然就这样获得通过了。尼米兹对于哈尔西全力支持自己十分感动，以至于几年后，当后者身陷舆论风暴时，尼米兹也公开给予全力支持。这当然是后话了。

随后，尼米兹对反击计划进行了适当的完善。9日，他发布了太平洋舰队司令部作战令3-42和作战计划4-42，指示哈尔西率TF8在1月20日之前到萨摩亚水域掩护TF17，随后由他统一指挥两支特混舰队，在2月第一周袭击东马绍尔群岛和北吉尔伯特群岛。他可以自由选择同时攻击两个目标或择其一攻击。东马绍尔群岛包括米利、马洛埃拉普、沃特杰环礁，北吉尔伯特群岛即马金环礁。他亲自找哈尔西布置了此任务。这让哈尔西兴奋不已，称之为"难得的机会"。

小威廉·哈尔西。

此外，尼米兹还致电正在海上的弗莱彻少将，务必要按原定时间抵达萨摩亚，哪怕能提前也不要早到——显然这是希望两支特混舰队能协调一致行动，避免出现"1艘航母在无其他航母支援时作战，且在离基地2000海里外受损的严重局面"。

第二章　西海岸来客

援军编成

就在太平洋舰队司令部为反击计划争执不休之际，TF17在美国西海岸圣地亚哥港内编成了。这支舰队奉命掩护增援萨摩亚的运输船团。增援萨摩亚的计划最初是海军作战部长斯塔克提出来的，而金将其提升到一个仅次于中太平洋防御的地位，因此兵力得以加强。原计划中准备使用2艘老式巡洋舰，全部予以更新。为了适应新需要，尼米兹派遣威克岛增援时的TF14舰队司令弗莱彻少将出任新特混舰队的司令。

爱抽玉米烟斗的弗莱彻将军。

这位司令全名弗兰克·杰克·弗莱彻，1885年4月29日出生在艾奥瓦州马绍尔镇，1906年毕业于安纳波利斯海军军官学校。早年一直在水面舰队任职，也曾经担任过海军军官学校的行政管理人员和海军战争学院、陆军战争学院的教师。他父亲的兄弟弗兰克·弗莱彻（Frank F. Flecher）也是海军将领，以侄儿所在的“佛罗里达”号战列舰（BB-30 Florida）为旗舰，指挥了1914年占领墨西哥韦拉克鲁斯的行动。两人双双在此役中获得优异服务奖章，可谓海军史上一段佳话了（也有人认为这其中水分很大，是因裙带关系而获得荣誉）。在之后的岁月里，弗莱彻并没有受门荫的影响，基本靠自己打拼到了将领的地位。眼下，他刚刚从威克岛的前线返回，匆匆参加完尼米兹的就职典礼，还来不及休息，就在下午直奔水上飞机基地，连夜从温暖的夏威夷飞到寒冷的圣地亚哥。跟随他同行的只有他自己的幕僚群体和他最心爱的永不离身的玉米烟斗（这点倒与著名的麦克阿瑟很像），因为尼米兹来不及给他找一位航母护航群的指挥官，他必须身兼两职。

元旦当天上午，弗莱彻乘坐的飞机降落在圣地亚哥北岛航空基地。在降落前的盘旋中，他就看到了港口内那艘巨大无比的航空母舰——他的旗舰“约克城”号。这艘航母是约克城级的首舰，它1934年5月21日在弗吉尼亚州纽波特纽斯的纽波特纽斯造船与船坞公司开工，1936年4月4日下水，1937年9月30日在诺福克海军船厂服役。完工后舰体全长251.4米，宽33.4米，吃水（战斗载荷）8.5米，标准排水量19800吨，满载排水量25484吨，战斗排水量29882吨。飞行甲板长247.8米，机库长166.4米，有3座飞机升降机。舰体内安装9台巴布考克&威尔考克斯锅炉和4台帕森斯蒸汽轮机，4轴推进，最大输出功率122517马力，最大航速33.7节，续航力8220海里/20节。主装甲带64－102毫米，甲板装甲38毫米，内部隔壁、舵机室和司令塔装甲厚度均为102毫米。当时武备为8门127毫米高平两用炮，4座4联装28毫米、24座单管20毫米机关炮，16挺12.7毫米高射机枪。编制军官83人、士兵1370人。航空大队编制军官108人、士兵403人。目前搭载第5航空大队（AG-5），下辖第42战斗机中队（VF-42）、第5侦察机中队（VS-5）、第5轰炸机中队（VB-5）和第5鱼雷机中队（VT-5）。一共装备18架战斗机、39架俯冲轰炸机、12架鱼雷攻击机。

担任航母护航的是巡洋舰与驱逐舰的编组。其中巡洋舰包括重巡洋舰“路易斯维尔”号（CA-28 Louisville）和轻巡洋舰“圣路易斯”号（CL-49 St. Louis）。前者是条约型重巡洋舰北安普敦级3号舰，1928年7月4日在华盛顿州布雷默顿市的普吉特海军船厂开工，1930年9月1日下水，1931年1月15日服役。舰长183.0米，宽20.1米，吃水5.0米。标准排水量9050吨，满载排水量12150吨。8台怀特－福斯特锅炉，4台帕森斯蒸汽轮机，4轴推进，输出功率107000马力，最大航速32.5节，续航力10000海里/15节。武备为3座3联装203毫米主炮，8座127毫米单

1940年3月，航拍北岛航空站与停泊的“约克城”号。

管副炮，2座47毫米单管炮和8挺12.7毫米机枪。弹射器2具，水上侦察机4架。编制官兵621人。后者是布鲁克林级轻巡洋舰9号舰，亦可算作圣路易斯级轻巡洋舰首舰。该舰于1936年12月10日在纽波特纽斯造船与船坞公司开工，1938年4月15日下水，1939年5月19日完工。舰长185.5米，宽18.7米，正常吃水6.1米。标准排水量1万吨，满载排水量13327吨，安装8台锅炉，4轴推进，输出功率10万马力，最大航速32.5节，续航力10000海里/15节。武备为5座3联装152毫米主炮，4座双联装127毫米副炮，8挺12.7毫米高射机枪，弹射器2具，水上飞机4架。编制官兵868人。

驱逐舰一共4艘，包括“西姆斯”号（DD-409 Sims）、“休斯”号（DD-410 Hughes）、“拉塞尔”号（DD-414 Russell）、“沃克”号（DD-416 Walke）。它们均属于西姆斯级，依次为1、2、6、7号舰，在1937－1940年之间建成服役。前2艘为缅因州巴斯市巴斯钢铁公司建造，后2艘分别在纽波特纽斯造船与船坞公司、马萨诸塞州波士顿的波士顿海军船厂建造。舰长106.2米，宽11.0米，吃水4.1米，标准排水量1570吨，满载排水量2293吨。舰内安装3台巴布考克&威尔考克斯锅炉，2台蒸汽轮机，输出功率51000马力，最大航速37节，续航力5640海里/12节。装备5门单管127毫米炮，8挺12.7毫米机枪（完工时，部分军舰当时已换装20毫米机关炮），2座4联装533毫米鱼雷发射管，2座深水炸弹导轨，编制官兵251人（战时）。

除了作战部队，TF17还辖有一个运输船团（编号1005），由舰队油轮“卡斯卡斯基亚”号（AO-27 Kaskaskia），远洋邮轮“勒莱恩”号（Lurline）、“蒙特雷”号（Monterey）、“美森尼亚”号（Matsonia），军火船“拉森”号（AE-3 Lassen）和货轮“木星”号（Jupiter）

“路易斯维尔”号重巡洋舰。

共同编组而成。由"拉森"号舰长海军上校斯凯勒·米尔斯（Schuyler Mills）指挥。船团负责运输亨利·拉尔森（Henry L. Larsen）陆战队准将指挥的陆战队第2旅，包括4798名官兵及其装备、物资，并为作战部队提供后勤保障。

"卡斯卡斯基亚"号属于美国海军第一种标准油轮锡马隆级6号舰，由纽波特纽斯造船与船坞公司建造，1940年服役。该级舰长168.6米，宽22.9米，吃水9.9米，满载排水量24830吨。双轴推进，输出功率30400马力，航速18节，编制官兵276人，可携带燃油146000桶。此时，该舰上除了装载TF17所需的重油和航空汽油、润滑油之外，还携带了岛上水侦分队所需的航空汽油和润滑油。

3艘远洋邮轮均属于美森（Matson）公司所有，"美森尼亚"号建于20世纪20年代中期，由宾夕法尼亚州费城市的克兰普父子造船厂建造。邮轮船体长177.4米，宽25.3米，登记总吨17226吨。最大航速23节，可装载620名客人。另两艘属于20世纪30年代设计的"白色舰队"成员，同在马萨诸塞州奎因市伯利恒造船公司福尔河船厂建造，1931年开工。"勒莱恩"号在1933年首航，"蒙特雷"号在1932年首航。船体长192.6米，宽24.1米，登记总吨8163吨，最大航速22节，船员编制约360人，可装载715名客人。由于大量一级客舱可以增设铺位，用于兵员运输时，承载能力要超出和平时期。

"拉森"号是美国联邦海事委员会征订的C2型货船，在佛罗里达州塔帕马船舶建造与动力公司建造。1940年11月15日，尚未完工就被海军征用，并拖到亚拉巴马州莫比尔船厂改建成军火船。1941年11月27日服役。船体长140.0米，宽19.2米，吃水7.9米，满载排水量14255吨，动力为2台诺德博格450马力柴油机，1台法尔克2300千瓦电机，最大航速16节，编制官兵281人。

"木星"号原为C2型货船"飞云"号（Flying Cloud），由新泽西州卡尼的联邦造船和船坞公司建造。1941年6月19日被美国海军征用，6月20日改名"木星"。船体尺度与"拉森"号相同，满载排水量13900吨，动力为2台巴布考克&威尔考克斯锅炉，1台蒸汽轮机，输出功率6000马力，最大航速15.5节。此时，它尚未正式进入海军序列，所以没有军舰编号，船员也都是雇佣合同工。

困难重重

TF17虽然完成了编组，但这连万里长征的第一步都算不上，摆在弗莱彻面前的问题多如牛毛。除了前文讲到的泄密风险之外，首先就是人事问题。第一个问题是要解决他自己的兼职问题，这令他疲于应对。经过考察，他任命资历与能力皆合适的"路易斯维尔"号舰长海军上校埃利奥特·尼克松（Elliott B. Nixon）作为护航编队的代理长官。在某次海军演习中，尼克松指挥的该舰曾经配属弗莱彻指挥的巡洋舰分队，所以弗莱彻对他比较熟悉。

与前一个比较起来，第二个问题就麻烦多了。弗莱彻发现"约克城"号舰长海军上校埃利奥特·巴克马斯特（Elliott Buckmaster）与副舰长海军中

埃利奥特·巴克马斯特。

校约瑟夫·克拉克（Joseph J. Clark）“尿不到一个壶里”，关系极为紧张。

巴克马斯特1889年10月19日出生在纽约布鲁克林区。一提到该区，大家本能地想到贫穷与少数族裔，但不是每个出自这个区的都如此——他的父亲奥古斯图斯·巴克马斯特（Augustus H. Buckmaster）是著名的妇产科医生，美国多家医学会的成员，母亲是海军陆战队少将乔治·埃利奥特（George F. Elliott）的姐姐，家境丰裕，而巴克马斯特这个姓氏又来源于正统的英格兰。巴克马斯特12岁时随父母搬到弗吉尼亚州，1912年从安纳波利斯海军军官学校毕业，长期在水面舰队服役，曾参加对墨西哥韦拉克鲁斯的入侵行动。1936年，他接受了航空训练，成为航空军官。先后担任过“列克星敦”号的副舰长、海军福特岛航空基地的指挥官等。他在21岁时失去了母亲，而父亲在1941年8月刚刚过世。

有着标准西方人姓名的克拉克并不是欧洲白种人，而是正宗的北美土著印第安人切洛基族的后裔。他的父亲威廉·克拉克（William A. Clark）是在俄克拉荷马州萨里纳城切洛基孤儿院接受西式教育和培养的44名孤儿之一。克拉克幼年丧母，但凭借优异的成绩成为安纳波利斯海军军官学校1917届毕业生，也是美国土著印第安人中毕业于该校的第一人。在数年水面舰队生涯之后，1924年他进入彭萨科拉航空基地学习飞行，并于次年毕业。至1941年，他拥有17年的飞行部队飞行和指挥经验。长期缺乏母爱，出身身份的特殊性，养成了他坚决、勇敢而又热衷功利、个性尖刻、喜与人斗的性格特征。面对巴克马斯特这个半路出家的纯种白人航空兵军官，丰富的经验和强烈的自尊意识使得他在轻视长官和渴望得到长官肯定与赏识之间摇摆。偏偏优越感爆棚、个性豪迈果决的巴克马斯特有着自己的工作方式，遇到航空业务问题时，他极少从克拉克那里听取意见，而是直接找飞行部门长和航空大队长甚至飞行员了解情况。刚刚经历丧父之痛的他还处于悲伤恢复期，可能在沟通方式上也比平时更加粗暴。感觉受到忽视和冷遇的克拉克逐渐与舰长势同水火，甚至处处顶着干。

约瑟夫·克拉克。

人事问题不是短期能够解决的，就像尼米兹一时半会儿无法化解德雷梅尔与麦克莫里斯的冲突，弗莱彻也同样无法解决巴克马斯特与克拉克的矛盾。他没有权力更换任何一个人，只能暂时从上级的角度维持表面平衡。

弗莱彻还有许多现实问题需要面对。首先是运送飞机的问题。按照命令要求，“约克城”号将额外搭载32架增援珍珠港的飞机（包括20架战斗机、9架俯冲轰炸机和3架多用途飞机）和一个准备进驻萨摩亚的水上侦察机分队（6架水上飞机，以组件形式运输）。在前一批飞机上舰之后，机库就被塞得满满当当的，自身航空操作大受影响，平时只能使用31架俯冲轰炸机。在这种情况下，航母应尽量避免在港口作业或者长期逗留在危险水域，但是偏偏这6架水上飞机的组件需要在帕果帕果港卸货。而且图图伊拉岛没有机场，弗莱彻无法选择将飞行大队放飞到机场，从陆地掩护航母。他与巴克马斯特协商后确定，6架水上飞机中的2架就地完成组装，由“圣路易斯”号搭载，另4架仍以组件形式，扔到“木星”号上。

第二个问题是圣地亚哥港装载的效率问题。按照太平洋舰队司令部的计划，舰队在元旦当天开始装载，计划6日一早完成工作，起航出发，争取20日抵达位于东萨摩亚图图伊拉岛的帕果帕果港。港口工人们刚过完新年假，还沉浸在和平时光的他们没有进入战争状态，依旧按照战前的工作节奏懒洋洋地运作。前线战事紧，不容得弗莱彻松懈，他和部下积极沟通催促，最终还是按时完成了装载任务。

就在大家松了一口气，进行出航前的最后准备时，弗莱彻的心腹、司令部秘书突患重疾，被抬下了“约克城”号。这位秘书负责全部文书的起草工作，任务繁重，由于一时间找不到合适的接替对象，弗莱彻只好让副官临时兼任秘书。

一波刚平一波又起。“木星”号货轮上的合同工们开始闹罢工了，他们不愿意出海，因为没有得到足够份的香烟——显然这些过惯舒服日子的扬基佬，还不习惯军事化的要求。米尔斯上校弹压不住，只好向弗莱彻汇报。后者立即向第11海军军区寻求帮助，在军区的施压下，罢工事件很快得以平息。

在解决装载问题的同时，弗莱彻还在思考舰队的运用。他已经知道了2月第一周的行动计划，所以他迫切想知道，自己何时能从萨摩亚增援行动中脱身。他咨询了熟悉帕果帕果港的海员，具体了解了当地的港口设施情况和装卸力量。根据海员们的讲述，他判断卸载完全部人员物资需要约2周，而不是太平洋舰队司令部认为的8天。他立即向尼米兹建议，在TF17抵达萨摩亚之后，一旦3艘邮轮和“卡斯卡斯基亚”号完成卸载，就允许作战部队离开。笔者暂未看到尼米兹明确表示反对的记录，应当说只要萨摩亚没有明显的威胁，他就更期望TF17能尽快抽身参与反击。

最后，弗莱彻还有一件小事——给自己找一顶合适的钢盔。虽然平时不用戴，但万一遇上日本空袭，它就能派上用场了。当然这种事不需要他亲自动手，副官很快就找到了他的尺码，然后经过试戴就一切OK了。

“木星”号货轮。

风波不断

1月6日10时许（另有说法为下午约3时），比预定时间稍迟一些，TF17终于离开圣地亚哥，去忠实执行金的增援萨摩亚行动。编队离开港口后，组成了环形阵，向西南方地球另一侧驶去。它们保持15.5节的航速，不能再快了，这是最慢的“木星”号和“拉森”号所能达到的最大航速。

海上风波难测，特别是对于刚刚进入战争状态的美国海军，出什么样的低级意外都在情理之中。意外先是在第42战斗机中队（VF-42）中肆虐。7日，海军预备役少尉埃德加·巴塞特（Edgar R. Basset）降落失误，座机（中队9号机）撞上了阻拦网，但飞机得以保存，人也幸免于难。8日下午，海军预备役少尉威廉·伍伦（William S. Woollen）的战机（中队1号机）在起飞时突然丧失动力，坠入大海，被驱逐舰“拉塞尔”号救起。12日下午，海军预备役少尉沃尔特·哈斯（Walter A. Haas）驾驶的飞机（中队3号机）在例行飞行巡逻中失速坠海。14日清晨，理查德·莱特（Richard L. Wright）又在起飞时摊上了与伍伦一样的遭遇（中队14号机）。后两位都被驱逐舰“沃克”号救起，又转移到了“卡斯卡斯基亚”号上。

接着是在14日晚上，有一名海军列兵发现有人坠海，另一名列兵迅速朝海里扔了一个救生圈。随后，“沃克”号驱逐舰赶来救援，却什么都没发现。最后证实，失踪的人是二等水兵威廉·雷克豪斯（William H. Reckhouse）。这也是“约克城”号在战争中损失的第一人。

16日，TF17抵达萨摩亚东北600海里处的加油点。“卡斯卡斯基亚”号先为护航舰只加油，工作一直持续到第二天。中午稍过一些时候，终于轮到“约克城”号了。在加油正式开始之后，暂住油轮上的哈斯少尉和莱特少尉也借此机会乘坐吊椅返回了母舰。本来这是个令人欣喜的开幕，然而谁也没想到，就在一个多小时之后，撕裂情感的悲剧发生了——“卡斯卡斯基亚”号突然靠向“约克城”号，双方发生了第一次碰擦。油轮损失了一个舱室，航母舰体侧面机1艘摩托小艇受损。“卡斯卡斯基亚”号立即选择脱离，但情急之中两舰发生了又一次碰擦，造成更多小损伤。油轮再次脱离，将连接的燃油软管向前带走。19分钟后，“卡斯卡斯基亚”号转向左，全速倒车远离。在那一瞬，“约克城”号舰桥误判要发生碰撞，立即减速右满舵，这迫使油轮停止恢复加油的努力。由于燃油软管在海水中拖行，它努力机动，避免软管缠绕上自己的螺旋桨。供油直到一个半小时之后才恢复，幸好接下来十分顺利。

对于意外发生的原因，“卡斯卡斯基亚”号与“约克城”号双方各执一词。油轮舰长海军中校沃尔特·泰勒（Walter L. Taylor）声称，是后部供油管连接部突然脱开，为避免软管缠绕螺旋桨，左发动机立即停车，导致掌舵失控所致。“约克城”号的军官们却不这么看，据说弗莱彻惊讶地发现，泰勒并没有按照条令要求亲自掌舵实施补给，而是将这个任务交给舵手。这一方式“险些造成危及此次任务的严重碰撞事故”。泰勒则认为弗莱彻是根据匆忙写就的汇报材料推测出这一结果的，不仅坚决否认对方的指责，反而责怪是“约克城”号油管接口布置不当。

这些口水仗主要发生在事后，当时人们一面调查，一面还需要应付更多麻烦。18日，一直拖舰队后腿的“木星”号直接掉队了——它的冷凝器出

“卡斯卡斯基亚”号舰队油轮。

现故障，为求安全，只能降低航速。弗莱彻为此焦虑不已，假如没有这艘船上的补给物资，海军陆战队将在图图伊拉岛上陷入困境。还算福尔图娜照拂，“木星”号很快排除了冷凝器故障，重新跟了上来。

到19日清晨，TF17接近了萨摩亚。行百里者半九十，此时，日本舰队的威胁在弗莱彻心头闪现。为了确保万一，8时30分，他派出一批SBD-3俯冲轰炸机，在150~310度扇面，远达150海里的水域实施搜索。同样的搜索在中午和午后又进行了一次。19日下午，反复搜索确认水域是安全的。为了追回等待“木星”号浪费的时间，弗莱彻让航速较快的3艘邮轮在驱逐舰“沃克”号和“休斯”号的陪伴下离队，以20节航速先行，力求按计划抵达帕果帕果港。

20日黎明，“约克城”号上起飞了13架飞机。其中8架SBD-3俯冲轰炸机组成扇形搜索面，实施警戒；3架F4F-3战斗机升空巡逻；另有2架J2F联络机，携带官方信函飞赴帕果帕果港，以确认港口的状况——这是弗莱彻最为担心的事。在2架联络机之中，有1架不知什么原因，不到半小时就返航了。不过，这是TF17萨摩亚航行途中的最后一个坎。中午时分，顺利抵达帕果帕果港的那架联络机带回了好消息——港口可以完全容纳全部6艘运输船，先行的3艘邮轮也已经顺利入港。弗莱彻欣喜不已，立即派出1艘驱逐舰和6架飞机护卫剩下的“拉森”号、“木星”号和“卡斯卡斯基亚”号进港。“约克城”号和剩下的军舰在就近水域提供掩护。运输船团进港之后，卸载工作如火如荼地开展起来。

第三章　护航萨摩亚

南下艟艨

当TF17抵达图图伊拉岛水域时，哈尔西中将指挥的TF8也推进到了萨摩亚北方100海里处，对弗莱彻所部实施海空掩护。珍珠港竭尽全力加强了这支舰队。它以“企业”号航空母舰为核心，护航力量包括4艘重巡洋舰“北安普敦”号（CA-26 Northampton）、“盐湖城”号（CA-25 Salt Lake City）、“切斯特”号（CA-27 Chester）、“旧金山”号（CA-38 San Francisco），以及10艘驱逐舰“巴尔奇”号（DD-363 Balch）、“德雷顿”号（DD-366 Drayton）、“邓拉普”号（DD-384 Dunlap）、“范宁”号（DD-385 Fanning）、“格里德利”号（DD-380 Gridley）、“克雷文”号（DD-382 Craven）、“麦考尔”号（DD-400 McCall）、“莫里”号（DD-401 Maury）、“布鲁”号（DD-387 Blue）、“拉尔夫·塔尔博特”号（DD-390 Ralph Talbot）。还有1艘舰队油轮“普拉特”号（AO-24 Platte）负责后勤补给。

“企业”号是约克城级的2号舰，1934年7月16日在纽波特纽斯造船与船坞公司开工，1936年10月3日下水，1938年5月12日服役。其舰体主要数据与“约克城”号基本一致。此时，舰上搭载的是第6航空大队（AG-6），下辖第6战斗机中队（VF-6）、第6侦察机中队（VS-6）、第6轰炸机中队（VB-6）和第6鱼雷机中队（VT-6）。一共装备18架战斗机，37架俯冲轰炸机和19架鱼雷攻击机。

重巡洋舰之中，“北安普敦”号和“切斯特”号分别为条约型重巡洋舰北安普敦级的首舰与2号舰。“北安普敦”号于1928年4月12日在伯利恒造船公司福尔河船厂开工，次年9月5日下水，1930年5月17日完工服役。“切斯特”号1928年3月6日在新泽西州卡姆登市纽约造船公司开工，1929年7月3日下水，1930年6月24日完工服役。两舰基本数据与“路易斯维尔”号一致。

“盐湖城”号为条约型重巡洋舰彭萨科拉级2号舰。该舰于1927年6月9日在纽约造船公司开工，1929年1月23日下水，同年12月11日完工服役。舰长178.5米，宽19.9米，平均吃水5.9米，标准排水量9100吨，满载排水量12050吨。安装8台怀特－福斯特锅炉，4台帕森斯蒸汽轮机，4轴推进，输出功率107000马力，最大航速32.5节，续航力10000海里/15节。武备为2座3联装和2座双联装203毫米主炮，8座127毫米单管副炮，2座47毫米单管炮和8挺12.7毫米机枪。弹射器2具，水上侦察机4架。编制官兵653人。

“旧金山”号是条约型重巡洋舰新奥尔良级5号舰。它

“旧金山”号重巡洋舰。

于1931年9月9日在加利福尼亚州瓦列霍市马雷岛海军船厂开工，1933年3月9日下水，1934年2月10日完工服役。舰长179.2米，宽18.8米，平均吃水5.9米，标准排水量9950吨，满载排水量12463吨。安装8台巴布考克&威尔考克斯锅炉，4台威斯汀豪斯蒸汽轮机，4轴推进，输出功率107000马力，最大航速32.7节，续航力10000海里/15节。武备为3座3联装203毫米主炮，8门127毫米单管副炮，8挺12.7毫米高射机枪。编制官兵708人。

“巴尔奇”号是波特级驱逐舰8号舰。1934年5月－1936年10月在伯利恒造船公司福尔河船厂建造，舰体长116.2米，宽11.3米，平均吃水4.0米，标准排水量1850吨。安装4台巴布考克&威尔考克斯锅炉，2台蒸汽轮机，双轴推进，输出功率50000马力，最大航速35节，续航力6380海里/12节。武备为4座双联装127毫米炮，2座4联装28毫米机关炮，2座4联装533毫米鱼雷发射管，深水炸弹投放轨2条。编制官兵194人。这是编队中炮击能力最强的驱逐舰。

“德雷顿”号、“邓拉普”号、“范宁”号属马汉级驱逐舰3、17、18号舰。第一艘1934年3月－1936年9月在巴斯钢铁公司建造，后两艘于1935年4月－1937年10月在纽约州纽约市联合造船有限公司建造。舰长104.0米，宽10.7米，平均吃水3.8米。标准排水量1500吨。4台巴布考克&威尔考克斯或福斯特－惠勒锅炉，2台通用动力蒸汽轮机，双轴推进，输出功率46000马力，最大航速37节，续航力6940海里/12节。武备5座单管127毫米炮，4挺12.7毫米高射机枪，3座4联装533毫米鱼雷发射管，深水炸弹投放轨2条。编制官兵158人。

“格里德利”号、“克雷文”号、“麦考尔”号、“莫里”号为格里德利级驱逐舰1－4号舰。4艘均在伯利恒造船公司建造，其中前2艘1935年6月－1937年9月在福尔河船厂建造，后2艘1936年3月－1938年5月在加利福尼亚州圣弗朗西斯科船厂建造。舰长103.9米，宽10.7米，平均吃水3.9米。标准排水量1590吨。4台亚罗锅炉，2台伯利恒－帕森斯蒸汽轮机，双轴推进，输出功率47000马力，最大航速38.5节，续航力5520海里/12节。武备4座单管127毫米炮，4挺12.7毫米高射机枪，4座4联装533毫米鱼雷发射管，深水炸弹投放轨2条。编制官兵158人。

“布鲁”号、“拉尔夫·塔尔博特”号乃巴格雷级驱逐舰2、5号舰。前者1935年7月－1937年6月在弗吉尼亚州朴茨茅斯的诺福克海军船厂建造，

“范宁”号驱逐舰。

“格里德利”号驱逐舰。

后者1935年10月－1937年10月在波士顿海军船厂建造。舰长104.1米，宽10.8米，平均吃水3.9米。标准排水量1624吨。4台巴布考克&威尔考克斯锅炉，2台蒸汽轮机，双轴推进，输出功率46000马力，最大航速37节，续航力6500海里/12节。武备4座单管127毫米炮，4挺12.7毫米高射机枪，4座4联装533毫米鱼雷发射管，深水炸弹投放轨2条。编制官兵158人。

“普拉特”号是舰队油轮锡马隆级3号舰，基本数据与“卡斯卡斯基亚”号一致，但建造者为马里兰州巴尔的摩市伯利恒钢铁公司，1939年服役。

此外，同时抵达萨摩亚水域的还有一支加油编队，包括舰队油轮“萨宾河”号（AO-25 Sabine）和驱逐舰“马汉”号（DD-364 Mahan）。该编队服从TF8的指挥，之后计划配属TF17，以“萨宾河”号接替TF17原有的“卡斯卡斯基亚”号。“马汉”号是马汉级驱逐舰首舰，1934年6月－1936年9月在纽约州斯坦顿岛的联合船坞公司建造。“萨宾河”号是舰队油轮锡马隆级4号舰，由马里兰州斯帕罗斯角的伯利恒造船公司斯帕罗斯角船厂建造，1940年服役。这两艘基本数据不再赘述。

珍珠港出击

TF8和加油编队都是在1月11日一早离开珍珠港的。此前一天，哈尔西到太平洋舰队司令部听取出发前的最后一次指示。他对尼米兹真诚地表示“希望能凯旋后相见”。后者也对上任之后的第一次行动十分重视，亲自把哈尔西送到码头。英雄相惜，没有多余的言语，他只是在哈尔西登上交通艇的一刻，深沉而有力地说了句“比尔，祝你万事如意”。

相较TF17，TF8的出发准备工作要顺利得多。哈尔西的部下大部分都焦虑地等待着战斗的召唤，做好了随时出发的准备。比如斯普鲁恩斯少将，尽管登上瓦胡岛以后，他把几乎所有的闲余时间都给了即将转移去后方的家属，但这只是一种分散焦虑的方式罢了。据他的夫人和女儿回忆，当听到出击命令时，将军的脸上露出了久违的笑容。而珍珠港区的工作人员，也非圣地亚哥那些大后方的懒汉能比，跟上一次同样迅速，10日一整天完成了补给装载工作。“企业”号被塞得满满当当的，一位航空大队的飞行员看见母舰后惊呼：“天啊，她就像只熊！”

在“企业”号上装载的物品中还有一份大礼——成箱的威士忌酒。按照军规，含酒精的东西是不能上舰的，更何况这些高度酒。可“企业”号是哈尔西的母舰，一切他说了算，于是在他的安排下，酒被偷偷运上了舰。这些酒当然不是用来享乐的，而是被用来治疗侦察巡逻机飞行员的失眠症。通常这些年轻人在经历了海上长时间巡逻后，神经会异常兴奋而睡不着觉。一般军舰上遇到这种情况，都是让军医开一些安眠药。哈尔西却认为安眠药不是好东西，不如威士忌更实在。从现代医学的角度讲，酒无助于睡眠，反而影响睡眠质量，特别是睡眠障碍者入睡前更应该忌酒，但是他的这一举措极大地提升了飞行员的士气。

“企业”号上例外的事情不止这一件。正常情况下，这种机密的军事行动只有少数高级军官知道任务是什么，去哪执行任务，而普通军官和水兵只有服从命令的份儿，不到战斗打响前一刻无从知晓。可是就在11日刚驶离珍珠港之后，舰长海军上校乔治·默里（George D. Murray）通过舰内喇叭，亲自向全体舰员介绍了本次任务和目标——毫无疑问这是获得哈尔西首肯的，但默里是维护部下知情权的铁杆拥趸，这位航空兵元老很可能向上级建议公布任务内容。默里1889年7月6日出生于马萨诸塞州波士顿市，是安纳波利斯海军军官学校1911届毕业生。早在1914年，他就开始学习飞行，成为美国海军第22位飞行员。除了开飞机，他最大的爱好是在深海垂钓。这位资深飞行员十分了解这些朝气蓬勃的小伙子，了解他们对国家的忠诚，了解他们的渴求，他也十分爱惜这些年轻的小伙子，在他们身上就仿佛看到了自己的青春，所以对他们毫无保留。

当得知要去袭击日占马绍尔群岛之后，大多数舰员的第一反应是，啥？那是什么鬼地方？是在东京旁边吗？——美国大兵的地理知识一向匮乏，哪怕是受过培训的飞行军官。大家纷纷索要太平洋地图，瞪

乔治·默里。

着大眼睛在上面搜寻，接着各自扎堆有的没的一顿海侃。总体而言，大家认为风险虽然很大，但跟着“比尔”（哈尔西的昵称）这头老牛去干他一票是个愉快的任务。

跟大多数单纯的舰队官兵不同，手握笔杆子的记者们没有那么乐观。他们没有人能够获准登上出击的军舰，只能静静地在珍珠港观望与等待。从各个渠道来的信息全是一片灰色，甚至根本不明白“海军在哪里？海军在干啥？”《芝加哥每日新闻》报的记者罗伯特·凯西给自己的老板——海军部长威廉·诺克斯（William F. Knox）发去了牢骚满腹的信件，用虚构的荒诞故事夸大记者的遭遇。通过这位部长的干预，记者们见到了尼米兹本人。后者对记者走后门的行径十分反感，他半忽悠半认真地告诉他们，到现在为止，除了坏消息以外，海军没有任何消息。如果有适于刊登的消息，他将很快向报界宣布。在TF8出港时，众多记者目睹了这一情形，他们胡乱猜测着。一脑门子科幻脑洞的《时代周刊》军事分析师弗莱彻·普拉特（真实全名默里·弗莱彻·普拉特，Murray F. Pratt）记述道：“他（指哈尔西）率领着太平洋舰队，朝着未知的航向进发……而且，谁也不知道，我们的海军乘着豪华舒适的军舰，在靠荣誉和一把大米生活的日本人面前表现如何。”

波涛汹涌

上帝就是喜欢跟凡人开玩笑。就在TF8出发当天，从太平洋舰队司令部传来了两个坏消息。一个是“萨拉托加”号航母在瓦胡岛以西遭到日本潜艇攻击，被1条鱼雷命中左舷中部，3个锅炉舱进水，阵亡6名水兵（攻击者是2型巡航潜艇“伊-6”号）。虽然它没有沉没，但是需要返回西海岸修理，在6月份之前无法回到战斗序列。“萨拉托加”号中雷的水域正是“企业”号在1月7日返航时经过的水域，所以这一意外让编队官兵寒意陡生。

另一个就是有日本潜艇突然出现在图图伊拉水域，对美国驻帕果帕果港的基地实施了炮击。根据日方记载，实施行动的是丙型巡航潜艇“伊-20”号。它于1月4日（东）离开马绍尔群岛的夸贾林环礁，单独先至萨摩亚水域侦察，并对帕果帕果港区内发射了12枚140毫米炮弹。之后，它立即离开当地，前往斐济岛的苏瓦港侦察并监视。当月24日（东）返回夸贾林环礁。炮击给帕果帕

“萨拉托加”号受创舰体。

果港造成的损失是轻微的，但美军不了解日军此次行动的详情，所以太平洋舰队司令部判断这是危险的信号，并一度担心敌人真的会进攻萨摩亚。

好消息也是有的，尼米兹原计划在在珍珠港附近和南太平洋各放两支航母部队，现在这一平衡被打破了，他干脆大胆放空夏威夷的远程防御，让第三支航母部队——以“列克星敦”号为核心的第11特混舰队（以下简称TF11）开赴萨摩亚东北约1200海里处的圣诞岛，此处距离哈尔西要袭击的目标大约1600海里，可以掩护TF8与TF17接下来的行动。

在海上行动的TF8，跟TF17就是半斤对八两了。1月13日，一名保密意识淡薄的飞行员在无线电中讨论起了本次行动。要知道，战争状态下，舰队出动都要保持无线电静默，以避免被敌方用无线电定位法确定位置或者被敌人截获重要的电报。这一冒失举动让哈尔西大吃一惊，甚至有那么一个瞬间，后悔提前告诉部下行动真相了。为此，他再次强调行动保密问题。

接下来，事故还是频频发生。14日，先是“布鲁”号驱逐舰一名水兵被海浪卷走，尸骨无存——这是“约克城”号水兵坠海的同一天，令人细思恐极。到16日，事故创造了数量与质量的新高度：“盐湖城”号重巡洋舰上一名水兵死于意外，第6航空大队连续发生两起航空事故。第一起航空事故是1架SBD-2俯冲轰炸机降落时坠毁，一只飞出的机轮砸中了负责拦阻装置的航空机械军士长乔治·劳恩（George F. Lawhon）。已经在这条船上服务了三年多，以业务精湛、善于创新而受人爱戴的劳恩伤重不治。第二起是第6鱼雷机中队有1架TBD-1未能返航。这架TBD-1与数架友机一起出发巡逻，在完成任务后，该机驾驶员哈罗德·迪克森（Harold F. Dixon）、投弹手安东尼·帕斯图拉（Anthony J. Pastula）、无线电报务员兼机枪射手吉恩·奥尔德里奇（Gene Aldrich）和座机一起失踪。事后才知道，这架飞机在巡逻任务快结束时，突然发现自己迷失航向了，在联系母舰失败后只好迫降大海。后来，3名飞行员凭借一只2米长1米宽的橡皮救生筏，依靠雨水和捕捞海洋生物为食，在整整漂流了34天后抵达750海里之外的普卡普卡环

“布鲁”号驱逐舰。

礁——他们无意中抵达TF17曾经的驻留点，但这一“会合”在时间上迟了一个多月。

上述这些层出不穷的意外，使珍珠港惨败的阴影更为浓重，舰队每个人的心头都承受了不小的心理压力。不过，压力归压力，舰队的斗志仍然昂扬——“企业”号的航空大队已经在珍珠港事件中经历过生离死别了，官兵们很清楚，只有全力痛击敌人，才是对战友最好的悼念。

18日，一路跌跌撞撞的TF8抵达了萨摩亚附近预定阵位。随后，哈尔西大致做了三件事。其一，他派出了3艘驱逐舰开赴帕果帕果，为登陆行动提供反潜掩护——毕竟日本潜艇的活动太频繁了。其二，他让“马汉”号驱逐舰陪同“萨宾河”号舰队油轮前往萨摩亚东南地区，准备为TF17提供燃油补给。其三，他也同样派出1架联络飞机前往帕果帕果，携带了他途中拟定的袭击作战计划。当然这份文件没有全文复印，只是与TF17相关的内容摘要，重点要求TF8与TF17在完成萨摩亚任务6天以后，同时袭击马绍尔群岛与吉尔伯特群岛（这份计划的其他内容请参见第六章）。因为TF8与TF17均保持无线电静默，他们之间无法建立联系，所以哈尔西希望这份摘要能及时交到弗莱彻手上，或者就算“约克城”号迟到，也能通过帕果帕果港的岸基无线电站通知对方。他显然不知道，“约克城”号已经放弃了在港内卸载飞机的计划。据说，因为“企业”号的飞机未在港内看到TF17的身影，哈尔西不得不派出更多飞机，扩大搜索范围找寻弗莱彻的队伍。这应该是TF8的联络飞机抵达时，3艘邮轮尚未进港，并且与TF17的联络飞机失之交臂的结果吧。

当然，有了帕果帕果无线电站中转信息，建立联系还是很快的。关键问题在于，弗莱彻无法断定自己需要多少时间卸载。在接下来的数天里，哈尔西焦急地等待TF17有关出发日期的明确答复。TF8也维持表面上的平静，每天按照程序，白天向西航行，夜晚再掉头返回出发点。同时，从“企业”号派出和回收搜索飞机，监视覆盖西、北扇面的水域。在这种机械往复的工作环境中，人们的乐观逐渐褪色，一种淡淡的浮躁情绪暗暗滋生，又在舰队中蔓延开来。

两队会合

相对于前线舰队，后方有一个人更为焦急，他就是远在华盛顿的金上将。这个美国海军的“万能上帝”，正在疑惑自己的命令为何还没有产生实效。此时，来自各方面的情报显示，日本海军驻马绍尔群岛的部队正在向特鲁克集结，兵锋指向俾斯麦群岛。这严重威胁到美国至澳大利亚的交通线，必须对其采取牵制行动。同时，马绍尔群岛防御力量的削减，也形成了良好的攻击契机。1月20日[①]，他催促尼米兹尽快实施反击，还进一步扩大原定方案，要求增派TF11去攻击被日军占领不久的威克岛。在他和他的参谋部看来，可以利用对马绍尔群岛和吉尔伯特群岛袭击，吸引日本人的注意力，在2－3天后再对相对孤立的威克岛如法炮制。哎呀，这简直就是一个“完美”的围魏救赵加声东击西的连环计。

尼米兹没有金那般天马行空，作为太平洋舰队的掌舵者，他对这样夸张繁复的计划是抵触的。但是，在全盘斟酌之后，他选择了暂时服从。他在21日致电哈尔西和弗莱彻，“加紧实施我的作战计划4-42是必要的”。他还同意了弗莱彻在月初的建议，一旦3艘邮轮卸载完毕，“约克城”号即可脱身参加反击。来自TF8的重巡洋舰“弗朗西斯科”号和3艘驱逐舰将留下，继续保护其他船只卸货。次日，他又下令TF14掉头北还，准备实施威克岛攻击。

美国海军中的“万能上帝”欧内斯特·金。

弗莱彻很高兴自己能从遥遥无期的登陆掩护任务中解放出来，去攻击那个跟他家乡同名的“鬼地方”。1月22日夜，他看到邮轮卸载接近尾声，就致电哈尔西，建议在24日离开萨摩亚水域。电报自然还是老样子，由飞机带到图图伊拉岛上，在当地无线电站转发。

收到弗莱彻来电的哈尔西也松了一口气，他已经等待得太久太久。就在当天，他手下的驱逐舰“格里德利”号与“范宁”号在萨摩亚西北150海里处发生了碰撞事故，导致严重的损伤。两舰不得不自行前往帕果帕果港进行紧急抢修。在日本潜艇活动频繁的水域，有2艘驱逐舰丧失战斗能力，这可真是一场悲剧。如果再等下去，天知道还会发生什么。他迅速选择同样方式回复赞同。按照拟定的时间表，攻击将在萨摩亚时间1月31日、马绍尔群岛与吉尔伯特群岛时间2月1日发起。

1月24日，弗莱彻进行了最后一次电报转发，告知哈尔西，他将在TF8身后150海里

① 此处为伦德斯特罗姆的说法，波特在《尼米兹》中记载是1月15日。伦氏的说法来自灰皮书，此书收罗了1942年1月舰队总司令部致太平洋舰队司令部电文，而波氏说法出处不详，故采信前者。

日本联合舰队首席参谋黑岛龟人，一度得到舰队司令山本五十六的绝对信任。

处尾随，并听从哈尔西的命令开展加油工作和实施攻击。弗莱彻的恭顺很可能不完全出自对哈尔西个人的尊重和对军令的遵循，而是带有己所不欲勿施于人的成分。因为在“约克城”号上，弗莱彻的到来并没有缓和紧张的人事矛盾，反而火上浇油。他跟巴克马斯特一样，选择了经常与航空部门长、飞行大队的官兵直接沟通交流——这种场面无情地击破了副舰长克拉克的幻想，他本以为新任的外行司令会倚重自己的才华，会像兴登堡对待鲁登道夫、山本五十六对待黑岛龟人那样。更大的打击是，弗莱彻明显跟巴克马斯特走得很近，对他言听计从。于是，克拉克的怀才不遇和强烈的妒忌心全部化成了愤懑不满，在许多场合与司令关系紧张，甚至越过司令向更高级别的部门倒苦水。被下级刺头纠缠不清的弗莱彻深知其苦，自然也不想做一颗给别人制造麻烦的刺头。

当天深夜，两支舰队集合起来了。哈尔西留下了“旧金山”号重巡洋舰和“德雷顿”号驱逐舰继续掩护登陆以及陪伴两艘正在抢修的驱逐舰。现在，TF8编队中还剩1艘航母、3艘重巡洋舰、7艘驱逐舰和1艘舰队油轮。而TF17编队则包括1艘航母、1艘重巡洋舰、1艘轻巡洋舰、5艘驱逐舰和1艘舰队油轮。它们组成两个环形阵，一前一后保持距离，缓缓驶向西北方向。有意思的是，不知是谁的主意，两支编队各起了个代号。TF8称为“TF HOW”，而TF17称为“TF FOX”。这个“HOW”，多少有些迷惘和犹疑的感情色彩，又有几分主动做些什么的意愿。而“FOX”这一狡诈多智的动物形象，反映出起名者对袭击完满成功的渴望。

与这位绰号发明者一样，舰队内的官兵都期望能顺利完

“内奇斯”号舰队油轮。

成任务，他们都十分明白自己承担了怎样的重任——此时此刻，这支编队已经成为美国海军在太平洋上唯一可动用的航母机动力量了。这又是怎么回事呢？原来，在接到攻击威克岛的命令后，指挥TF11的布朗少将提出了补充燃料的要求，于是尼米兹在1月22日下午派出"内奇斯"号舰队油轮（AO-5 Neches）前往接应。由于驱逐舰队也抽调不出舰艇了，这艘最大航速只有14节的油轮不得不冒险独自去和TF11会合。结果，就在前一天（23日）凌晨，它在瓦胡岛西南135海里处被日本潜艇"伊-172"号发现。后者对其发动了两轮攻击，这艘服役整整20年的老油轮带着57名船员沉入大海。这次事件引起了连锁反应——太平洋舰队再也抽调不出其他油轮，而TF11编队剩余的燃料无法满足袭击威克岛的需要，所以尼米兹只能取消这一袭击计划，让TF11暂时返回珍珠港。出师未捷剑先折，在"损失"了一半的航母部队之后，反击行动的成败得失便只系于哈尔西一身了。

第四章　双岛风云

历史渊源

美国海军准备袭击的马绍尔群岛和吉尔伯特群岛，属于大洋洲的密克罗尼西亚群岛。马绍尔群岛在密克罗尼西亚群岛的最东部，分布于东经160－173度，北纬4－14度之间，包括800多个岩礁组合而成的60多个小岛群，总面积共约182平方公里。这些岛群分成东西两个岛链，自西北向东南倾斜延伸。东边的是拉达克群岛（意为“日出”），西边的是拉利克群岛（意为“日落”）。几乎全部岛屿是珊瑚岛，地势低平，海拔不超过1.5米，并形成众多的环礁。环礁之中有潟湖，在环礁的缺口处存在着通海航道。潟湖水深且航道较窄的，适合作为航海基地。各个岛礁雨量充沛，但土地贫瘠，许多无人居住。岛民主体是土著原住民，属密克罗尼西亚人，是澳斯特罗尼西亚人中的一支马来－波利尼西亚人的后裔。据说在公元前2000年进入当地，并独立繁衍发展，处于母系氏族社会阶段。社会成员分为氏族贵族和普通人，主要使用贝壳制工具，维生手段是采摘椰子、面包果、露兜果、香蕉和用独木舟、浅滩堆石等方式捕捞海洋水产。

吉尔伯特群岛在密克罗尼西亚群岛的东南端，横跨赤道，散布于南北各2度30分，东经173－177度的海域。该群岛由16个珊瑚礁组成，分属北中南三个岛群。群岛总面积430平方公里，地理条件、居民种属和社会生活状态与马绍尔群岛基本一致。因此在某些分类方式中，将两座群岛的土著归为东密克罗尼西亚人。

这两座群岛在大航海时代被欧洲人发现。1526年，西班牙航海家托里维奥·阿隆索·德萨拉萨尔（Toribio Alonso de Salazar）乘坐“圣玛利亚·德拉·维多利亚”号（Santa Maria de la Victoria）率先发现了马绍尔群岛中的某座岛（可能是塔翁吉环礁）。其后数年里，西班牙其他航海家们多次光顾，不断有新的岛屿发现，并将之命名为“花园群岛”。吉尔伯特群岛的发现要晚一些。1606年（一说1605年12月），为西班牙政府服务的葡萄牙航海家佩德罗·费尔南德斯·德凯罗斯（Pedro Fernandes de Queirós）发现了该群岛北部的马金环礁和布塔里塔里环礁，将其命名为“一路顺风群岛”。1764年，英国海军六级护卫舰“海豚”号（Dolphin）在约翰·拜伦（John Byron）舰长指挥下抵达该群岛。到1788年，英国海军三桅帆船“斯卡伯勒”号（Scarborough）和运输船“夏洛特”号（Charlotte）从英国运输囚犯到澳大利亚之后，转向中国广东运载茶叶，无意中穿越了两个群岛，并参观了更靠西北的群岛。英国人用“斯卡伯勒"号舰长约翰·马绍尔（John Marshall）[①]的姓氏命名了这个群岛，随后马绍尔群岛这个名字被记载在西方世界的地图之上。而整整32年以后，俄国沙皇雇佣的德国探险家亚当·约翰·冯克鲁森施滕又对靠东南的群岛进行了考察，并引用"夏洛特"号舰长托马斯·吉尔伯特（Thomas Gilbert）的姓氏命名这座群岛。数年后，法国探险家、海军"拉科基耶"号（La Coquille）舰长路易·伊西多尔·迪佩雷（Louis Isidore Duperrey）在环球航行中绘制了吉尔伯特群岛地图，沿用冯克鲁森施滕的记载，使得这一命名为世人接受。

然而地理发现带来的不是太平。1824年，一艘美国捕鲸船"地球"号（Globe）在马绍尔群岛地区发生叛乱，一些

亚当·约翰·冯克鲁森施滕。

幸存者逃到其中的马尔格雷夫岛（即米利环礁）。一年后，当美国海军纵帆船"海豚"号（Dolphin）赶到时，只从土著人的屠刀下救出两名孩童。当地土著人对过往船只的暴力袭击也不断。最厉害一次是在1852年，从旧金山出发的"格伦科"号（Glencoe）和"海洋女神"号（Sea Nymph）遭到袭击，每艘船上的船员除了一人幸存外，均被杀害。在吉尔伯特群岛上，宗教传入后的相互竞争，加剧了岛内族群间的矛盾，欧洲新式武器让族群战争更血腥化。1879、1881年，塔比特韦亚环礁两度爆发宗教战争，死者估计在1000人以上。

对于群岛控制权的争夺，则发生在各个列强之间。由于两座群岛背景的不同，遭遇也不尽相同。马绍尔群岛属于西班牙声称的主权领土，而西班牙帝国在17世纪下半叶落入欧洲二流国家行列，一直未能恢复往日荣光，其在海外的殖民地便遭到后起之"秀"们的侵略和瓜分。1864年，德国在夏威夷的商店到马绍尔群岛设置分号，收购椰干，进行经济渗透。英国随后跟进。1874年，虽然西班牙争取到国际社会承认其对马绍尔群岛的主权，成为西班牙属印度的一部分，但是未能制止其他国家的野心。1884年，西班牙被迫将马绍尔群岛出售给德国人。次年10月，德国炮舰"鹦鹉螺"号武装进驻贾卢伊特环礁，并与当地土著首领签署了条约。

相对而言，吉尔伯特群岛要平稳一些，因为它和附近的一些岛屿一直是英国声称的领地。随着英国在19世纪确立全球霸主地位，很长一段时间，没有人敢公开挑战日不落帝国的权威。但是，由于距离遥远，利益有限，英国对这些岛屿不太重视。直到1846年，才有英国商人开始在吉尔伯特群岛定居，从事椰油贸易。而在此前的1838－1842年，美国海军上尉查尔斯·威尔克斯（Charles Wilkes）率一支舰队进行了一次全球海洋探险活动。1840年底，这支舰队派出一个分队从夏威夷出发，前往南太平洋水域。这支分队包括小型风帆战船"皮科克"号（Peacock）和纵帆船"飞鱼"号（Flying Fish），在"皮科克"号舰长哈德森（Hudson）的指挥下，对金斯米尔群岛（美国人对吉尔伯特群岛的旧称呼）中的大多数岛屿进行了

① 按《英语姓名译名手册》，应为"马歇尔"，但考虑到与地名"马绍尔"统一，所以用了"马绍尔"。

查尔斯·威尔克斯。

考察，并投入极大的精力绘制了地图和水文图。

温和的渗透活动也在进行。1857年11月，耶鲁大学毕业的美国新教传教士海勒姆·宾厄姆二世（Hiram Bingham II）从夏威夷来到阿拜昂环礁，成为第一个在吉尔伯特群岛定居的传教士。1859年，他建起了一座可容纳300人的教堂。1888年，法国天主教神父约瑟夫·勒雷（Joseph Leray）一行3人登上诺诺乌提环礁，随后勒雷被封为吉尔伯特群岛教区的主教。天主教群体迅速壮大，在北部和中部取得了优势地位。

随着南太平洋岛屿争夺的激烈化，英国政府也开始逐渐重视。1885年，英国与德国达成妥协，以英国支持德国占有马绍尔群岛，换取德国承认吉尔伯特群岛属于英国。1892年，驻扎在澳大利亚的英国皇家海军纵帆舰“保王党人”号（Royalist），奉命开赴吉尔伯特群岛，宣布当地和附近的埃利斯群岛共同成为英国的保护地。1914年第一次世界大战爆发之后，鉴于太平洋上势力和威胁的变化，英国提升了当地的地位。1916年1月12日（东），吉尔伯特群岛成为殖民地。此后，一直到太平洋战争爆发。

狡谋窃土

与吉尔伯特群岛不同，马绍尔群岛在第一次世界大战之中就被日本占领。作为远东蕞尔岛国，日本一直想拓展生存空间，因此对中太平洋和南太平洋诸岛（日本人称为“南洋诸岛”）垂涎三尺。一战爆发之后，由于英国担心日本参战会急速扩张，没有立即要求日本遵循日英同盟约定参战。此后，在以外相加藤高明为首的参战派的强势推动下，日本终于在8月23日（东）对德宣

英国海军“保王党人”号纵帆舰。

战。

参战后的日本确定了夺取中国胶州湾为主，兼而占领德占太平洋岛屿的方针。日本海军开始应英国方面的要求，着手接替英国舰队在北美、东南亚和中国水域的警备任务，

山屋他人。

同时组织力量，成立南遣舰队参与围捕在太平洋水域执行破交作战的德国斯佩舰队。日本海军在组织南遣舰队时，就秘密进行占领南洋诸岛的准备工作。

9月3日（东），日本海军抽调军舰组成第1南遣支队，下辖“鞍马”号、“筑波”号战列巡洋舰，“浅间”号装甲巡洋舰，“海风”号、“山风”号驱逐舰和“远江丸”号、“南海丸”号补煤舰。这支舰队由山屋他人海军中将指挥。山屋毕业于日本海军军官学校第12期，是日本海军内有名的战术家，曾在海军大学讲授舰队圆型战术。尽管关于此战术是否实用存在争议，但他却没有实践的机会了，这次去干的不是堂堂正正的舰队交战，而是偷鸡摸狗之事。

13日（东），日本海军装模作样授予命令，要求第1南遣支队以保护日本人和破坏军事设施的名义实施登陆，然后从速撤离——这只是用来掩人耳目的。次日，山屋中将在旗舰“鞍马”号上升起将旗，随后指挥舰队驶出横须贺军港。

开始，日本舰队先航向特鲁克岛，但是根据情报，德国舰队可能在贾卢伊特环礁附近，于是编队中途修正了航向。9月29日（东），第1南遣支队抵达贾卢伊特环礁，没有发现德国舰队踪影。山屋中将派出“浅间”号副舰长南乡次郎海军中佐指挥的联合陆战队登陆。由于岛上没有军事设施

日本海军“筑波”号战列巡洋舰。

以及当地政府没有进行抵抗，日军迅速控制了全岛，收缴了当地德国殖民机构的官方文件和5000马克公款（此款随即由殖民机构签字领回），解除了当地警察武装与土著人巡防队，破坏了大部分船艇，并解救了被扣押的英国商船和遭到关押的日本人塚村兼吉。之后，联合陆战队返回了军舰。

由于此时，澳大利亚和新西兰部队开始夺取德占岛屿的消息也传到了东京，日本人觉得不能落后，必须加速占领工作。10月3日（东）一大早，海军军令部通过“香取”号战列舰为中继，密电正在马绍尔群岛一带活动的第1南遣支队，要求迅速占领包括贾卢伊特环礁在内的重要岛屿，并派驻守备部队。收到电报时，正在纳莫里克环礁活动的支队主力，立即掉头返回贾卢伊特环礁。当天下午，以“鞍马”号炮术长宫坂助治郎海军少佐为指挥官的联合陆战队二次登陆，在德国殖民机构建筑前的旗杆上升起“鞍马”号军舰旗，宣告占领当地。随后，“鞍马”号分队长、守备队队长日比野正治海军大尉率67名官兵及3个月军需品留驻。当地的德国殖民机构官员及其家属、仆人则被扣押，统一押上补煤船“远江丸”号，送回日本本土。

接下来，日军开始忙于抢占马绍尔群岛以外的岛屿，一直持续到10月底。随着在南洋诸岛初步扎稳脚跟，日本又通过巡视马绍尔群岛之下的岛屿，宣布对这些岛屿的占据。10月27日（东），“海风”号占领艾卢克环礁；28日（东）“筑波”号占领艾林拉普拉普环礁或夸贾林环礁[①]；29日（东）“鞍马”号占领马朱罗环礁；30日（东）“鞍马”号、“山风”号、“筑波”号分别占领沃特杰环礁、利基普环礁和朗格里克环礁；11月1

日本海军“鞍马”号战列巡洋舰。

① 《第1南遣枝隊戦時日誌》为“リューエン島”，未能查到是哪座环礁的什么岛。但从“筑波”号航程、时间和环礁的重要性推测，可能是这两座环礁中的一座。

日（东），第1南遣支队各舰在埃尼威托克环礁会合，并占领该环礁。

为了建立正常的守备制度，让舰队人员从守备任务中脱身，日本还调集了6支特别陆战队开赴南洋。10月20日（东），日本邮轮“神奈川丸”号装载着5个特别陆战队及海军省特派人员、农商省技术人员和法律顾问自横须贺出发，途经马里亚纳群岛后，于11月1日（东）与支队在埃尼威托克环礁会合。此后，该船先到其他群岛卸载人员，15日（东）到达贾卢伊特环礁。在两天里，横须贺第5特别陆战队的46名官兵及所携物资被汽艇装运上岸。新任的守备队指挥官立川常次也与前任日比野进行了换防手续交接。16日（东）早晨9时许，立川在守备队前庭院召集附近土著人，用英语宣布了日本人的政策方针，用日语宣布了军纪。由于土著人听不懂这两种语言，立川安排原德国殖民机构雇员、德国与当地土著混血儿哈曼（Harman）用土著语言进行了翻译讲解。

12月28日（东），日本政府迫不及待地公布了所谓南洋群岛临时防备条例，设置司令部于特鲁克环礁，并将所占岛屿分成6个军政区。由当地守备队长担任军政支厅长，兼管民政事务。马绍尔群岛即属于第5军政区，贾卢伊特环礁为军政区机关驻地。实质上，马绍尔群岛乃至南洋诸岛都已经成为日本既占的事实，这也成为战后争取权益的基础。

苦心经营

一战结束后，根据国际联盟理事会的决定，日本于1920年12月17日（东）正式成为南洋诸岛的委任统治国，基本上接收了德国战前所拥有的权利。面对新的时势，军政合一体制已没有必要，日本政府废除了南洋群岛临时防备条例，撤回驻军，并设立新的行政机关南洋厅。1922年4月1日（东），根据前一天发布的敕令要求，南洋厅行政制度正式施行，下辖东、西、北三个支厅。马绍尔群岛属东部支厅管辖，其中东经164度以西的2座环礁属东部支厅下的波纳佩派出所管理，其余归东部支厅下的贾卢伊特派出所管理。后来随着经济发展，机构升级，扩充到6个支厅，波纳佩与贾卢伊特也分别成为南洋厅下属的支厅。

对于得来不易的土地，日本人是比较珍惜的，进行了积极和有效的开发。日本政府每年给予南洋厅大约300万日元的财政补助，扶持其发展。到1928年，仍然需要补贴180万日元。一度日本国内出现了反对的声音，认为南洋厅耗费了大量的资金，收益不高，应干脆予以废除。但是此后，日

日本在南洋地区的行政管理机构南洋厅。

本先前的“征南”拓殖逐渐显露成效，通常在北方朝鲜、桦太需要1年收回资本的，在南洋诸岛只需要4－5个月。1931年，南洋厅税收收入突破300万日元，补贴降低到27万日元，仅仅十年就基本实现了财政独立。

相对而言，南洋诸岛中马绍尔群岛虽然人口不算少（1925年统计，仅贾卢伊特支厅属下人口达9600余人，位列各支厅第2），但相对资源和产业能力不足，吸引到的日本拓殖者相对较少（1925年统计，贾卢伊特支厅属下日本人户数排倒数第2），是发展程度比较低的地区。农业仅少量种植甘薯、南瓜及畜养少量猪、羊、家禽等，主要经济产品是椰子。仅贾卢伊特支厅年产椰子就占到整个南洋诸岛的50%以上，年输出椰干价值约72万－92万日元（1925－1930年数据）。椰干主要用于压榨椰子油。椰子油除了可食用和照明外，还是重要的工业原料，主要用于制造肥皂、表面活性剂及提取甘油等。

日本在努力将南洋诸岛建成经济基地的同时，还一直妄想将它们建成军事基地。根据《国际联盟盟约》第22条第5款规定，对于南洋群岛这样的委任统治地域“阻止建筑要塞或设立海陆军基地，除警察和委任统治地域防御所需外，不得以军事教育施诸土人”。[①]1920年12月17日（东），在日内瓦签署的《关于太平洋中赤道以北旧德国殖民地委任统治书》中又一次强调“对土著的军事训练应予禁止，为了保证当地警察和防务不在此例。此外，在领土内不得建立任何陆海军基地和要塞”。1922年2月6日，在华盛顿签署的限制海军军备条约规定，太平洋上岛屿、领地内的要塞和海军基地，要维持签字日的状态。这些要求显然不符合日本的胃口，但是在相当长的一段时间内，日本也不敢明显违约。1931年，“九一八”事变爆发，国联不承认日本在中国东北扶持的“满洲国”，因此日本做出了退出国联的决断。既然日本选择退出，那么按照常理，作为国联成员享受的权利和承担的义务也应该一并解除，但是，《国际联盟盟约》第22条第6款规定，南太平洋的岛屿“作为其（即受委任统治国）领土的一部分”。日本即以此为理由，继续占据包括马绍尔群岛在内的这些岛屿。

尽管脱离了国联相关条约的约束，日本仍然受到《华盛顿限制海军军备条约》的制约。1934年12月，日本照会缔约各国，不再续约。熬到1936年12月31日（东），该条约到期，日本就像从潘多拉魔盒中钻出来一般，开始大肆建设，要把南洋诸岛变成不沉的航空母舰和“南洋横须贺”。

日本方面有资料记载的行动始于1930年，军方利用南洋商社的力量，调查何处适合建筑机场。1933、1934年又出动军舰，寻找适合作为警备基地的地点。但这些仅限于勘测和调查，据日本人自己说法，南洋诸岛一直没有像样的军备，甚至连普通设施建造，也没有按照军事的标准。不过，诸如1915年在贾卢伊特环礁，1928年在马朱罗环礁、沃特杰环礁、埃尼威托克环礁的无线电站实际都是军民通用的。贾卢伊特环礁还有民用的，战时兼顾军用的煤炭与油料库。

1937年1月，横须贺镇守府派出一支舰队，在第12战队司令官宫田义一海军少将的指挥下，对南洋全境进行了近6个月的调查。根据报告，马绍尔群岛中的埃尼威托克环礁、朗格拉普环礁、沃特杰环礁、

---

① 此处与《国际条约集1917－1923》中译文不同，是笔者参考条约原文后作的修改。原译文未突出托管地地域概念。

马洛埃拉普环礁、马朱罗环礁、米利环礁适合建造飞机场，贾卢伊特环礁、马朱罗环礁、沃特杰环礁和艾林拉普拉普环礁适合建造水上飞机基地。于是，当地先开始着手准备建造3座水上飞机基地，并计划修建2座机场。1939年6月，横滨航空队司令三木森彦大佐率队，再次对南洋诸岛实施机场土质调查以及耐热训练。在这次调查的基础上，军令部将机场数量增加到4座，并增加2座水上飞机基地。一时间，马绍尔群岛成为南洋诸岛中重点航空基地打造对象。从1938年到1941年12月开战时，一共有3座机场和3座水上基地完工投入使用，其余均在建设中。在建设航空基地的同时，日本海军还在各岛礁建造了4个5000吨重油罐和22个200吨航空汽油罐。

起初，南洋的军事设施营造归横须贺海军建筑部第2课主管。出于加快工程进度的目的，1940年12月15日（东），在特鲁克成立了第4海军建筑部，在管理上更加方便。同时，在劳动力方面想方设法予

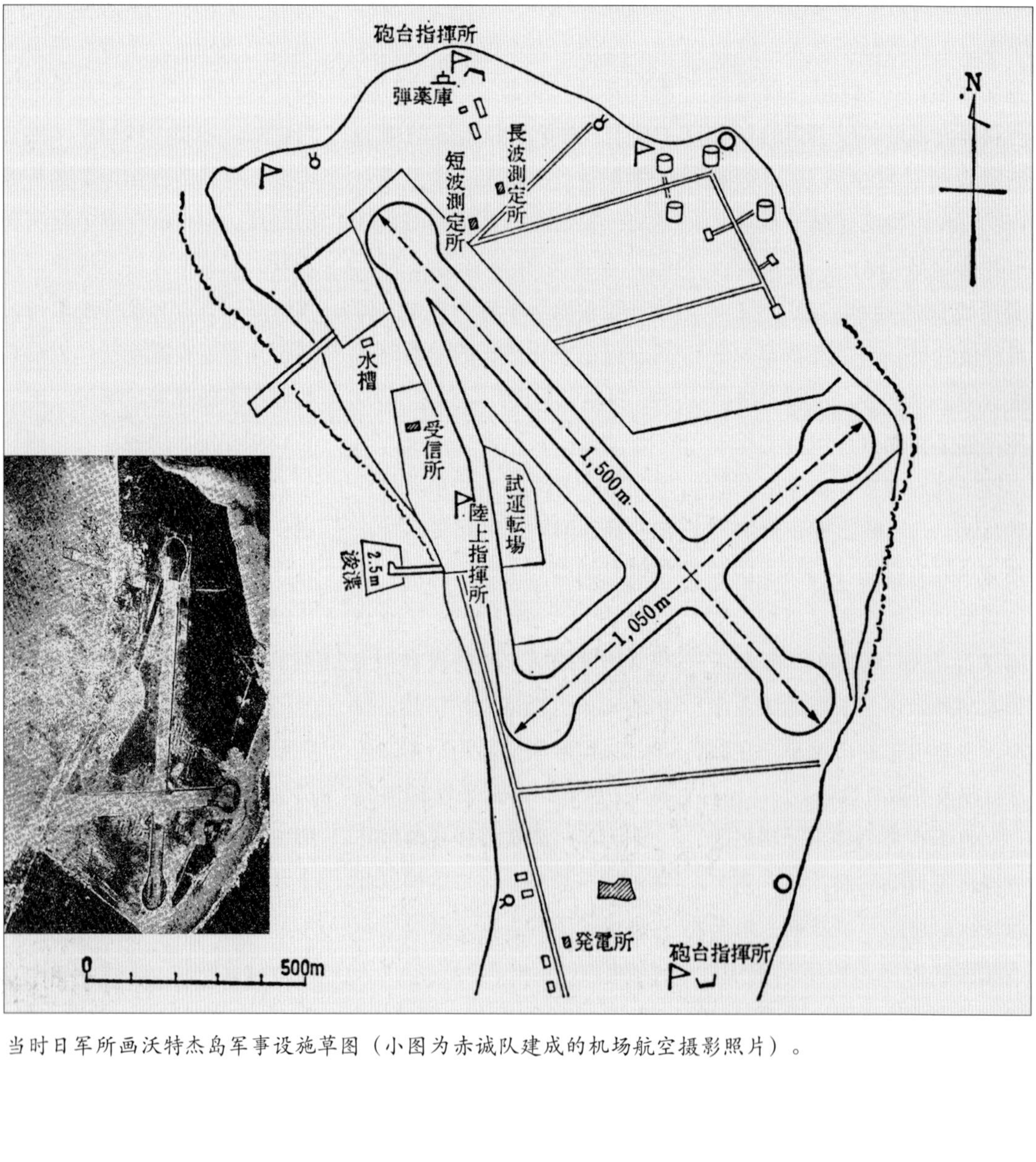

当时日军所画沃特杰岛军事设施草图（小图为赤诚队建成的机场航空摄影照片）。

以保证。1939－1940年，在南洋地区建设军事设施的劳力达到1万人，提供协助的船只有50艘。为了确保充足的劳动力，以及兼顾保密，日本政府竟然还动用罪犯投入建设，并别出心裁将之命名为“赤诚队”。1939年、1941年先后输送两批，各660和996名罪犯到沃特杰环礁参加施工。在炎热的环境中，有1102人得了传染病，30人死亡。此外还有8人死于运输往返途中。

基地逐渐成型，部队也开始进驻，充实防务。1940年11月12日（东），日本海军以第4舰队承担南洋诸岛的防卫任务。同时成立第5根据地队隶属第4舰队，负责包括马绍尔群岛在内的东部南洋诸岛警备。1941年1月15日（东），马绍尔群岛防区单独成立，由新成立的第6根据地队负责，司令部设置于夸贾林环礁。

航空部队是随着机场、水上飞机基地的完工开始到来的，不过起初并不常驻，主要是适应性训练。1941年10月1日（东），第24航空战队作为第4舰队所辖的航空兵力正式加入其序列。到11月，该战队下辖的千岁航空队的战斗机与陆基攻击机全部进驻马绍尔群岛，横滨航空队的飞行艇则进驻贾卢伊特环礁。此时距离太平洋战争爆发已经不足一个月了。

兵不血刃

吉尔伯特群岛遭到入侵是在1941年12月。尽管自20世纪30年代以来，日本人在各方面表现得咄咄逼人，但是大英帝国却没有有效加强吉尔伯特群岛的防御。原因无外乎三点：大英帝国已走向下坡路，没有足够的力量防卫这些万里之遥的边陲小岛；英国希望用绥靖政策，引导日本直接与苏联对抗；作为当时国际秩序的主要设计者，英国人习惯遵守条约获利而不是阴谋破坏条约。1940年，随着欧洲战局的变化，绥靖政策破产，国际秩序彻底改变，迟钝的约翰牛这才开始考虑加强远东地区的战备。可是，帝国广袤的财产此时成了累赘——从最西部的印度到最东面的皮特凯恩群岛，领土跨越1万余海里的距离，接近赤道一半的周长。这样的战线，根本无从防御，所以像吉尔伯特群岛这样的地方，就基本被放弃了。

当然，象征性的防御还是有的。为了监视和观察日本人的动向，英国组织澳大利亚人、新西兰人和土著人在太平洋诸岛建立了海岸观察哨体系，形成了一个庞大而松散的情报网络。1941年5月，这一网络延伸到了吉尔伯特群岛。当地一共设立了10座海岸观察哨，主哨所位于贝鲁环礁。人

王家斐济海军的“维提”号。

员来自新西兰，混合了新西兰军团的士兵，数量大约为20人[①]，并得到岛上土著人员的补充。土著人员集中在斐济进行训练。完成训练后，与新西兰来的人员一起乘坐王家斐济海军的“维提”号（Viti）扫雷舰前往各岛礁部署。

在部署过程中，新西兰人遇到了一些麻烦，比如有的岛礁不容易登陆。而且，这些养尊处优的人仍然没有战争意识，他们抱怨贝鲁环礁有西洋建筑可用，其他岛礁就只能利用土著人的房屋。在北吉尔伯特群岛的一座岛礁，一次飓风掀起1.8米高的巨浪，把所有房屋冲毁了。幸好易毁者易建，房屋很快重建起来。岛礁上的供应则两极分化，海里和岛礁的植物提供了丰富的新鲜食物，但是淡水却很缺乏，基本仰赖雨水，所以一到下雨，就要利用一切容器储存。

对于海岸观察哨的人员而言，最大的死敌还是无聊。一群年轻人守在与世隔绝、缺少娱乐的热带岛礁上，面对每天机械单调的观察记录、设备维护和无线电报告任务，热情和士气很快消退，变得慵懒、拖沓起来。哪怕是面对日占马绍尔群岛的威胁，也丝毫提不起精神。然而就在这安逸的氛围中，日本人开始进攻了。

与大英帝国情况类似的是，日本同样实力有限，这对于无限膨胀的野心是一种抑制。所以，日本海军只希望夺取吉尔伯特群岛的北部，在当地建立水上飞机基地，以拓展马绍尔群岛侧翼的防御纵深，推进航空警戒线。1941年9月11－20日（东），联合舰队在海军大学举行了一次大规模图上演习，演习中与吉尔伯特群岛相关的部分便成为作战计划的源头。同年11月，负责夺取北吉尔伯特群岛的第4舰队指挥人员与联合舰队司令部人员进行了研讨，确定了最后的方案。

第4舰队时任司令长官是井上成美中将，1889年12月9日出生于宫城县仙台市，1909年海军军官学校第37期毕业，在179名毕业生中排名次席。他读书时汉文和体育成绩较差，数学和英文成绩出众，偏好音乐和手工课，具备深厚的音乐素养。在日本海军内部，他一直是坚定的“条约派”，即赞成签署华盛顿条约和伦敦条约，反对三国同盟和对英美开战。他还反对因与英美政治敌对而取消英文教育，并大力支持和推广之。为此，他与“舰队派”及支持三国同盟、鼓吹对英美强硬的势力势如水

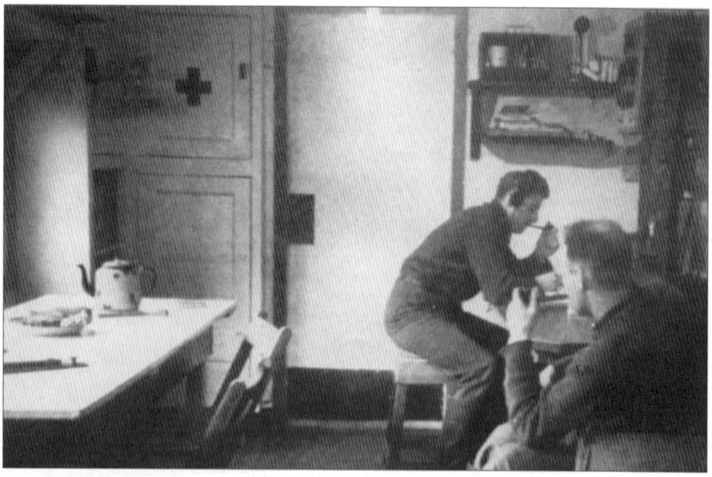

海岸观察哨内部。

① The Official History of New Zealand in the Second World War 1939－1945，Episodes & Studies Volume 2中记载，在吉尔伯特群岛和埃利斯群岛分别部署10和7个海岸观察哨，共15名新西兰无线电员与22名新西兰士兵，则推测吉尔伯特群岛有20多人。据日军《第19戦隊戦時日誌戦闘詳報》，似一个站一般为2名士兵、1名无线电员。也许每个哨位人员不等，待查。

井上成美。

火，多次遭到人身威胁。开战之前，他一面反对现有的军备方案，针对在建的大和级战列舰提出“大舰无用论”，提倡大力发展航空兵；一面又坚持日本的战争准备和实力都不及英美，高唱“开战必败论”。因此，他这颗“刺头”被打发到太平洋上来，以免在东京给高层添堵。

井上与山本类似，虽然反战，可真要开战了，还是顺其自然地担起了职责。当时，第4舰队的进攻重点是美国海军陆战队据守的威克岛，所以吉尔伯特群岛方向只投入了第19战队、第29驱逐队、第8炮舰队各一部，一部分运输船只和两支联合陆战队。这些部队统归第19战队司令志摩清英海军少将指挥，负责夺取吉尔伯特群岛中的马金环礁、塔拉瓦环礁。

按照拟定的计划，日军兵分两路。第1部队由志摩少将亲自率领，包括第19战队下辖的布雷舰“冲岛”号（旗舰）、特设布雷舰“天洋丸”号（搭载联合陆战队178人及航空汽油），第8炮舰队之特设炮舰“长田丸”号（搭载水上飞机基地人员53人）及征用商船“加罗林丸”号，征用渔船“神风丸”号、“第二太阳丸”号、“第二高千穗丸”号（装载水上飞机、零配件及水上飞机基地所需建筑材料），直接进攻马金环礁。第2部队由驱逐舰“夕凪”号舰长山下少佐率领，包括第29驱逐队所辖驱逐舰“朝凪”号、“夕凪”号，搭载71名陆战队员，前往塔拉瓦环礁。

12月4日（东），由第51警备队及各舰陆战队组成的联合陆战队汇聚贾卢伊特环礁，并在6、7日（东）进行了登陆演练。7日（东），参战船队全部在贾卢伊特环礁集合。当

日本海军“冲岛”号布雷舰。

天下午，运输队伪装成正常的商船队先行出发，驶向马金环礁——如果珍珠港袭击失败，船队将立即返航。8日（东）上午，贾卢伊特驻军收到“虎虎虎”的电报，于是第2部队在11时30分出港，2个小时之后第1部队也尾随行动。

10日（东）凌晨0时以后，第1部队抵达马金环礁。在完成停泊和登陆准备后，20分钟内就完成了联合陆战队的卸载。登陆的同时，运输船开始卸载物资，水上飞机基地也顺利地设营。海岸观察哨发挥了作用，不过，比卡提岛发回的电报竟说日军有23艘船只进入礁湖。这太过夸张。11日（东），日军在小马金岛和比卡提岛发现了海岸观察哨。根据日本方面的说法，他们逮捕了1名英国籍殖民机构行政见习官员、6名新西兰人（4名士兵与2名无线电员），缴获了无线电设备与密码本。并且，根据俘虏的交代，知道在更多地方有这样的观察哨。但新西兰方面宣称一共7人被捕，有3名无线电人员，而且他们已经发出求救电报，破坏了无线电器材与烧毁密码本，在日军的审问下没有交代任何军事情报。此外，自11日（东）起，横滨航空队的3架飞行艇进驻马金环礁，从第二天起开始航空巡逻。14日（东），因为作战计划调整，“天洋丸”号另有任务，于是将航空汽油转移到“长田丸”号上，由后者在16日（东）转送岸上，以确保飞行艇的需要。

第1部队登陆马金环礁的同时，第2部队也同时在塔拉瓦环礁实施登陆。日本海军陆战队召集白人与土著人，宣布占领当地。随后，他们破坏了通讯设施，扣押了白人，收缴了武器和物资。当天下午，日军放弃塔拉瓦环礁，返回了军舰。次日，第2部队到马金环礁与第1部队会合。

至此，日军轻松地完成了占领北吉尔伯特群岛的任务。

第五章 海狼侦察

群狼出动

对于两座袭击目标，美国海军几乎可谓一无所知。这倒不是美军指挥官们颟顸无能，而是因为他们缺乏足够的情报。马绍尔群岛被日本占领多年，岛上信息受到严密管控，别说是岛上防御设施与驻扎部队的情况，就连基本的地理水文情况都难以了解。吉尔伯特群岛虽然是盟国英国所有，但开战未久，许多涉及机密的资料还没充分共享，而且日本人侵占之后的部署和配备情况也无从得知。整个太平洋舰队资料库中，唯一可资使用的，就是前述查尔斯·威尔克斯下属分舰队绘制的相关地图与水文图。现在距离威尔克斯的考察已经过去了整整100年，沧海桑田，这些资料还能真实反映当地的情况吗？谁也不敢打包票。

正所谓知己知彼，百战不殆，美国海军将领们也是懂这个道理的，在太平洋舰队遭到袭击之后，就开始着手收集相关情报。因为水面军舰和飞机无法抵近这些岛屿，所以除了对岛上无线电通信进行监听之外，能依靠的就是水下的潜艇了。

太平洋舰队潜艇部队司令是戴着金丝眼镜的小托马斯·威瑟斯（Thomas Withers，Jr.）海军少将。他1886年出生在科罗拉多州，是安纳波利斯海军军官学校1906届毕业生，曾在水面舰队与潜艇部队服役，经历基本一半对一半。作为潜艇部队指挥官，他是一个极具争议的人。他提出了潜艇不是用于对舰队作战，而是用于破坏敌方交通线的观点，是美国海军中有此真知灼见的第一人。但是，他消极对待美国鱼雷的弊病，忽视部下的批评报告，而且还昏招迭出。比如他对飞机过于恐惧，要求部下在白天进入航空基地500海里以内的范围，就要保持潜水状态，白白丢失了大量攻击机会；他还要求潜艇在攻击商船时，对每艘船使用鱼雷不得超过两枚，这也不切实际，降低了攻击成功的概率。

战争爆发之后，威瑟斯统率的潜艇部队统一被编为第7特混舰队（以下简称TF7），下辖第2、4、6、8、10潜艇中队，是拥有50艘潜艇的庞大力量。可是，这个数字仅限于纸面：到1941年12月15日，开战前预计加入太平洋舰队的10

托马斯·威瑟斯。

艘小鲨鱼级有7艘还在建造，3艘刚服役正在东海岸训练与测试；9艘部署在本土（包括东西海岸）；1艘正在开赴太平洋的途中；7艘正在本土或珍珠港大修。在剩下不到一半的潜艇之中，13艘在东南亚水域，3艘在中途岛、威克岛水域，3艘在日本近海，仅剩4艘潜艇可资调动了。不知是原任太平洋舰队司令赫斯本德·金梅尔（Husband E. Kimmel）海军上将的决定，还是代理太平洋舰队司令派伊中将的想法，抽出3艘潜艇派往马绍尔群岛水域，执行战斗巡逻任务。其中“海豚”号（SS-169 Dolphin）于12月24日出发，“蚝隆头鱼”号（SS-199 Tautog）于12月26日出发，“长尾鲨”号（SS-200 Thresher）于12月30日出发。前两艘均直接部署于马绍尔群岛一带，“长尾鲨”号除了经行当地外，还将进抵马里亚纳群岛及关岛（已沦陷）巡弋。

这里需要说明的是，所谓战斗巡逻任务主要是袭击日本海上运输线，同时兼顾情报的收集。这些情报包括对巡逻区内天气、水文、岛屿驻军与设防、海上航运、飞机出没等。然而，这样的点滴收集形式并不能满足反击的需要。笔者认为TF7很可能在12月30日下达了对马绍尔群岛各岛礁实施抵近侦察的命令。①这可能出自尼米兹的示意（毕竟他当时未正式上任）或者是派伊自己的想法。

尼米兹正式走马上任之后，直接继承了这笔“财富”——这些潜艇正逐步就位，为他谋划中的航母袭击计划提供情报支持。但是，这还远远不够。尼米兹要求向马绍尔群岛增派潜艇，并单独派遣潜艇侦察刚沦陷的吉尔伯特群岛。

在1942年的元旦，威瑟斯的手头又多了3艘潜艇。它们分别是“海神”号（SS-201 Triton）、“鲑鳟”号（SS-202 Trout）以及承担了尼米兹就职仪式、悬挂着太平洋舰队总司令旗的“茴鱼”号。前两艘是刚从中途岛、威克岛水域返航的，需要时间休整。特别是“鲑鳟”号，TF7准备安排它去菲律宾科雷吉多尔岛，运送麦克阿瑟将军急需的3500发76毫米高射炮弹。仅剩的“茴鱼”号呢？这可是舰队总旗舰哪。然而尼米兹对此没有任何忌讳，对他来说，情报压倒一切。是啊，如果这次反击失败了，他这个总司令又能当几天呢？于是，侦察吉尔伯特群岛北部的任务就托付给它了。1942年1月5日，“茴鱼”号离开了珍珠港。

对于增强马绍尔群岛侦察力量的问题，威瑟斯找来了他的参谋长海军上校查尔斯·斯泰尔（Charles W. Styer）。斯泰尔是陆军准将亨利·斯泰尔（Henry D. Styer）的次子，1897年5月4日出生于纽约。他并没有成为陆军军人，而是进入海军闯荡，毕业于安纳波利斯海军军官学校1918届。他的父亲曾经参与了一战后协约国对苏联的干涉，是美国在西伯利亚部队的指挥官之一。当时日本也出动大批部队进入西伯利亚，作为协约国盟军参加了干涉行动，所以他应该没少从父亲那听说过日本人的种种故事。更有意思的是，斯泰尔上校的名和教名分别是查尔斯和威尔克斯，这绝不是巧合，因为他的母亲就是查尔斯·威尔克斯的孙女②。重外孙重新谋划

---

① 根据“蚝隆头鱼”号的巡逻报告，它的行动依据侦察舰队潜艇部队司令发布的4份命令与电文，即命令36-41，12月30日0300电、1月23日0322电与1月26日0502电。命令为12月26日出发前发布，后两则电文太迟。加上“海豚”号巡逻报告亦提及TF7的12月30日0200电，可推测，12月30日TF7（即侦察舰队潜艇部队）发布了相关侦察命令。

② 即查尔斯·威尔克斯独子埃德蒙·威尔克斯（Edmund Wilkes）的女儿伊丽莎白·贝西·威尔克斯（Elizabeth “Bessie” Wilkes）。

查尔斯·斯泰尔。

侦察外曾祖父探索之地，仿佛是上天注定的因缘。

经过探讨，威瑟斯与斯泰尔一致判断威克岛水域不需要更多潜艇，直接从那个方向抽调“鲳鲹鱼”号（SS-181 Pompano）参加侦察行动。这艘潜艇预定是替换“海神”号和“鲑鳟”号的，1941年12月18日离开珍珠港，已经于12月31日抵达威克岛水域。1942年1月3日，来自TF7的一纸电令便让该艇掉头东南，赶往马绍尔群岛。

现在，一共有5艘潜艇布置在了北起比卡尔环礁，南至马金环礁约550海里的范围内，采取抵近目视观察的方式，开始了全面侦察。而太平洋舰队司令部与海上的哈尔西、弗莱彻都密切关注并等待着侦察报告。

初揭面纱

由于笔者未能查到“长尾鲨”号的巡逻报告，只能从另外4艘的报告里一窥究竟。在这4艘之中，第一个抵达侦察目标的是海军少校小约瑟夫·威林厄姆（Joseph H.Willingham，Jr.）指挥的“蚝隆头鱼”号。这是河豚级潜艇的第2艘，1939年3月1日在康涅狄格州戈登市的电艇公司开工建造，1940年7月3日服役。艇体长93.6米，宽8.3米，吃水4.5米，水面排水量1475吨，水下排水量2370吨，装4台柴油机和4台电机，双轴推进，输出功率5400马力（水面）/2740马力（水下），最大航速20.4节（水面）/8.8节（水下），续航力11000海里/10节，极限潜深76米。武备10具533毫米鱼雷发射管（前6后4），携带24条鱼雷，1门76毫米甲板炮，编制官兵60人。

艇长威林厄姆1905年3月20日出生在亚拉巴马州一个只有几百人的小镇佩尔城。他的童年记忆包括了家乡的棉纺厂以及满头棉絮辛勤的童工。1922年，他来到安纳波利斯海军军官学校，从此海军军官生涯开阔了他的眼界。如今，他也要用这双眼睛去仔细观察美利坚的敌人。

1月3日，他指挥潜艇开始对拉塔克群岛北部的比卡尔环礁进行侦察。随后，依次经过比基尼环礁（5日）、朗格拉普环礁（6日）、沃托环礁（7日）、夸贾林环礁（8日）、乌贾环礁（13日）、夸贾林环礁（15日）、朗格拉普环礁

1910年，美国佩尔市棉纺厂的一名童工。

（16日）、乌蒂里克环礁（24日）、塔翁吉环礁（28日）。直到29日踏上返回珍珠港之路。在这段时间里，他在夸贾林环礁一带停留的时间最长，从8－15日。其间，在8－12日和15日总共约6天对该环礁进行了全方位的侦察。

威林厄姆的报告显示，在比卡尔环礁、沃托环礁、乌贾环礁和塔翁吉环礁没有发现任何东西；乌蒂里克环礁发现少量茅草屋；朗格拉普环礁有风车和高耸的观察岗楼；比基尼环礁有高低观察岗楼，还有一座巨大建筑和少量房屋。

重点侦察的夸贾林环礁则有众多发现。其中环礁北部的罗伊岛上有高高的塔楼和数量众多的建筑。罗伊岛西南的潟湖内停泊着三艘货船，一艘为8000吨级，两艘为5000吨级。一艘大约30米长的拖网渔船驶出梅卢岛航道，实施反潜巡弋。空中有9架轰炸机或巡逻机向东飞行，还看到了一个三机轻型飞机编队和1架单发轻型飞机。

10日清晨，“蚝隆头鱼”号正绕着夸贾林环礁向环礁东南端的夸贾林岛航行。在一片水雾之中，威林厄姆看见了大约4570米以外有3艘日本潜艇向西高速航行，并很快消失在暴风雨中。当可视度再次恢复时，只在约9140米外看到1艘的身影。威林厄姆判断它们是航向夸贾林环礁。

11－12日，“蚝隆头鱼”号抵达夸贾林环礁东南端，在夸贾林岛和相邻的小岛上，发现大量建筑及人员活动。夸贾林岛有一座高耸的瞭望塔，埃努布吉岛上有2座极高的无线电发射塔。潟湖东南角停泊着5艘大型船只，有3艘看得清外形，其中一艘基本应该是“常磐”号，一艘类似“长鲸”号，还有一艘是水上飞机供应舰。12日中午，在离开当地时，发现了1艘中型货轮离开潟湖。潜艇尝试攻击，并发射了3条鱼雷，据称命中1条。随后，该艇确认自己遭

“蚝隆头鱼”号潜艇，左上为小约瑟夫·威林厄姆。

“八海山丸”号。

到1艘1500吨的辅助反潜舰只和反潜飞机投掷的深水炸弹攻击，但没有受伤。根据日本方面资料，遭到攻击和反击的是同一艘舰艇，即刚刚从朗格拉普环礁返回的特设炮舰“八海山丸”号。这艘船于1937年5月25日（东）建成，本是镝木汽船株式会社的货轮，1941年8月19日（东）被海军征用，8－10月完成改装，即开赴南洋。船体长97.1米，宽14.0米，最大吃水7.5米，装1台三胀往复蒸汽机，输出功率1500马力。武备具体不详，应该装备了中口径火炮和深水炸弹投放设备。该舰舰长是毕业于海军军官学校第37期的栃木县人福田均三海军大佐。他指挥“八海山丸”号展开了绞杀，并报告以深水炸弹击沉了这艘美国潜艇——当然这也是夸大其辞。

到15日，“蚝隆头鱼”号从乌贾环礁返回时，在夸贾林环礁又看到1艘货船离开当地，并且至少有1艘驱逐舰陪伴（此驱逐舰实际应为辅助反潜舰只）。

再探敌情

第二艘抵达的是“海豚”号，它的故事下一节讲，这里我们先说“鲳鲹鱼”号。它是鼠海豚级潜艇10号艇，1936年1月在马雷岛海军船厂开工，1937年6月服役。艇体长91.7米，宽7.6米，吃水4.3米，水面排水量1316吨，水下排水量1934吨，装4台柴油机和4台电机，双轴推进，输出功率5200马力（水面）/2084马力（水下），最大航速18节（水面）/8节（水下），续航力11000海里/10节，极限潜深76米。武备6具533毫米鱼雷发射管（前4后2），携带16条鱼雷，1门76毫米甲板炮，2挺12.7毫米与2挺7.62毫米机枪，编制官兵55人。

“鲳鲹鱼”号艇长是海军少校路易斯·帕克斯（Lewis S. Parks），1902年4月13日出生于纽约州长岛上的湾港，可谓海边生海边长大，比威林厄姆更得天独厚。他1925年毕业于安纳波利斯海军军官学校，1939年4月担任这艘“美味”的潜艇艇长至今（美国人认为鲳鲹鱼是最好吃的鱼类之一，

路易斯·帕克斯（左）与部下沟通。

比如新奥尔良有道名菜“纸包鲳鲹鱼”，用酒做的白色酱汁混合虾、蟹肉，与鲳鲹鱼一起用羊皮纸包裹蒸熟）。

1月7日凌晨，帕克斯指挥“鲳鲹鱼”号在狂风暴雨之中到达比卡尔环礁。除了海鸟，没有任何发现。9日，侦察了艾卢克环礁，依旧一无所获。

9日凌晨，“鲳鲹鱼”号从东面靠近了沃特杰环礁。此后，直到16日，它一直围绕这个环礁观察。10日上午，它看到1艘轮船从潟湖内经席施马雷夫海峡离开。随后发现沃特杰岛以西的潟湖内停泊着3艘船只，一艘可能是16500吨的镰仓丸级或八幡丸级①，另两艘是6000至8000吨的货轮。下午，还有一艘约1300吨的巡逻舰（炮舰或扫雷舰）到两条海峡航道巡逻。11日，它发现那艘16500吨级的船经由席施马雷夫海峡缓缓离开，立即予以拦截。据帕克斯少校称，他发射了4条鱼雷，2条命中，船只沉没。实际并非如此。13日，它再度观察到先前那艘巡逻舰到席施马雷夫海峡巡逻，于是尝试接近，因为遭到炮击，而不得不在水下躲藏了6个小时（这次攻击也未找到相对应的日方资料）。14日，暴风雨降临，可视度很差，无法看清细节，只知道有2艘船停泊在港内。15日，暴风雨继续，仅观察到昨天的两艘船中只剩一艘。16日下午，它终于有机会攻击那艘巡逻舰，并两度发射鱼雷。鱼雷均没有命中，反而招来敌舰返身攻击，投掷深水炸弹——据日本方面记载，这艘巡逻舰是特设拖网船“宇治丸”号。它本属三共海运株式会社，1940年12月10日（东）建成，1941年9月7日被海军征用，9－10月进行改装，1941年11月抵达马绍尔群岛。舰垂线间长56.4米，宽9.4米，吃水5.2米，装1台740马力柴油机。武备为1门76毫米炮，1挺13毫米高射机枪，1挺7.7毫米高射机枪，安装深水炸弹投射器1具、施放台2个。主要用于反潜巡逻。当天，第65驱潜队司令柏木質海军中佐坐镇该舰，指挥了这次攻击，号称取得了

“鲳鲹鱼”号潜艇。

① 根据巡逻报告直接翻译，仅代表美国人的认知。

特设驱潜队建立以来的第一个战果。事实上，柏木和部下做“纸包鲳鲹鱼”的“厨艺”太差，他们的攻击没有对美国潜艇造成任何实质性伤害。

16日夜，躲过一劫的“鲳鲹鱼”号离开沃特杰环礁，前往马洛埃拉普环礁。自18日下午到23日返回珍珠港，它一直在当地与附近的奥尔环礁活动。刚到时它就发现塔罗阿岛港内停泊着一艘“八幡丸”或“新田丸”号邮轮，一艘3500吨级军舰，四艘在沃特杰见过的那种巡逻舰。一架水上飞机停在小型军舰的舰尾。19日，在穿越马洛埃拉普环礁与奥尔环礁之间的海峡时，顺路搜索了后者，但没有任何发现。当它在20日下午回到前者西南部时，发现附近有一艘小船。在前往判断是否有攻击价值时，遭到一艘巡逻舰的追踪。这艘舰跟先前沃特杰和马洛埃拉普见过的一样，但没有给潜艇造成实质威胁。第二天，那艘小船曾极度接近潜艇，据声呐部门报告说它有大概76米长，比昨天看到的舰影要大。但是，帕克斯在潜望镜中没有发现目标，为了避免招惹反潜巡逻力量，他没有选择主动搜寻攻击。

22日，“鲳鲹鱼”号来到环礁东部，做离开前的最后观测。它注意到有3艘船在塔罗阿岛港内，两艘是见过的巡逻舰，另一艘就是3500吨级的军舰，但现在看，应该是商船改装的。此外，塔罗阿岛的西南有5座单层建筑，可能是机库、兵营或者仓库。岛上的椰子林内还隐藏着一幢巨大的多层建筑。帕克斯少校收到了TF7发来的任务优先的电报，立即起草电报回答，不过未能发送出去。他根据潜艇状况当机立断返航，也许对“鲳鲹鱼”号来说这是种解脱，但给别的潜艇带来了困扰（见下一节）。

侦察和航行期间，“蚝隆头鱼”号和“鲳鲹鱼”号多少遇到了一些问题。前者的潜望镜曾全部起雾，影响了观察；平衡系统发生过泄漏；无线电设备和声呐设备也都罢过工。后者安装的胡文·欧文斯·伦奇勒柴油发动机工作不太稳定，陀螺罗经每隔几天就发作一下，一些排气口也失效等等。当然“鲳鲹鱼”号最大的困扰还是油料问题。由于天气恶劣，它的润滑油消耗比较快，到10日，该艇只消耗了35%的重油时，就已经用掉43%的润滑油了。同时燃油舱存在泄漏，在海面留下可视的油迹，增大了侦察的风险，限制了侦察的能力。12日夜晚，它曾经浮出水面，直接派人检查了备用燃油舱，还将燃油转移到后舱。

悲喜缘分

如果说前述两艘潜艇的侦察活动总体还算顺利，那么“海豚”号的经历就让人啼笑皆非了。读者们想必对“海豚”号这个名字并不陌生。美国海军迄今为止一共有8艘用海豚命名的军舰，前一章提到的美国海军纵帆船“海豚”号是第二艘，而这艘潜艇是第七艘。当年五世祖曾经到达过马绍尔群岛救援幸存者，时隔百余年后，孙辈军舰又在同一水域执行任务，冥冥之中可有定数？然而，该艇的状态却比祖辈糟糕得多。它属于美国海军在两次大战之间建造的一系列潜艇中的一艘。艇体长97.3米，宽8.5米，吃水4.3米，水面排水量1718吨，水下排水量2240吨，装2台主柴油机、2台发电柴油机和4台电机，双轴推进，输出功率3500马力（水面），最大航速17节（水面）/8节（水下），续航力18780海里/10节，极限潜深76米。武备6具533毫米鱼雷发射管（前4后2），携带18条鱼雷，1门102毫米甲板炮，编制官兵63人。该艇1930年6月在缅因州基特里的朴茨茅斯海军船厂开工，1932年6月服役，至今已近十年。自1941年5月1日以来，它没有像样的整修，只是进坞一次做了几小时的底部清理，所以一路上各种事故麻烦不断，甚至连潜航都十分困难——不仅存在漏油漏气现象，而且尾管填充材料损耗速度过快，使得尾管难以保持密封状态，下潜就会进水。途中，因为一次32秒的短暂潜水，柴油发动机就发生了故障，不得不更换了发动机盖。这令刚接任艇长的海军少校戈登·雷纳（Gordon B. Rainer）和艇员们头疼不已，被迫在修修补补中断断续续前进。

正是考虑到这些问题，“海豚”号出发时没有走最近的路线，而是绕道米利环礁以南的外海，进入马绍尔群岛，以免在岛屿间的海峡被日本人轻易探测与攻击。这使得该艇进抵贾卢伊特环礁比预定时间要迟——1月6日，“海豚”号接近了目的地，并在距离南角11海里处下潜，从水下缓缓靠近，实施了侦察。在前后5个小时里，它观察到岸上众多房屋和水罐。因为树林的遮挡，它没有看到礁湖内的情况。观察期间，两台主发动机循环水泵都因为系统进水而停止运行，只好向西撤离，以实施维修。

接下来，1月8日是纳莫里克环礁、11日是艾林拉普拉普环礁，都没有什么像样的发现。13－14日，“海豚”号又对马绍尔群岛通向特鲁克岛的航线进行了整整两天的监视，也没有收获。之后又经由艾林拉普拉普环礁返回贾卢伊特环礁，第二次进行抵近侦察。从16日的约1600－3200米，到17日的距离约900米，它终于有了发现——潟湖内停泊着3艘大型货轮，雷纳少校判断可能是箱根丸级。这些船明显系留在码头上。但是，作为潜艇基地还不够格。次日，拍发电文并重新填塞尾管。19日，再度接近到环礁西侧的平勒普岛，距离只有约460米，又看到了3艘另外的货轮位于环礁的西南航道附近。

自21日起，因为平衡舱管线、排水系统漏水和其他没完没了故障，“海豚”号暂时停止了侦察任务，并将这一情况通知了TF7。此后的一天多里，艇员们努力维修，但结果并不比维修之前更好。看着精疲力竭的部下，雷纳少校也无法说服自己继续坚持，于是准备了一份情况说明，向上级申请取消剩下的侦察任务。

22日傍晚时分，“海豚”号潜艇浮出海面。此时，满怀希望的艇员突然发现发报机不能工作，经过检查是因为安装

“海豚”号潜艇。

着通气管和通信天线的通道里灌满了海水。艇员初步判断是左舷柴油机排气管进水导致的。他们立即开启水泵排水，结果又发现泵也损坏了。就在大家手足无措之际，电报机收到了来自TF7的新命令，要求他们侦察马洛埃拉普环礁。显然，“鲳鲹鱼”号对该环礁的侦察，引起了太平洋舰队的关注，需要保持监视，为哈尔西舰队提供稳定可靠的情报。不幸的是，19日TF7致电询问“鲳鲹鱼”号返航时间时，回答不能让舰队满意。之后，就如前文所讲，“鲳鲹鱼”号暂时与基地失联，吉凶未卜，需要立即调遣其他潜艇替补该艇的任务。

接到新命令的“海豚”号充斥着沮丧的气氛，其实雷纳面对的问题比他的同届老同学帕克斯更为糟糕，但他们却无法告知TF7——舰队基地使用的陆地电台功率更大，能够透过海水的阻隔被天线接收，而潜艇的电台功率太弱，无法跟基地联系上。不甘心的艇员们另辟蹊径，用钢丝绳制作了一个临时天线，从无线电室直接伸出司令塔外壳，尝试发报。此举依然失败了。

联系不上基地，讨论的话题又回到了执行任务上。此刻，并非全体艇员明白侦察的意义，也不知道有一支美国舰队正等待他们的情报，但他们最终还是选择了服从命令，义无反顾地开赴马洛埃拉普环礁。至于侦察完成后怎么汇报的问题，很简单，可以边航行边修嘛。

这一次的侦察依然不太顺利。按照雷纳的计划，“海豚”号将穿越马洛埃拉普环礁和阿尔诺环礁之间的海峡，然后靠近前者观察。但是，在进入海峡之后，艇上的一台柴油机与平衡水泵停止了工作。雷纳没有冒险执行任务，而是让潜艇就地停车，先实施紧急抢修。可这么一修，就没有机会去马洛埃拉普环礁了。

24日夜，疲惫不堪的“海豚”号终于接到了返航命令。然而归途也不轻松，之前柴油机的问题只是暂时排除，没有彻底修复，所以雷纳少校选择水面低速航行，以避免彻底损坏造成更大麻烦。这样一来，返程的时间就被延长了，风险也大大增加。

无奈年轻

最后还有一艘就是侦察吉尔伯特群岛的“茴鱼”号。它是河豚级的10号艇，1939年12月在朴茨茅斯海军船厂开工，1941年3月服役，是这几艘执行侦察任务的潜艇中最新的。它的艇长是海军少校埃利奥特·奥尔森（Eliot Olsen），安纳波利斯海军军官学校1927届毕业生，也是各位艇长之中最年轻的。从履历来看，他甚至比倒霉虫学长雷纳少校早半年出任艇长。可是新的未必就表现佳，先前的平步青云也未必接下来事事如意，他与他的潜艇很快遭遇了一系列不顺利。

1942年1月13日，奥尔森少校就率领该艇抵达了马金环礁。但是他们在这里遇到了热带气旋，暴风雨大作，再加上缺少合适的水文图，他不敢冒险靠近环礁实施观察，只能在外围盘桓。时间一天天地流逝，无所事事的他和艇员都焦躁不安起来。奥尔森也曾考虑过是否先去其他地方，但是一想到他们侦察的水域南北不过130海里，东西20余海里，这个念头就被打消了。

17日，风雨终于变小。“茴鱼”号小心翼翼地抵近海岸线，开始寻找潟湖的主航道。可是，由于大雨不断，他们还是看不清岛上以及潟湖内的状况。直到次日，奥尔森才看到了一艘停泊在潟湖内的小型商船，但是完全没有看到无线电情报监听中的7架水上飞机。对小马金岛的观察，也未能找到任何建筑与人类活动

“茴鱼”号潜艇。

迹象。

之后，“茴鱼”号发送了侦察报告，又匆匆赶往塔拉瓦环礁。这一次，奥尔森又遇上了该死的暴风雨——不知道是不是从马金环礁移来的热带气旋，他选择先到塔拉瓦的话，或许就能顺利躲过坏天气呢？但事后诸葛亮没有意义。他再次选择盘桓等待，一直到21日天气好转。他所不知道的是，其实日本人已经撤离，他像模像样地侦察一番后表示没有任何发现。同一天，它还侦察了塔拉瓦环礁以北的阿比昂环礁，结果还是一样。

最后，完成侦察任务的“茴鱼”号离开了北吉尔伯特群岛，它没有直接返回珍珠港，又朝特鲁克环礁水域去监视日本的航运线去了。

第六章　攻击方案

急就章

在接到潜艇侦察报告之前，哈尔西中将和他的参谋人员同样对自己的目标所知甚少，但是他们也没有闲着，自受命之日，即开始考虑目标的选择与攻击方案的制定。既然尼米兹在命令3-42与作战计划4-42中赋予他们充分的自主权，他们就要将这种权力发挥到极致，这是他们的一贯作风。

其实，“企业”号上的美军指挥官们对这样的行动并不陌生。第一章就提到，本次行动的源头始于麦克莫里斯的1941年舰队作战计划。该计划曾在当年夏秋进行过图上推演，推演中，“企业”号航母编队作为从北面接近马绍尔群岛的力量使用。眼下的情况与推演略有差异，因为威克岛、吉尔伯特群岛失守和掩护萨摩亚登陆，“企业”号航母编队与南路航母编队合流，不再绕道吉尔伯特群岛，改从东南方向直接迫近，对马绍尔群岛南部和东部实施打击。同时，用“约克城”号航母编队取代了推演中的南路“列克星敦”号航母编队。

按照出发时的设想，哈尔西能够用于袭击的兵力包括2艘航空母舰、5艘巡洋舰与10艘驱逐舰（另有2艘驱逐舰用于掩护油轮）。两艘航母装载的2个航空大队，可运用的航空兵力有130架飞机，包括33架战斗机、67架俯冲轰炸机与30架鱼雷攻击机。

美军装备的战斗机为格鲁曼公司的F4F-3型“野猫”式。该机长8.8米，翼展11.6米，机高3.6米，空重2423公斤，最大起飞重量3698公斤。机首安装一台普拉特·惠特尼公司生产的双黄蜂R-1830-76气冷发动机，输出功率1200马力，最大飞行时速531公里，标准续航距离734海里，实用升限

1941年“企业”号上的F4F-3机队。

11280米。武备为4挺12.7毫米机枪，可携带2枚45公斤炸弹或2个220升副油箱。相较而言，该机的综合能力要劣于日本零式战斗机（见附表1）。这就使得美军在进入日军航空防卫圈时，底气不足。

俯冲轰炸机为道格拉斯公司的SBD-2和SBD-3“无畏”式。前者机长9.6米，翼展12.7米，机高4.1米，空重2855公斤，起飞重量4699公斤。机首装1台柯蒂斯·莱特公司的R-1820-32气冷发动机，输出功率1000马力，最大飞行时速405公里，最大续航距离1063海里（轰炸）/1193海里（侦察），实用升限7920米。自卫武器为3挺7.62毫米机枪，最大载弹量325公斤。SBD-3是在前者基础上换装柯蒂斯·莱特公司的R-1820-52气冷发动机和机首2挺固定机枪换装12.7毫米机枪，后座自卫机枪增设1挺而成，翼展、机高不变，机长增加到9.8米，可携带一枚1000磅（约454公斤）炸弹，空重和起飞重量分别增加到2878公斤和4717公斤。由于输出功率不变，最大飞行时速降至402公里，最大续航距离1166海里（轰炸）/1371海里（侦察）。两型SBD均是优秀的俯冲轰炸机。

鱼雷攻击机为道格拉斯公司的TBD-1“蹂躏者”式。该机长10.7米，翼展15.2米，机高4.6米，空重2540公斤，起飞重量4213公斤。机首安装1台普拉特·惠特尼公司的双黄蜂R-1830-64气冷发动机，输出功率900马力，最大飞行时速331公里，最大续航距离378海里（挂载Mk13鱼雷）/623海里（挂载454公斤炸弹），实用升限5945米。自卫武器为1挺12.7毫米机枪、1挺7.62毫米机枪或2挺7.62毫米机枪。可挂载1条Mk13鱼雷，携带炸弹时可挂载1枚454公斤或2枚227公斤或12枚45公斤炸弹。这种飞机已经老旧，如果没有战斗机护航，一旦遭遇敌方战斗机，就会成为活靶子。

从前述数据可以看出，如果使用鱼雷攻击潟湖内的船只，作战半径要缩小到190海里以内，而使用炸弹攻击时，作战半径要缩小到310海里。然而，实战中考虑到多种因素，特别是起飞待机、编队、搜索与攻击目标的额外消耗，护航战斗机需留出空战用油等，实际作战半径还要大大缩小。从美军实战来看，受战斗机的限制，航空攻击的半径上限约为175海里。

对岸炮击则依赖巡洋舰与驱逐舰，它们一共装备37门203毫米、15门152毫米和89门127毫米大口径和中口径火炮。这些火炮一次齐射投射量为7200余公斤（按高爆弹重计算）。这些军舰理论备弹203毫米5550发，152毫米3000发，127毫米23100发，其中203、152毫米炮弹按穿甲弹与

1940年，TBD-1在“企业”号上降落。

高爆弹比例1:1估计，大约一半可用于对岸射击，127毫米炮弹穿甲弹比例应低许多，岸轰使用比例更高。

由于不了解日军防御实力的底细，哈尔西不敢冒险选择对岸炮击，只能使用航母上的航空兵力实施远程打击。从尼米兹给他罗列的建议目标来看，沃特杰环礁、马洛埃拉普环礁、米利环礁属于马绍尔群岛东部拉塔克群岛，马金环礁则处于吉尔伯特群岛的最东北端，距离马绍尔群岛最东南端的米利环礁大约170海里。他们都处于各自岛群的最外围，且基本处于西北至东南的延长线上，适合从东面或东北面接近，在相对风险较低的水域，实施打了就跑的攻击战术。

可是雄心勃勃的哈尔西不满足于此，他想打击更有价值、更能震撼到敌人的目标。他是个抓大放小的人，没有亲自草拟计划，而是将此事全权委托给他的参谋长迈尔斯·布朗宁（Miles R. Browning）海军中校。

布朗宁1897年4月10日出生于新泽西州珀斯安博伊，父亲是纽约的股票经纪人，母亲是个诗人（真是金钱与文艺的经典组合）。1914－1918年，他就读于安纳波利斯海军军官学校，毕业后在水面舰队服役，参加了一战。1924年，布朗宁接受了飞行训练，从此与航空结缘。他的驾驶技术精湛，同时又受父母基因的影响，富于冒险精神和文艺范儿，经常表现出狂野放肆的一面，在猎艳方面也堪称超绝。这个缺点在后来制造了多起八卦绯闻，几乎毁了他从军的前程。20世纪30年代末，他进入了哈尔西的参谋部，这两个在某些方面脾性相投的人很快英雄相惜，互赠青眼。1941年6月，他成为哈尔西的参谋长。

强将手下无弱兵，布朗宁又跟上司默契天成，他跳出尼米兹建议的目标框制定方案，直接将贾卢伊特环礁列入，作为主要目标——除了该地是马绍尔群岛的统治核心之外，美军还估计这里部署了80余架飞机。此举正合哈尔西心意，立即获得批准。但是这座环礁在拉利克群岛的最南端，位于米利环礁正西方约120海里，这就意味着美国舰队需要进入甚至穿越米利环礁与马金环礁之间的水域，大大增加了被发现和攻击的概率。想要降低风险，舰队就必须高速接近目标。考虑到驱逐舰高速航行时燃料消耗过快，布朗宁设计了一个更为夸张的举措，即航母和巡洋舰以25节高速进入攻击阵位，驱逐舰以15节尾随。飞机起飞后，航母和巡洋舰掉头与驱逐舰会合撤退。

米尔斯·布朗宁。

此外，布朗宁和参谋们还草拟了三份航空攻击方案。A方案为“企业”号抵达贾卢伊特环礁东南175海里处，起飞2个中队的俯冲轰炸机（36架）轰炸贾卢伊特环礁，6架战斗机扫射米利环礁。“约克城”号抵达贾卢伊特环礁南170海里处，起飞1个中队攻击贾卢伊特环礁，1个中队攻击马金环礁。B方案针对贾卢伊特环礁内停泊大型船只的情况，以2艘航母接近到距离环礁150海里以内，追加2个鱼雷机中队实施鱼雷攻击。两支编队高速向东撤离，机群完成攻击后朝东南方飞回母舰，然后离开当地。在A、B两方案中，飞机起飞后，两支编队即高速向东撤离，机群完成攻击后朝东南方飞回母舰，然后离开当地。当天气条件良好时，将选择C方案——提前航行到攻击位置，乘午夜月光发起奇袭，然后回收飞机撤退。这一方案是否使用鱼雷机，当依据情报再定。

对于这三个方案，哈尔西没有立即取舍，他还需要等待最后的侦察情报，不能一无所知地就轻易豁出去战斗。

大胆抉择

自停留萨摩亚期间以及北上之后，太平洋舰队一直陆续在发送潜艇的侦察成果——因为潜艇跟基地联系不畅的问题，以及通讯周转、情报部门研判的时间，它们中的大部分要推迟相当长时间。比如"长尾鲨"号1月8－12日完成对马朱罗环礁、阿尔诺环礁的侦察，但相关信息直到22日凌晨才由太平洋舰队发给各特混舰队。根据这些珍贵的情报，美国海军判断日本人在贾卢伊特环礁、夸贾林环礁、沃特杰环礁和马洛埃拉普环礁有成规模的活动，不过防御力量有限，特别是后两座环礁"通过轰炸和炮击可将所有设施夷为平地，而风险可以忽略不计"。在此基础上，尼米兹于1月28日凌晨下达新命令，强调"现在正是毁灭吉尔伯特和马绍尔群岛敌军及其设施的机会"，如果条件允许，"务必通过反复的空袭和炮击实施攻击"，并可根据情况，将攻击延长到一天以上。从侦察结论和命令看，尼米兹将原来的打了就跑的航空袭击，改成了空袭与岸轰并举的作战行动。

事实上，哈尔西和他的参谋班子走得更远。他们接到尼米兹的命令时，舰队刚刚穿越了赤道。昨夜，各舰都忙里偷闲地举行了各种传统活动，诸如以化妆舞会的方式祭奠海神等。欢乐气氛刚刚消散，严肃的作战计划讨论会就召开了。乘着余兴，激进的布朗宁将马绍尔群岛腹地的夸贾林环礁直接纳入攻击目标，并确定为首要目标。它与沃特杰环礁、马洛埃拉普环礁搭配成一个任务组，由TF HOW予以打击。

布朗宁的选择带来了一个严重的问题。夸贾林环礁的西缘至沃特杰环礁的东缘大约200海里，至马洛埃拉普环礁北缘中间点大约250海里。如

"长尾鲨"号潜艇。

果要攻击夸贾林，就必须靠近沃特杰和马洛埃拉普这两座环礁。尤为重要的是，夸贾林环礁潟湖内的船只是美国人青睐的目标，期望能使用鱼雷予以攻击。要满足这一点，“企业”号航母就需要在沃特杰环礁北面不足30海里处起飞和回收飞机，甚至可能机动到敌人目视距离之内，大大增加了风险。[①]尽管潜艇侦察报告显示沃特杰环礁与马洛埃拉普环礁防御不强，但这只是一面之词，万一在靠近时被提前发现，或者因近距离徘徊而被监视，遭到优势海空兵力攻击，那就麻烦大了。然而，战争本身就是赌博，风险越大收益就可能越大。当敢于以小博大的布朗宁用铅笔指向这个“最佳”攻击发起点时，骁勇好斗的哈尔西沉思了一下，随后果断地予以批准——在当时的太平洋舰队，也只有这个组合能作出如此匪夷所思的选择。

当然，作战不是单靠这种大胆的抉择，还需要细致的行动方案。经过研究，哈尔西将TF HOW分成三个特混大队：

第1特混大队由斯普鲁恩斯少将指挥，下辖重巡洋舰“北安普敦”号、“盐湖城”号和驱逐舰“邓拉普”号，负责炮击沃特杰环礁。

第2特混大队由“切斯特”号舰长托马斯·肖克上校（Thomas M.Shock）指挥，下辖重巡洋舰“切斯特”号，驱逐舰“巴尔奇”号、“默里”号，负责炮击马洛埃拉普环礁。

第3特混大队由哈尔西自己指挥，下辖航母“企业”号、驱逐舰“拉尔夫·塔尔博特”号、“布鲁”号、“麦考尔”号，负责航空攻击和掩护。

细看这份编组方案，可以看出很多有意思的地方。比如驱逐舰的分配，炮击能力最强的“巴尔奇”号（8门127毫米）和次强的“邓拉普”号（5门127毫米）都配属给炮击部队。航母身边留下的3艘驱逐舰是鱼雷战能力较强的。同时，这3艘中的2艘同级舰又是搭档舰。

由于目标更换，“企业”号航空大队的攻击方案也有所调整。哈尔西计划用2个中队（36架）俯冲轰炸机和半个中队（9架）挂载炸弹的鱼雷攻击机组成攻击波，空袭夸贾林环礁。其中俯冲轰炸机需压制环礁北部的罗伊岛，而鱼雷攻击机负责潟湖内的锚地与环礁东南端的夸贾林岛。第一波空袭将在日出前15分钟发动，空袭行动的总指挥是第6航空大队大队长霍华德·扬（Howard L.Young）海军少校。还有半个中队（9架）挂载鱼雷的鱼雷攻击机在航母上待命，一旦锚地内发现高价值目标，便补充出击。此外，战斗机中队除了正常的空中巡逻之外，还将出动12架战斗机，分成2组，分别对沃特杰环礁中的沃特杰岛、马洛埃拉普环礁中的塔罗阿岛实施压制，掩护炮击编队行动——由于沃特杰岛近在咫尺，压制这个岛的战斗机，也可视作“企业”号自身航空掩护的一部分。

哈尔西将原来的贾卢伊特环礁、米利环礁和马金环礁的

霍华德·扬。

① 伦德斯特罗姆在《航母舰队司令》中称“几海里”，与“企业”号起飞攻击点至沃特杰环礁距离实测的数值不同。此处按实测值估算。

攻击任务留给了TF FOX——这支编队将在TF HOW东南约300海里外的洋面独立行动。哈尔西的性格不喜欢耳提面命，加上两支编队又距离遥远，所以他没有硬性规定弗莱彻应该怎么做，也没有要求对方按照自己的时间表配合攻击，而是让弗莱彻自己决定攻击计划的细节，并授权他自行决定是否要炮击米利环礁、马朱罗环礁和阿尔诺环礁。他仅要求弗莱彻依据目标情况和后续战况，反复施行攻击，并迅速报告战果和特别重要的舰船目标。唯一的建议是用9架俯冲轰炸机和3架挂载鱼雷的鱼雷攻击机攻击马金环礁，因为情报显示那里有1艘水上飞机供应舰与7架水上飞机。他承诺，自己撤退时会及时通知弗莱彻，指示他如何脱离战场。

当天，计划就制订妥当，文本内还附了一句哈尔西式的招牌口号——“这个星期天终于轮到我们开火了！”[1]哈尔西依旧选择安全的方式——用联络机直接将作战计划文本送到了正在海上航行的“约克城”号上。顺便还让飞行员带了一句话，“这个计划只有一个结果，如果成功了，它就堪称‘天衣无缝’，如果失败了就是‘鲁莽透顶’。”

谨慎方案

收到哈尔西作战计划的弗莱彻，必定大吃一惊。尽管有心理准备，也难以想象这种大胆疯狂的方案。当然，他更庆幸自己的上级没有约束自己，给了最大程度的自由。

与哈尔西的大刀阔斧不同，弗莱彻的指挥风格是谨慎小心的。他同样有自己的好搭档——斯宾塞·刘易斯（Spencer S. Lewis）海军上校。这位参谋长是得克萨斯州人，安纳波利斯海军军官学校1910届毕业生。身材瘦小的他一点不像蛮勇斗狠的“红脖子”，也不及布朗宁有冲劲，反而以精明强干、经验丰富、热情幽默、善于辞令著称。1939年6月至1941年1月，他在第3巡洋舰分队隶属的轻巡洋舰“密尔沃基”号（CL-5 Milwaukee）上担任舰长，与分队司令弗莱彻相识，并以出色的表现赢得了后者的高度认可。据说，这位刘易斯还有在颠簸的军舰上卷烟卷的绝活，可见他的细致沉稳。

有什么样的长官就有什么样的参谋班子，除了刘易斯之外，其他的参谋人员不管个性如何迥异，但工作作风都是精明干练型的。因此，弗莱彻也很快敲定了自己的作战计划。由于TF FOX的目标基本继承自原有计划，一样需要穿越马金环礁与米利环礁之间的洋面，深入拉利克群岛与拉塔克群岛之间行动，所以他基本保留了布朗宁最初的预案。为了最大程度降低被事先发现的概率，弗莱彻把舰队分成两个特混大队，一个包括航母“约克城”号、重巡洋舰“路易斯维尔”号、轻巡洋舰“圣路易斯”号，作为攻击群；另一个包括4艘驱逐舰，作为支援群。攻击群在攻击前夜以25节航速奔向目标，在清晨5时抵达攻击点起飞攻击机群，然后掉头向东，在航行中回收返航的飞

斯宾塞·刘易斯。

① 按照马绍尔群岛当地时间，攻击发起日为2月1日，是星期天。另，本书的主书名出自于此。

机。支援群在攻击前夜保持15节前进，直到与东返的“约克城”号编队会合。

当然，飞机起飞的攻击点有所调整——为了兼顾对米利环礁的炮击，向东北移了50海里。同时，航空兵力分配没有参考哈尔西的建议，因为“约克城”号可运用的飞机数量要比“企业”号的少。它搭载的是第5航空大队，可使用17架战斗机、31架俯冲轰炸机和12架鱼雷攻击机。鱼雷攻击机的匮乏，使得弗莱彻不愿拆分自己的鱼雷攻击力量，而是将它们全部用于最重要的目标——贾卢伊特环礁。即便如此，他仍然面对一个选择——万一那里没有高价值军舰怎么办？鱼雷可不能用来对付岸上的目标，也不能带回母舰，只能白白丢弃。所以，巴克马斯特上校建议，干脆不携带鱼雷出击，改挂3枚227公斤炸弹。这一建议获得了弗莱彻的批准。既然挂载炸弹了，那是否可以调整起飞攻击点，使之更朝东方呢？也许是担心攻击中搜寻目标会花费比较多的时间，导致返回远离的母舰需要更多燃料，弗莱彻没有修改攻击点。

与鱼雷攻击机一起出动的还有1个中队（17架）的俯冲轰炸机，第5航空大队大队长柯蒂斯·斯迈利（Curtis W. Smiley）也搭乘这种飞机行动，担任贾卢伊特空袭部队的总指挥。还有1个中队（14架）的俯冲轰炸机分成两队：一队9架，攻击部署在马金环礁的水上飞机供应舰与水上飞机；一队5架，轰炸米利环礁。

对战斗机部队的使用，更加体现出弗莱彻的谨慎风格。鉴于目标区域存在日本航空力量，他将不多的战斗机全部留下保护“约克城”号。这也许有点残酷，但是个理性而正确的抉择，原因有三点：

其一，TF FOX的目标过于分散——贾卢伊特环礁在西北、米利环礁在北、马金环礁在南，若派出护航力量，不仅未必够用，而且自身防卫将被严重削弱。所以鱼与熊掌不可兼得，他选择只顾母舰的安危。

其二，就当下的美国海军航母部队而言，航母的重要性比飞机和飞行员高。飞机和飞行员损失了，能够在短时间内获得补充，而航母一旦遭遇损失，太平洋舰队就要在相当长一段时间内陷入被动了（成批建造的埃塞克斯级航母最快的1艘也要1942年底才能完工）。

其三，“约克城”号装备

“约克城”号上的CXAM雷达天线。

了当时海军最先进的CXAM对空搜索雷达，操作员是出色的雷达操作尖子文·贝内特（Vane M. Bennett）。雷达的性能也在北大西洋的波涛和恶劣天气中得到了检验，表现良好。此外，该舰还装备了舰际通话（TBS）甚高频（VHF）电台，可与同样装备这种设备的驱逐舰进行短距保密通信，而2艘巡洋舰都没有装备这套设备。也就是说，无论是防空还是指挥，“约克城”号都是编队最重要的核心军舰，一旦遭到损失，编队的组织战斗力将大大降低。

出于相似的担心，弗莱彻并未认真考虑炮击行动方案。首先，“长尾鲨”号的报告说明马朱罗环礁和阿尔诺环礁毫无攻击价值，而米利环礁的价值也有限。其次，他的2艘巡洋舰都没有装备对空雷达，4艘驱逐舰装备的SC型对空雷达性能较差，不能提供充分的飞机预警，实施近岸炮击太过危险。

弗莱彻能够回避炮击的问题，但在航空攻击上，回旋余地不大。他考虑了哈尔西反复攻击的要求之后，做了撤退与再攻击两手准备。按照再攻击的计划，TF FOX将在当天下午对贾卢伊特环礁单独发动一次补充攻击。到了晚上，编队将向东撤退，与加油群会合。在给驱逐舰加完油之后，他将在第二天夜晚重返攻击阵位，于第三天上午第三次攻击贾卢伊特环礁，并根据情况选择轰炸马金环礁。

炮击计划

在弗莱彻制订作战计划时，TF HOW编队内有更多人在同样费脑筋——哈尔西要求他的两个炮击大队制定详细的作战方案报备。

第一个对象就是第5巡洋舰分队司令斯普鲁恩斯少将。这是位众所周知的美国海军将领，在国内军迷中的知名度仅次于尼米兹和哈尔西。他1886年7月3日出生于马里兰州巴尔的摩市，在印第安纳州印第安纳波利斯市长大，是安纳波利斯海军军官学校1907届毕业生，1906年提前毕业服役。他一直在水面舰队，特别是驱逐舰部队服役，是电机专家。从就读海军军官学校算起，斯普鲁恩斯已经在海军服务了39年，但是他还从未真正面对一场战役（一战时，他在纽约造船厂和派驻英国本土服务）。他曾经在海军作战学院内接受上百道习题的考核，然而科斯特港岛上卢斯会堂的考试氛围，远不及实战来得紧张，必须小心应对。

雷蒙德·斯普鲁恩斯。

跟所有指挥官一样，斯普鲁恩斯同样面临缺少目标情报的问题。尽管潜艇侦察的消息已经传来，可是这还远远不够，舰队中似真似假地流传着沃特杰环礁是整个马绍尔群岛防御力量最强地区的说法。他的重巡洋舰搭载了水上飞机，不过在炮击前暂时不能使用，因为飞机会泄露编队的位置和企图。美军正处于日本陆基航空兵的攻击圈里，一旦被日本人先行发现，不仅丧失了袭击的突然性，而且防空力量薄弱的他们很可能遭到灭顶之灾。他只能依靠威尔克斯西南太平洋探险队制作的航海图以及太平洋司令部情报报告内零星的资料，来推测那里会有什么，炮击时又会发生什么。

在斯普鲁恩斯眼里，沃特杰环礁是典型的太平洋珊瑚礁床——一个椭圆形的由珊瑚礁围成的潟湖。珊瑚礁东西轴长25海里。在其东半部有一连串的珊瑚岛，其中最东边的也是最大的岛就是沃特杰岛。该岛形状类似一个反过来写的“C”，南北轴长1.5海里。岛的北端宽大约半海里，南部逐渐变细形成狭窄的半岛。潟湖内部有好几处锚地，船只可通过环礁南部两个缺口形成的航道进出。

他仔细分析后认为，环礁内的其他岛屿都太小，不适合建造机场，只有沃特杰岛刚好。因此他认为，日本人应该将所有岸上设施都建在了该岛。潟湖内的船只也最有可能停泊在沃特杰岛西边的那个锚地，不排除有停在别的锚地和正好在进出水道的可能。随即，他设置了目标的优先等级：敌人的船只是首要目标，因为船只会移动和逃跑；岸上的设施是次一等的目标；而敌人的飞机则交给“企业”号的战斗机去料理。

接着，斯普鲁恩斯开始推测日本防御状况的可能性。他推断，日本人将海岸炮主要布置在了沃特杰岛的东部朝向大海一侧，也可能有少量布置于沃特杰岛南北两侧小的岛屿上。他认为，日军最大的火炮应该是152毫米的加农炮，射程大约在10海里。因此，他决定初始炮击的距离大约是15海里（即只使用重巡洋舰的203毫米主炮）。一旦压制了日军的152毫米火炮，再逼近到6海里处，使重巡洋舰上的127毫米副炮也能投入射击。

参谋们对情势的评估与斯普鲁恩斯的分析基本一致。第5巡洋舰分队作战计划官海军少校维克多·朗（Victor D. Long）正式提交了炮击计划，即炮击编队从沃特杰岛东南方向接近该岛，然后起飞水上侦察机进行侦察，识别目标和拍摄侦察照片。接着，重巡洋舰开火击沉潟湖内的日军船只，再摧毁日军的海岸火炮，最后接近海岸进行炮击。从东南方向接近沃特杰岛的好处显而易见——既可以拦截从环礁南部缺口跑出来的船只，也可以从沃特杰岛南北纵轴方向炮击该岛，而避开炮口朝东的海岸炮。

斯普鲁恩斯赞同该计划，同时他决定按照战术规范，以一列纵队，旗舰（即“北安普敦”号）打头，亲自指挥全体行动的方式进行战斗。参加炮击的军舰届时将一齐开火，以全副侧舷火力进行射击。无论是对于射击船只还是海岸目标，编队都采取高速航行状态，由他直接下达射击命令。

在这里，不得不说几句，美国海军对射击岸上目标明显缺乏经验，直到开战之后一段时间才发现，让舰船保持低速航行并进行精确测量计算的射击方式是正确的方法。但是现在是1942年1月，包括斯普鲁恩斯在内，都墨守成规。这对本次作战中的炮击行动产生了很坏的影响，将在后文详细描述。

1月29日，攻击前48小时，斯普鲁恩斯向舰队提交了炮击计划，获得了哈尔西的批准。最后确定的计划完善了一些细节和做了小的改动，包括：日出前从重巡洋舰上起飞水上侦察机，在7时15分抵达沃特杰岛东南10海里处，对潟湖的锚地进行侦察，确定敌人船只的位置、数量和构成。此间部队继续接近该岛，在主炮射程内实施炮击。如果可能，最后转移火力炮击岸上目标，但是限制使用副炮。

肖克上校的炮击塔罗阿岛的计划与之大同小异。他同样依据手头资料和情报，判断马洛埃拉普环礁的主要设施和兵力配属在最大的塔罗阿岛上，因此选择该岛作为炮轰目标。在日出以前，“切斯特”号将起飞水上飞机，对目标进行校射和侦察。随后编队在7时15分抵达该岛116度方位10海里处。由火力较强的驱逐舰“巴

"巴尔奇"号驱逐舰。

尔奇"号为先导，914米之后是旗舰"切斯特"号和驱逐舰"莫里"号。编队以236度航向20节航行，以"切斯特"号的203毫米主炮射击20分钟，其后，假如条件允许，就接近到副炮射程使用127毫米副炮。目标的优先权与斯普鲁恩斯的计划相同。假如敌人的船只出现并企图逃跑，编队将机动封堵埃尼加恩水道的入口。这一计划也很快得到了批准。

第七章 暗度陈仓

擦肩而过

美国舰队离开萨摩亚之后，一路继续保持无线电静默，以极秘密的状态接近马绍尔群岛与吉尔伯特群岛。然而海上航行的船舶很多，尤其是日本海军，派遣了一批水面舰只、潜艇和飞机在南太平洋活动，这一路行程能绝对保密吗？也许真是福尔图娜的保佑，他们首先成功地回避了一支日本袭击舰队。

这支日本舰队番号第24战队，1941年10月15日（东）组建，计划在开战之前就进入南太平洋水域，于潜艇活动难以企及的区域内活动，对巴拿马至南美航线，南北美洲至澳大利亚、荷属东印度及南印度洋航线实施秘密破袭。初组建时，第24战队下辖辅助巡洋舰“爱国丸”号、“报国丸”号[①]，战队司令官为武田盛治海军少将。武田是日本山形县人，1889年4月2日（东）出生，1910年毕业于日本海军军官学校第38期炮术科，在同期毕业生中处于中上水准。他曾经指挥“足柄”号赴英国参加英国国王乔治六世加冕典礼。武田喜好女色与茶道，因此在军中留下不少香艳的八卦。据说他后来担任第4根据地队司令官时，对专门配给的慰安妇菊丸（真名山内馨子）情有独钟。有一次，他的传令兵告诉他“菊丸突然来了！”他立即整理仪容、正襟危坐，结果传令兵尴尬地说：“将军阁下，我说的是联络船，不是菊丸小姐。”武田有些发窘：“你怎么不早说！”此事如风传遍了海军，引为笑谈。当然，武田也赢得了菊丸爱慕，不喜欢茶道的她因此改变了对茶道的态度，甚至在日记里如此描绘“（武田是）在不幸时代侥幸遇到的值得怀念的人”。

不管武田多么多情，战争却是他的主业。1941年11月14日（东），第24战队在岩国与联合舰队司令部人员进行了最后一次协商，沟通了任务的细节。次日，“爱国丸”号、“报国丸”号编队出港，开赴贾卢伊特环礁待机。26日（东），编队又从待机锚地出发，于12月8日（东）推进至土阿莫土群岛东北，开始搜索盟军商船。

南下的两舰，同为报国丸级客货两用轮，是日本于20世纪30年代建造，用于日本经东非到南美洲航线的轮船。报国丸级总共建造了3艘，另一艘名为“护国丸”号。船体由大阪商船社工务部长和辻春树设计，总长160.8米，型宽20.2米，型深12.4米，总吨位1万吨以上（“报国丸”号

① 该战队据说还下辖特设巡洋舰“清澄丸”号，对比日本海军相关记载，初步判断该舰恐怕是在组建之后到12月之前加入序列的。

刚完工尚未改装成辅助巡洋舰的“爱国丸”号。

10439吨，“爱国丸”号10437吨），安装2台三井-B&W柴油机，输出功率16000马力（一说13000马力），双轴推进，最大航速21节左右（“报国丸”号21.1节，爱国丸”号20.9节）。该轮前后各有三个舱段用于载货，共可装载9615吨的货物，另外还有可容纳50人的一等客舱，可容纳48人的三等客舱和可容纳304人的移民客舱。其内部装潢十分高端大气上档次，因此“报国丸”号和“爱国丸”号分别被戏称为“奈良”和“京都”（巧合的是，和辻春树后来还曾担任京都市长）。“报国丸”号和“爱国丸”号分别于1938年8月28日（东）和12月18日（东）在三井集团的玉造船厂开工，1940年6月22日（东）和1941年8月31日（东）完工。两舰本属于大阪商船社所有，由于居住性良好，巡航力大，可携带大量物资进行长期海上活动，在建造时便被日本海军相中，改造为特设巡洋舰，专用于海上运输线破袭战。太平洋战争爆发前，两舰在三菱集团的长崎造船厂加装了武器，包括150毫米单管炮8座，13毫米高射机枪双联装2座，533毫米鱼雷发射管双联

柚木武士笔下的“报国丸”号辅助巡洋舰。

装2座，2架水上飞机（其中1架为备用机）。

从实力上说，两舰完全不是TF HOW与TF FOX的对手，甚至不能单挑其中任何一支舰队。但是，有时候实力并不决定一切。因为美国舰队是去执行奇袭任务的，一旦与第24战队发生战斗，他们的存在就被日本人所知晓，就可能使日本人有所准备，甚至设伏伏击。这是所有美国指挥官不希望看到的局面。

1942年1月20日（东），取得了有限战果的第24战队从马克萨斯群岛北面向西航行，准备横切太平洋诸航线。25日（东）深夜，正当美国舰队离开萨摩亚群岛时，他们抵达了图图伊拉岛东北、菲尼克斯群岛东南水域。接下来的26－27日（东），双方航线在空间上发生了交叉，双方最近的距离曾经小于200海里。由于当前水域暴雨倾盆，武田无法派出水上飞机搜索，而美国舰队就算派出飞机，也无法发现雨云下的日本编队，所以他们都未能察觉对方。同时，日军无线电员监听到了大量的中波通讯电文。尽管日本人无法破译电文内容，但这种情况让武田心生警惕，判断附近可能存在美国航母部队或成规模的潜艇部队，没有任何停顿，继续向西撤回特鲁克环礁。他的这个决定，既拯救了自己，也成全了美国袭击舰队。第24战队穿过吉尔伯特群岛与图瓦卢群岛之间，沿吉尔伯特群岛西侧北上，在塔拉瓦环礁西南转向偏西方航行。到弗莱彻开始攻击贾卢伊特环礁时，该战队已经在贾卢伊特偏西方300余海里之外了。

危险加油

接下来，美国舰队又面临了燃油问题，出现麻烦的主要是TF HOW。1月28日，就在制订作战计划的当天，该编队开始从舰队油轮“普拉特”号获得补给。由于操作的问题，给巡洋舰和驱逐舰加油工作比较拖沓，全部工作完成时已经是下午4时。此时，哈尔西面临一个选择，要么让“企业”号在夜幕中实施海上加油，要么等到第二天白天再进行加油。按照当时的美国海军技术和规范，加油一般在白天进行。此时有足够的可视度，让保持极近距离低速航行的军舰避免碰撞，也让护卫军舰有效观察水面情况，避免遭到潜艇偷袭——加油中的军舰无法机动，简直就是活靶子。选择夜晚加油，就需要冒前述风险，不是一般指挥官敢于尝试的，但偏偏哈尔西就是不一般的将领。

在浓重的墨色中，“企业”号与“普拉特”号的操舵人员以极大的耐心和细致，操纵两艘巨舰逐渐靠拢，低速并行。8时，加油作业开始，所有人的心都提到了嗓子眼——此刻，附近千万别有日本人的潜艇。也许是进取者的好运，加油工作出奇地平安顺利。到次日凌晨1时半，“企业”号的燃油舱已是满满的了。

就在大家都松了一口气之际，一个新的问题降临了。自珍珠港出发之后，一直是“普拉特”号陪伴着舰队，这次加油之后，该油轮的油舱里已经空空如也。而新的作战计划将攻击点北移300余海里，使得驶向目标的航程延长，耗油量也增大。根据参谋们的计算，目前舰队的存油勉强够完成一天的攻击任务并返回珍珠港，如果攻击时间延长或遇到突发事件，燃油就不够用了。哈尔西一面安排“普拉特”号在驱逐舰“克雷文”号的陪伴下返航，一面向尼米兹发电求助。

此时的太平洋舰队司令部内，也是风云奇诡，变数陡生。美国海军的“万能上帝”金对于反击迟迟未能发起十分不满，用强势的口吻

“普拉特”号舰队油轮。

催促尼米兹“务必按原计划攻击马绍尔群岛”，以减轻俾斯麦群岛方面的压力。面对金的高调压迫，他在太平洋舰队的代表，尼米兹的副手派伊也不再与他保持一致。派伊“独立”地认为攻击马绍尔群岛并不能阻止日军在俾斯麦群岛方向的推进，所以强烈建议不要让哈尔西返回珍珠港，而是派遣TF11南下，与哈尔西会合，在南太平洋水域阻击日军。然而，尼米兹信任的麦克莫里斯坚决反对这一提议，认为这样的安排“过于偏颇”，与舰队主要防卫中太平洋的意图不符——这一意图正是尼米兹所秉持的。而舰队参谋长德雷梅尔又一次毫无意外地站在派伊一边。

初来乍到的尼米兹感受到了沉重的压力，他本想等袭击任务完成再确定哈尔西的阵位，但现在不得不提前摊牌。在能完全施展拳脚之前，他机智地向两股势力作出部分妥协：他派出舰队“唯一可用”的舰队油轮“尼奥肖”号（AO-23 Neosho）陪伴TF11南下，顺便给TF8加油。同时，他批准TF8的返航请求，让TF11去执行向南巡弋任务。这一应对既满足了金，又采纳了派伊的部分建议，还从最大可能上维护了自己的意图。唯一的缺陷是分散了自己的力量。

加油问题对TF FOX而言，相对从容一些。从圣迭戈出发后，编队一直依靠舰队油轮“卡斯卡斯基亚”号供给；离开萨摩亚之后，又由基本满载的舰队油轮“萨宾河”号提供保障，在完成第一天攻击之后还能再加一次油，可保证完成多天攻击任务并返航。

当然，TF FOX的加油也分别在两个白天进行。TF FOX的军舰数量要明显少于TF HOW，所以笔者推测，可能是弗莱彻选择的加油时间较晚所致。究竟是什么原因，因为缺乏资料，无法得知了。到1月29日，TF FOX的加油工作也顺利完成了。两支编队分道扬镳，朝着各自的目标准备最后的冲刺。

意外丛生

TF HOW一路向北，直奔北纬10度0分，东经170度0分的攻击点。为了确保编队安全，“企业”号不断起飞战斗机和俯冲轰炸机，执行高空战斗巡逻和低空反潜巡逻。按照要求，若发现敌机或敌潜艇，需要立即加以攻击，若遇到敌水面舰只则相机处置。

30日清晨，“企业”号跨越了国际日期变更线，舰队日志开始按照31日（东）记录。航母上未执行任务的飞行员和水兵们也忙碌起来，他们在为次日的攻击做着最后的准备工作。战斗机第6中队的飞行员，在飞机内的座椅背后安装额外的装甲——原材料是锅炉钢板。这种事情是日本飞行员想不到的，可以防止从背后来的机枪子弹在穿透机体进入驾驶舱后造成人员伤亡。哈尔西则要求每一艘船都做好拖航和被拖航的准备。这样做的目的是，万一在袭击之后撤退时，有船只出现故障或受伤，能立即实施救援——他不想在敌人的航空攻击圈内浪费一分钟。

当天黄昏时分，一个突发事件几乎让编队面临灭顶之灾。当高空的巡逻战斗机暂时消失在6000米高度的云层上时，雷达屏幕上突然出现了一架不明飞机，朝编队的后方飞来，接近到30海里以内。最近时，甚至连值班观察哨都用望远镜看见了，并判断为日本轰炸机。此时，编队距离沃特杰岛只有215海里了，一旦被敌人发现，很可能面临丧失袭击突然性乃至遭到敌人航空兵大规模反扑的境地。全体人员都万分紧张，哈尔西亲自在舰桥驾驶台上手拿望远镜一丝不苟地注视这架日本飞机。他不敢立即呼叫战斗机前来驱赶，因为这样很可能惊动敌机，导致其在被击落前就发出警报。哈尔西感觉这架日本飞机是在沿固定航线飞行，到最后也没下达任何命令。过了一会，日本飞机消失了。也许这架日本飞机没有发现美军，也许不相信是美国军舰深入日本控制区，总之日本被袭击岛屿的守军没有接到任何警报。

在日本飞机消失后，幽默感迅速回到哈尔西的身躯之内，他风趣地跟身边人说：“那个小日本大概满脑袋瓜子白饭和生鱼片，让我们这次把他们通通赶出马绍尔群岛！”他还找来精通日文的情报专家小班克森·霍尔库姆（Bankson T. Holcomb，Jr.）陆战队上尉，让他用日文写下“你们派

“企业”号舰岛设施。

出的那架巡逻机没有发现我们的行踪，在此致以十二万分的谢意”。哈尔西当即命人将这句话油印了数百份，塞入炸弹，准备投掷到目标头上去。据哈尔西自己事后说，当他回到珍珠港跟尼米兹说这事的时候，尼米兹咯咯直笑。不过，这个细节却遭到后来的海军史研究者伦德斯特罗姆批评，认为“暴露了当时海军高级将领对无线电情报安全的漫不经心”。伦氏的批评是有道理的。可是，本身身为珍珠港海军情报站的专家，霍尔库姆同意这样的行为更让人不解。这就不仅仅是“高级将领”无知那么简单了。

日本飞机的事情平息之后，太阳也彻底消失了，“企业”号转向东南，迎风迅速收回空中的巡逻飞机。随后，在昏暗的夜色掩护下，TF HOW以25节的高速向攻击点挺进。18时30分，大编队抵达分离点，按照预定计划分成了三队：斯普鲁恩斯的炮击编队向沃特杰环礁直扑过去；肖克的炮击编队冲向马洛埃拉普环礁；哈尔西自己率领的航空攻击编队加速到30节，朝沃特杰环礁北部前进。

此时，“企业”号上许多人都早早入睡了，特别是第二天要执行任务的飞行员。舰桥上留守人要多一些，主要是值班人员——行百里者半九十，越是接近目标越要小心。哈尔西起初也去自己的舱室休息了，作为指挥官，他需要小憩片刻以保持精神。然而，他越是想睡就越睡不着。他爬起来点了一支雪茄，又喝了一杯咖啡，看了一会书。如此折腾到1点半，人还是十分清醒，只

机库里为F4F-3战斗机做准备。

好回到舰桥坐镇。

兵马未动，粮草先行，海军也不例外。1月31日（当地时间2月1日）早晨1时50分，“企业”号上的食堂首先开始忙碌，准备烤面包、牛排、火腿鸡蛋、炸土豆和咖啡、罐装果汁组成的早饭。就在这段时间，又发生了一件令人啼笑皆非的事情。2时20分，一名观察哨位的军官跑到舰桥，十分紧张地向哈尔西报告，有沙子被风吹到了他的脸上。请不要小看这个事情，因为前面已经提到，美军的航海图十分陈旧且不准确，故而在哈尔西看来，舰队附近很可能存在一个航海图上没有标出的沙洲，这样的沙洲会让军舰搁浅。他立即下令核实军舰的确切位置。就在航海军官在纸堆间忙碌之时，这名军官把脸上的沙子弄进嘴里尝了一下（多动而好奇的人啊）——天啊，这沙子是甜的。他立即返回岗位查找原因，结果他发现这根本不是沙子，而是舰桥之前测距平台之上一名水兵正在朝咖啡里加砂糖！于是，他喜滋滋地返回舰桥报告。哈尔西看见他嬉皮笑脸的样子有些懊恼，语带讽刺地问：“这有啥可笑的？”当得知真相之后，他立即释然了。一场风波就此平息了。但在这位军官神经质般敏感的背后，反映出整支舰队内过度不安和紧张的气氛。

3时整，“企业”号上的飞行员和调度员集合了。15分钟后，这些人开始享用早饭。尽管食物丰盛，他们的表情却十分严肃，连平时最幽默的人也都笑不出来。因为这不仅是第一次作战，还是为珍珠港死难者复仇啊！

3时35分，地勤人员来到飞行甲板和机库，进行起飞前的准备工作。一架架飞机被灌满了汽油，填满了弹药，仿佛有了生命一般。地勤人员开工的同时，飞行员们则进入了安装有空调设备的待命室。航空大队的指挥官们开始介绍任务细节，飞行员们在任务板上记下重点。一切都进入了倒计时。

穿越诡谲

TF FOX的遭遇不比前者太平。1月30日[①]，弗莱彻首先发现了“约克城”号的搜索机早已违背自己的禁令，飞越了陆地。这一行为发生在1月27日上午，2架俯冲轰炸机掠过了当时不明归属的豪兰岛。飞行员为了避免多生枝节，隐瞒了这一问题。显然，如果豪兰岛已经落入日本人之手，对莫名出现的单发舰载机肯定会提高警惕，推测是航母编队接近。在弗莱彻下令调查之后，飞行员吐露，飞越豪兰岛的时候未发现任何异常。没想到，就是这样简单一句话，牵出了一个大问题。

这事还得从派伊的计划说起。大家还记得第一章所提及的，他要求加强萨摩亚南北的侦察力量的事吧。按照派伊的想法，要调动6架B-17和6架PBY水上飞机，在坎顿岛与斐济的苏瓦岛之间进行穿梭侦察。最后实际使用了多少架什么类型的飞机不详，但结果是，有飞机在1月28日的侦察中发现，豪兰岛和附近的贝克岛近期遭到了日军飞机的猛烈轰炸。飞机返回坎顿岛之后，当地无线电台将此情报发回，半路被“约克城”号接收到了。弗莱彻判断，轰炸两地的日军飞机，最有可能是来自马金环礁的水上飞机（马金环礁在两岛的西北方，距离两岛不到700海里），轰炸的时间

① 在经过国际日期变更线之后，TF17的航海日志仍然按西经时间记述，与TF8不同。本书中无论是TF8还是TF17的时间，均按照本书开头的说明记述。

PBY“卡塔琳娜”水上飞机。

应该在“约克城”号搜索机侦察之后，坎顿岛侦察机侦察之前，即1月27日下午或者28日早晨。在后一个时间段，TF FOX正好在豪兰岛西北方约100海里处航行。也就是说，从马金环礁飞来的日本飞机有可能接近编队，甚至已经发现了自己。接下来的一整天里，弗莱彻都惴惴不安，特别关注雷达屏幕上的异常。

弗莱彻的担心显然不是空穴来风。根据日本横滨航空队飞行档案，马金环礁的飞行艇队曾经派出1架飞行艇，对豪兰岛和贝克岛实施了侦察与轰炸，投下3枚250公斤炸弹。以坎顿岛为基地的侦察机发现的那些轰炸迹象，应该就是这次的战果。幸运的是，这次攻击发生在1月24日，美军侦察机很可能因为电报中表述得过于含糊，或者弗莱彻并不掌握其侦察频率，于是对“近期”产生了过度解读。那么就算不轰炸，日本侦察力量会不会在28日上午飞经豪兰岛附近呢？同样的档案记载，那天日本自马金环礁基地派出了2架飞行艇，分别对X、r水域实施了侦察，没有任何发现——不管X、r两个水域哪个是豪兰岛附近（也许两者都不是），反正TF FOX是安全的。仿佛为了证明弗莱彻是杞人忧天，在接下来的时间里，“约克城”号的雷达屏幕上，一直没有出现日军飞机目标。

入夜之后，TF FOX抵达了分离点。不知是谁，在做计划时将这个点命名为“攻城锤”，现在大家终于有了临门一脚的感觉。编队按照计划分成了两个群，攻击群加速至25.5节，在弗莱彻的指挥下向攻击点高速移动，而支援群在海军上校弗兰克·法里昂（Frank G. Fahrion）的指挥下，以15节的航速尾随。

对于弗莱彻而言，执行这一方案是让人提心吊胆的。有责任心的法瑞恩也同样担忧。这位身材高大、面容坚毅的汉子1894年4月17日出生于西弗吉尼亚州皮肯斯城，是安纳波利斯海军军官学校1917届毕业生。毕业后，他一直在驱逐舰部队服役，在多艘不同的驱逐舰上做过舰员或指挥官。开战前他还执行过大西洋西侧的护航任务，即率驱逐舰分队掩护运输船团从美国到冰岛和中大西洋，将其交托给英国护航队。大半生的履历，使他拥有无与伦比的驱逐舰队指挥经验和船团护航经验。他内心十分

弗兰克·法里昂。

清楚，没有驱逐舰护航的攻击群在潜艇面前极其脆弱，尽管25.5节的高航速能甩掉相当多数潜艇的追踪，但如果遇到已经在舰首一定范围内占据阵位的潜艇，那就只能祈求上帝保佑了。

更让弗莱彻忧心的是天气问题，夜里空中的云层不断增厚，显示出暴风雨的前兆。“约克城”号的气象军官海军少校休伯特·斯特兰奇（Hubert R. Strange）发布了他的预报，声称第二天上午将是多雨的天气，一条影响能见度的锋面带将位于编队上空，也可能延伸覆盖目标区域。这将对航空攻击产生极为不利的影响。整个晚上，“约克城”号上笼罩着不安的氛围，大家都在默默祈祷，希望在最后一刻，天气能好起来。

第八章　咫尺攻击

飞鹰出击

1月31日（当地时间2月1日）清晨4时30分，“企业”号编队抵达北纬10度0分，东经170度0分的攻击点。此处位于沃特杰环礁与艾卢克环礁之间，距离沃特杰环礁中的沃特杰岛、马洛埃拉普环礁中的塔罗阿岛、夸贾林环礁中的夸贾林岛各36海里、106海里和155海里。此时，太阳尚未升起，平静的海面被一轮满月照得明亮。在这如画的仙境里，“企业”号舰首劈开白色的海浪，朝着偏西方向高速前进，3艘驱逐舰在其前方和两侧护航。在飞行甲板后部，整齐地排列着51架飞机，从前往后依次是6架F4F-3“野猫”式战斗机，36架SBD-2“无畏”式俯冲轰炸机和9架TBD-1“蹂躏者”式鱼雷攻击机。它们已经加油

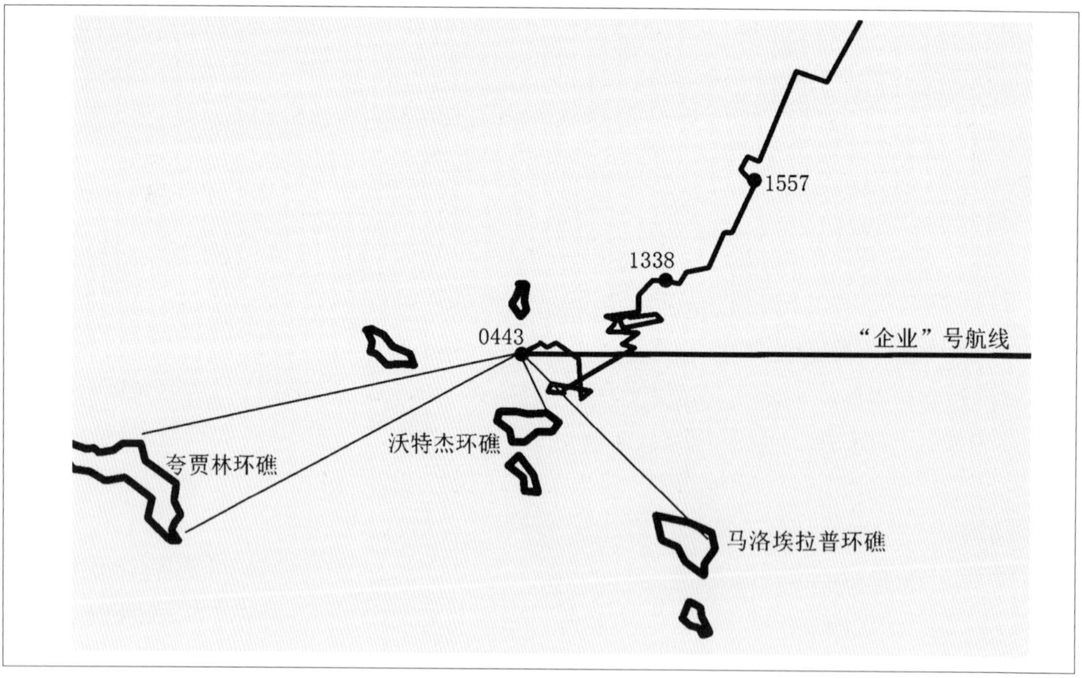

“企业”号攻击诸环礁示意图。[①]

① 本图的底图来自http://www.ibiblio.org/，原图中攻击起飞时间标为0434，应为笔误。

挂弹并检查完毕，只待一声令下，即可出击。

这时，舰桥上传达了准备起飞的命令，“企业”号庞大的身躯转向东迎风航行。飞行员们也纷纷来到飞行甲板，坐上各自的座机——最紧张的人在登机前已经上了4次厕所。他们检查了自己的物品，然后虔诚地祷告“上帝啊，不要让我迷失方向”，接着发动引擎，随着地面指挥人员的引导，进入了起飞程序。飞行甲板上响起一片发动机的轰鸣，其他任何声响都被淹没其间。

4时43分，借助柔和的月光，机群最前方的6架战斗机起飞了。它们并不参加对岛礁的攻击，而是用于空中战斗巡逻，承担起护卫“企业”号的重责。由于战斗机数量不足，这已经是哈尔西能派出的最大自卫力量了。起飞后，它们迅速爬高，消失在夜空中。

5时过后，攻击机群开始起飞了。按照哈尔西的设想，航程远的先起飞，航程近的后起飞，以保证攻击三个目标时基本同时。这一批正是用于攻击夸贾林环礁的攻击波。首先是来自第6侦察机中队和第6轰炸机中队的36架俯冲轰炸机，它们中的每一架都挂载着1枚227公斤（机腹）和2枚45公斤（机翼）航空炸弹[①]。起飞时，发生了一个小插曲，1架俯冲轰炸机的发动机出现故障，未能跟随大部队一起离开母舰。但是，它迅速排除了问题，跟随最后的鱼雷攻击机群腾空而起。

5时08分，轮到9架TBD-1了。这些老迈的鱼雷攻击机各装载3枚227公斤航空炸弹（机腹），拖着蹒跚的步子起飞。

起飞之后的俯冲轰炸机和鱼雷攻击机，在黑暗中摸索着爬高，然后编组队形。5时30分，两队飞机在大约4600米的高度完成了编队，在航空大队长扬的率领下，径直向西南方向飞去。他们没有战斗机掩护，届时要靠数量以及编队形成的自卫火力网保护自己。

送走这一波大编队，接下来就是空袭沃特杰环礁和马洛埃拉普环礁的攻击波了。这12架F4F-3“野猫”式战斗机已经在机库中做好了准备，由飞机升降机运到了飞行甲板。它们除了机载12.7毫米机枪之外，还在机翼下加挂了2枚45公斤航空炸弹。

6时12分，距离日出还有大约一个小时，前往马洛埃拉普环礁的6架战斗机先起飞了。随着月亮西沉，海上反而更加昏暗，给缺乏夜间起降训练的飞行员带来了困扰。飞行员海军预备役少尉戴维·克里斯韦尔（David W.Criswell）明显在黑暗中迷失了方向，他的飞机在刚离开飞行甲板后就失速，掉进了海里。虽然驱逐舰立即赶来救援，但是还是迟了一步——他和飞机一起沉入了大海。剩下的5架战斗机在海军上尉小詹姆斯·格雷（James S.Gray，Jr.）的带领下，转向东南航向，杀奔塔罗阿岛。

第二批6架战斗机的领队是第6战斗机中队中队长海军少校小克拉伦斯·麦克拉斯基（Clarence W. McClusky，Jr.）。他们起飞时，天空已经开始放亮。迎着晨曦爬高的飞行员们，很快就看到了近在咫尺的目标——沃特杰环礁中的沃特杰岛，因为它跟该环礁中的其他岛屿相差悬殊。已届不惑之年的麦克拉斯基毫不犹豫，立即率领部下扑了过去——他们要赶在斯普鲁恩斯分队到达的同时，实施扫射和攻击。

当攻击波次离开母舰之后，“企业”号机库内的地勤人员仍然在忙碌，他们继续为剩余的9架TBD-1做好出击准

① “企业”号官网说是2枚91公斤炸弹，似乎这种配置不常见，91公斤炸弹也不常见，故而修正为45公斤。

小克拉伦斯·麦克拉斯基。

备。只是，这9架飞机并没有挂载武器，因为此刻还没人知道它们应该装备什么——如果夸贾林环礁或其他环礁内有高价值的大型船只，那就需要配备航空鱼雷，否则只需要挂载227公斤航空炸弹即可。

同时，“企业”号飞行甲板上和舰桥上的人员则相对有了段空闲的时光。他们站在各自的岗位，向南方远处观望——是的，现在连他们都可以隐约看见那座环礁。他们第一次感受到敌人的距离是如此之近，大家都极力想看清这座目标，看清自己的飞行员的攻击动作，以便有一天可以对他们的家人说：“嗨！我看见我的战友在那里痛击日本鬼子，是的，那些杂种就在我眼前，我可以清楚地看见他们！”

令人满意的是，他们很快就看到了沃特杰岛上升起了烟雾，接着传来爆炸声——那是麦克拉斯基在行动，袭击战的战幕终于正式拉开了。

空袭在前

第一个遭到打击的沃特杰环礁，位于拉塔克群岛的中部，由75个岛礁组成，总面积8.2平方公里，最高海拔仅3米。1542年12月25日，西班牙航海家鲁伊·洛佩斯·德比利亚洛沃斯（RuyLópez de Villalobos）首先发现，并将之命名为珊瑚群岛。日本占据该环礁之后，自20世纪30年代后期起开始设置防御设施。在美军攻击之前，当地驻军为第6根据地队之一部。其中陆地防卫部队包括海军第53警备队、第6防备队第3号炮台、2个特设观察哨所（设在沃特杰环礁以北的梅吉特环礁与乌蒂里克环礁）、3艘特设监视艇及3艘辅助监视艇。这些部队在1941年11月1日进驻当地，统属第53警备队司令部指挥，司令为毕业于海军军官学校第33期的寺田荣之丞海军大佐。海面防卫部队原为特设炮舰“丰津丸”号及第65驱潜队（1艘特设拖网艇、2艘特设驱潜艇）。1941年12月间陆续部署到位。1942年1月22日前后，第65驱潜队与第64驱潜队（编制与前者相同）互换防区。另外，环礁的主岛沃特杰岛被认定适合建设航空基地，于1939年秋至1941年4月修建了2条飞机跑道，分别长1500米与1050米，呈X形交叉，可起降陆基攻击机。水上飞机基地则于1941年9月落成。与之配套，岛上还建成了6座200吨航空汽油罐。

尽管航空设施都已建成，但在美军前来攻击时，岛上没有部署任何航空部队。日军所能倚赖的只有炮台与特设舰艇。前者实际包括A、B两座炮台，1941年10月10日（东）

沃特杰环礁示意地图

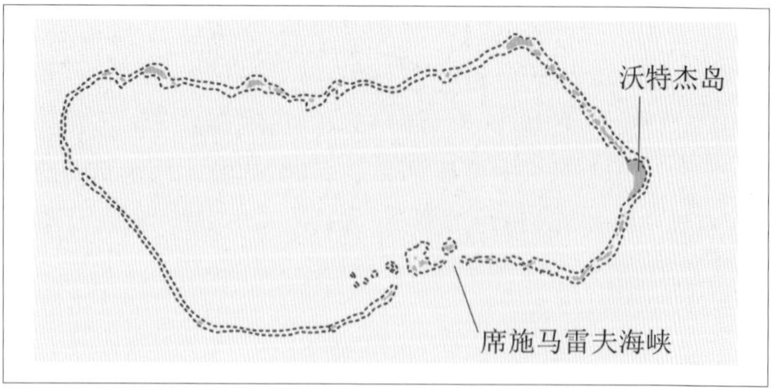

刚完工，各安装3座双联装八九式40倍口径127毫米高射炮（也可对海射击）。该炮全重20.3吨，操作人员11人。炮弹重23公斤（装药1.8公斤），炮口初速720米/秒，最大射程13200米，最大射高8100米，理论射速14发/分。两座炮台一次齐射投掷量276公斤。斯普鲁恩斯编队内仅2艘重巡洋舰就拥有19门203毫米主炮，理论射速3－4发/分，射程超过29000米，一次齐射投掷量2242公斤。相较而言，日军岸防火力完全处于劣势地位，射速优势亦不足以弥补差距。

海面防卫部队之中最强大的是特设炮舰“丰津丸”号。它原为一艘货轮，长93米，宽13.8米，最大吃水8.0米，登记总吨2930吨，装1台蒸汽轮机，输出功率1600马力。1937年11月8日（东）建成，1940年11月至1941年2月实施改装，可能装备了4门120毫米口径火炮，还有13毫米或7.7毫米机枪，并具备水雷布设能力。[①]1941年9月5日（东），被海军征用，10月编入沃特杰海面防备队。其他都是更小的船只。如第64驱潜队的旗舰特设拖网艇“鹿岛丸”号，登记总吨870吨，长56.3米，宽9.4米，最大吃水5.1米，装1台三胀往复式蒸汽机，输出功率500马力。1938年2月28日（东）建成，1940年11月30日（东）被海军征用，1941年10月加入第64驱潜队并完成改装。舰上加装1门76毫米火炮，1挺13毫米和1挺7.7毫米机枪，1座深水炸弹投掷器和2座施放台，可携带24枚深水炸弹。另两艘特设驱潜艇“第十昭南丸”号和“第十一昭南丸”号都是日本水产株式会社的350吨捕鲸船，更别说那些排水量只有100吨上下的特设监视艇和辅助监视艇了。

此外，潟湖内还停泊着一艘杂役船“波尔多丸”号。该船登记总吨6567吨（一说4097吨），1923年12月20日（东）建成，1941年7月9日（东）从陆军征用转为海军征用。船体长123.4米，宽16.2米，最大吃水11.3米，装1台蒸汽轮机，

日本商船“波尔多丸”号。

① 此处按照大内建二著《特設艦船入門》中对2000吨级以上船只的记载推测而得。

输出功率4695马力，最大航速15.3节。它负责装运高射炮队、无线电部队和船舶工兵部队到沃特杰岛，正从事卸载作业。尽管吨位最大，但是没有像样的武器装备。以这点防御力量，无力阻止美军的海空立体攻击。

从空中接近环礁的麦克拉斯基，要比只有地图的斯普鲁恩斯和从海面观察的“企业”号官兵看得更立体。他很快就确认了环礁内停泊的数艘船只、沃特杰岛上标志性的机场跑道和一些建筑物。此外，他还判断一些地点可能是火炮阵地。空中没有敌机，只有数架柯蒂斯SOC双翼水上飞机在近处盘旋——那是1月31日早晨从炮击编队2艘重巡洋舰上起飞的侦察机，它们已经在那待了好一阵了，还发回了侦察报告。

6时55分，麦克拉斯基飞到了沃特杰岛上空。自1929年学习飞行以来，一直在航空部队服役的他还是第一次面对真实的作战——没有什么花招，直接就干。6架战斗机从低空高速穿越机场跑道，并投下炸弹。这种攻击来回持续了两次。随后，麦克拉斯基和部下又用机枪猛烈扫射建筑和“火炮阵地”。然而，也许是视角不同，也许是看走了眼，军舰上的人员认为，这些F4F-3先扫射了锚地内的日本巡逻船，然后扫射机场。关于日本人的抵抗与反击的目击资料就更为离谱了：岛上有高射炮的还击——这是可信的；日本人从机场起飞了“几架零式战斗机”，一共被击落了4架——这就只能是幻觉了。

总体而言，美军飞机攻击效果还不赖，而且6架战斗机无一损失或受创。就在麦克拉斯基带着队友撤离之时，海上及时响起了震耳欲聋的爆鸣声，岛的东南方远处炮烟涌起，这是斯普鲁恩斯的炮击编队开火了。

不对等交火

炮击编队自分离之后，就一路直奔沃特杰岛而来。由于水文情况复杂，缺乏可信资料，所以作战计划官朗中校亲自驾驶军舰。他与“北安普敦”号的航海长交替作业，凭借着多年海上行船的经验以及十二分的仔细，终于带领3艘军舰以21节的航速安全地通过了黑暗和危险的水域，从东南方向接近了沃特杰岛。

编队指挥官斯普鲁恩斯整晚都在休息，以养足精神指挥次日早晨的炮击。他睡在司令舰桥内一个部下搭起的帆布吊床内，据说休息得相当不错——这与哈尔西形成了鲜明的对比，也出乎普通军迷的意料，按照常理，应该是风格粗犷的哈尔西更拿得起、放得下。日出前一小时，睡得正香的斯普鲁恩斯被人叫醒。此时，雷达发现了一些空中目标，随即被证实为从“企业”号上起飞的野猫式战斗机。

起床之后，斯普鲁恩斯穿着整齐挺括的卡其布军服和油光锃亮的皮鞋到下面军官餐厅享用早饭。佐餐的咖啡是他自带的咖啡豆所制，滋味特别苦，一般人消受不起，可他甘之如饴。这次他也没有邀请别人品尝，因为早就知道没有人能与之分享。饱餐之后，他满意地回到舰桥，接手指挥权。

6时24分，天还蒙蒙亮时，编队暂时转向东方迎风，从2艘重巡洋舰上派出了水上飞机。其中“盐湖城”号的航海日志显示，仅该舰就派出了4架水上飞机（编号5-CS-13－16），领队为海军上尉D.克劳利（D.S.Crowley）。他们将对沃特杰环礁实施侦察，并准备为后面的炮击提供校射。20分钟后，编队恢复航向继续逼近沃特杰岛。

航向恢复之后，炮击编队3艘军舰上的广播系统内响起刺耳的喇叭声，各位副舰长以粗哑的声音命令全体进入一级战备。各艘军舰内一片嘈杂，沉重的靴子声和关闭水密门、舱门的声音交织在一起。所有在上层建筑和甲板上的人员穿起了救生衣，戴起了钢盔。但斯普鲁恩斯还是穿着那套军服，保持着自己的风度站在指挥岗位。当一切安静下来时，2艘重巡洋舰的主炮炮塔开始旋转，203毫米口径的炮管升起降下，有水兵回忆："这仿佛打架前故意显示肌肉一般。"旋即，水上飞机的侦察报告也发来了，显示沃特杰岛就在编队前方，有一些船只在潟湖内锚泊。

就在这前后，或许更早，沃特杰岛上的日军也发现了美国舰队和飞机[①]。由于距离遥远，他们起初误判为3艘战列舰，后来又误判为2艘战列舰和1艘巡洋舰。对飞机也是一笔糊涂账，数量上计做8架，而且全部认作战斗机（第53警备队）或水上飞机（海面防备队）。负责海面防御任务的防备队长是"丰津丸"号舰长太田增右卫门海军大佐。这位海军军官学校第34期毕业，重新征召入役的预备军官在1月中旬刚刚接任。也许是久蛰之后的豪情，他当即决定主动出击，玉碎报国。"丰津丸"号带领其他船只缓缓起航，离开泊位。事先就在环礁附近巡逻的特设驱潜艇"第十昭南丸"号则立即冲向美国舰队——艇长下山田文男海军预备中尉抱定必死决心，企图拖延时间，打乱美军的进攻节奏。

斯普鲁恩斯很快发现敌方单舰向自己冲来，他用一种无可置疑的语气向"邓拉普"号驱逐舰下达命令："击沉它！"——没有丝毫的轻蔑，也没有多余的感情。

"邓拉普"号得名于美国海军陆战队准将罗伯特·邓拉普（Robert H. Dunlap）。1931年，邓拉普将军前往法国巴黎战争学院进修。5月19日，他在试图营救一名被倒塌的墙压住的法国农妇时，因意外罹难。为了纪念他，用他的名字命名了一个军营、陆战队战争学院的大厅以及这艘驱

"邓拉普"号驱逐舰。

① 按日本防卫厅战史的记载，日军发现美国舰队的电报发出时间在凌晨4时。此时间应是东京时间，比马绍尔群岛当地时间要晚3小时，而电报应该又晚于实际发现的时间。

逐舰。时任舰长是海军少校弗吉尼厄斯·罗恩（Virginius R. Roane）。据现有资料，他的祖父老罗恩在19世纪中期生活在弗吉尼亚州马修斯小镇。老罗恩生了三个儿子，次子亨利·罗恩（Henry H. Roane）将家搬到了更南面的格洛斯特县，在当地生育了五个孩子，最小的就是弗吉尼厄斯，出生于1902年9月17日。无论是这座小镇，还是格洛斯特县，都面对切萨皮克湾，可以望到美国海军最大的母港——汉普顿锚地。在煤烟、汽笛和隆隆炮声中，弗吉尼厄斯走上了与四位兄长不同的道路，进入了美国海军。1924年，他从安纳波利斯海军军官学校毕业，1941年9月15日成为该舰舰长。

接到命令后，罗恩少校立即率领本舰离开编队，迎面冲向日本小艇，时间是7时08分。驱逐舰上的炮术部门也立即进入射击程序，127毫米主炮对准敌人开火了。“第十昭南丸”号仅350吨，装备1门76毫米炮而已，船体也是商船，与1500吨，装备5门127毫米炮的“邓拉普”号相较简直是小狗对上狮虎。但是，在火控系统不发达和制导技术缺乏的当时，要击沉一艘小船也不是件轻松的事。整整半个小时后，因为一发127毫米炮弹直接命中深水炸弹库，导致深水炸弹被引爆，“第十昭南丸”号才带着火焰沉入大海。征召参战不足半年的下山田艇长也随艇沉没。一场不对等的战斗以合理的走势画上句号。

无缝衔接

在“邓拉普”号与“第十昭南丸”号不对等的交火期间，斯普鲁恩斯率领的2艘重巡洋舰依然在不断接近沃特杰岛。当锚地进入203毫米大炮射程时，重巡洋舰取左舵，以方便全部炮塔射击目标。这时，“企业”号的战斗机队刚好离开了岛屿上空，双方的衔接简直天衣无缝——这一面是因为计划安排得巧妙，一面也是实战中的机缘巧合。

7时15分，炮击正式开始，目标是潟湖内的一艘商船——应该就是“丰津丸”号。“北安普敦”号主炮首先开火，20秒后“盐湖城”号跟随开火。按照事先的约定，“盐湖城”号跟着旗舰任意一座主炮塔进行射击。起初，它选择齐射。第2次齐射之后，“盐湖城”号的炮术长发现旗舰使用单个炮塔在射击，于是也下达了同样的命令，降低射速，节约弹药——因为这些商船没有装甲，使用穿甲弹往往只是造成对穿，无法重创之，必须使用高爆榴弹。而高爆榴弹同样要用来轰击岸上设施，每打商船一发，岸轰时就少一发。

“北安普敦”号在炮击。

为了提高射击精度，在天上徘徊的水上飞机开始发挥校射修正作用了。开火11分钟后，弹着点逐渐逼近“丰津丸”号，取得了命中弹，可以看见蒸汽、浓烟和火光从该船的锅炉房中喷涌而出，笼罩了船体。斯普鲁恩斯露出了一丝高兴的神色。

接下来是喜忧参半。首先水上飞机又发来补充侦察报告，说沃特杰岛两侧未发现海岸炮阵地——这位飞行员明显眼力不及麦克拉斯基了。就在斯普鲁恩斯对自己的计划和执行情况表示非常满意之时，“北安普敦”号报告，在左舷发现了一具潜望镜。一开始，他表示难以相信，因为攻击前他曾经考虑过日本潜艇出现在该岛水域的可能性，而答案是否定的。现在“事实”否定了他的判断，就必须立即做出应对，因为他只有1艘驱逐舰，而且尚在与日本小型船只的纠缠中，若自己继续保持固定航向射击，就可能成为潜艇的美餐。7时28分，他极不情愿地下令暂时停火，紧急右舵回避。

大约15分钟以后，斯普鲁恩斯觉得足够安全了，这才恢复原航向，继续炮击。但是由于航向、速度、距离的连续改变，使得火控部门需要重新测量和计算射击诸元，实施校准射击，因此射击精度暂时下降。现在，袭击变成了沉闷的捉迷藏游戏。重巡洋舰们在潟湖之外来回航行，飘忽不定地开火，尽力去击中潟湖内包括“丰津丸”号在内的目标。而

炮击沃特杰岛示意图

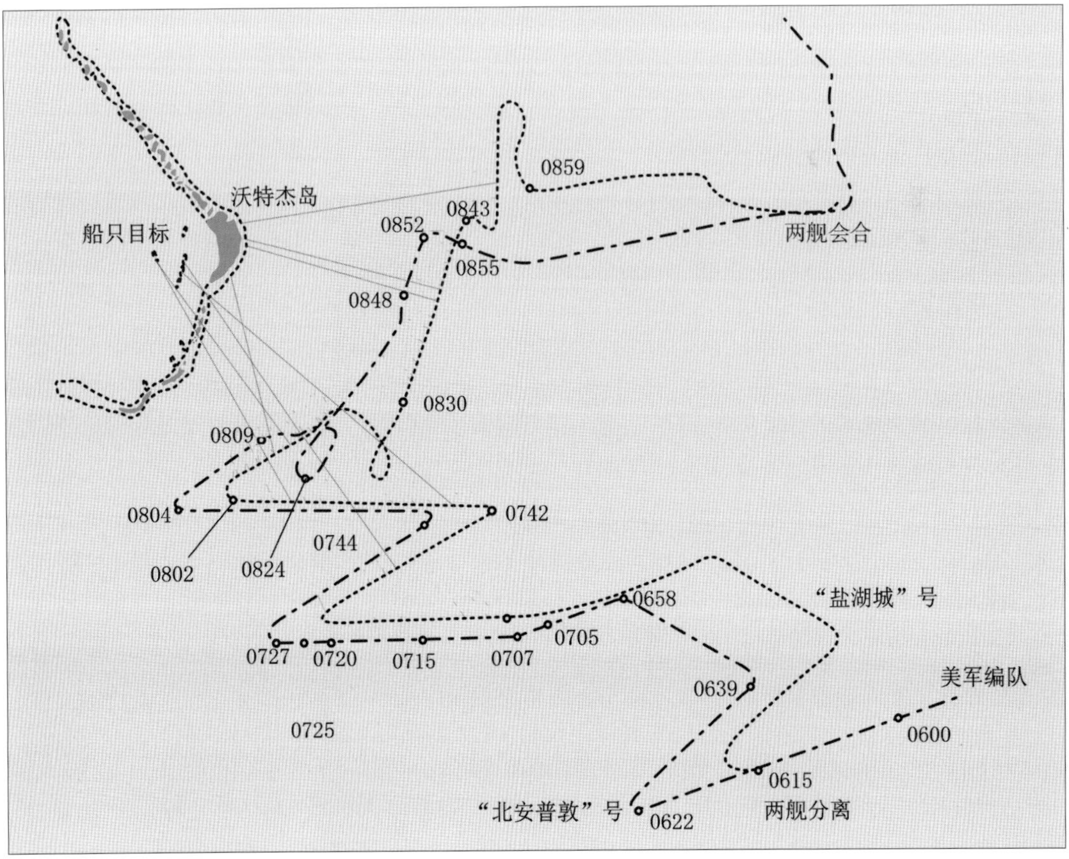

动力受损的“丰津丸”号也顾不上什么“七生报国”了，匆忙地转移位置，以躲避炮火的袭击，甚至躲到沃特杰岛的后面，让岛屿成为射击的障碍。此时，负责观察弹着点的水上飞机也因为云的影响，不能有效地实施观测。原来精确有序的炮击计划实际面临一团混战的局面。

混乱持续到8时左右，“盐湖城”号起飞的SOC水上飞机获得一个良好的观测位置，发回了令人满意的目标信息。“盐湖城”号以低射速在14539米距离上投入10门主炮齐射6次。最后一次齐射时，炮弹在12664米的距离上无校射直接命中目标。此时，太田增右卫门大佐早已选择搁浅弃船，除枪炮人员全部战死外，其他多数船员得以幸存。8时12分，“丰津丸”号燃烧着在潟湖东面沉寂下来。

此外，在美军的射击中，“鹿岛丸”号和最大的“波尔多丸”号也被203毫米炮弹命中，双双沉没[①]，船员多数幸存。

驱逐舰“邓拉普”号在击沉“第十昭南丸”号后重新靠近环礁，又发现了前者的姐妹船“第十一昭南丸”号。罗恩少校下令开火，根据美军的观察，他们击沉了这艘小艇。然而，实际上它逃过一劫，甚至一直存活到了战后。1945年8月15日当天，“第十一昭南丸”号停泊在中国的青岛港内。随后，它跟随港内其他船只一起向盟军投降，并于同年10月25日解除征用关系。可是之后的情况未能查到，就此湮没在浩荡的历史之中。

匆忙结束

由于战场的混乱，斯普鲁恩斯似乎没完全看清他的战果，但他已经不想在船只身上浪费更多炮弹。在8时10分，他命令编队停止射击船只，改以靠近沃特杰岛，炮轰岸上设施。

按照日本方面转引第53警备队的电报记述，他们大约在8时之前就与美国舰队展开炮战了，但美国方面的记载却要到“丰津丸”号沉没前后。尽管美国人认为日本的炮击并不高明，但在海岸炮台发射的炮弹还是逐渐接近了2艘重巡洋舰。[②]其中有一发在“北安普敦”号司令舰桥的正横方水中爆炸。朗中校本能地躲避，而与之并肩站着的斯普鲁恩斯却仍然保持直立站在原地，没有表现出丝毫害怕。对于斯普鲁恩斯的沉着，朗以卤莽和荒谬来加以评价。不过斯普鲁恩斯却没有评论朗的行为（标准的厚道人）。

真正对美军造成压力的不是火炮而是潜艇。自从前一次警报之后，不断有关于潜望镜出现的报告。“盐湖城”号舰长海军上校埃利斯·扎卡拉赖斯（Ellis M. Zacharias）在袭击前就认为，日本一定派遣了潜艇保卫沃特杰岛。扎卡拉赖斯是安纳波利斯海军军官学校1912届毕业生，长期在水面舰只特别是巡洋舰上服役，在这方面资历远高于技术军官出身的学长斯普鲁恩斯。而且，他的这一看法不仅代表了编队内大多数军官的观点，还得到了水上飞机侦察报告的进一步证实：一架水上飞机发现2艘潜艇离开潟湖（可能是特设或辅助监视艇的活动），另外一艘在潟湖泊位的水面舰只看起来像潜艇供应船（可能是指“波尔多丸”号）。在那一刻，除了斯普鲁恩斯之外的所有人都确信，现在美军编队周围有许多

① 日本方面有说法认为“鹿岛丸”号是被俯冲轰炸机炸沉的，参第15章可知，此说有误。

② 按《「マーシャル」方面防備部隊戦闘詳報》记载，这座炮台在1942年1月5日尚未出现在序列中，约在2月出现。虽然炮台在1941年10月竣工，但可能到次年1月中下旬才刚形成战斗力。

日本潜艇。甚至“北安普敦”号的舰长海军上校小威廉·钱德勒（William D.Chandler，Jr）与扎卡拉赖斯确信将马上有鱼雷对着军舰射来，他们必须采取Z字航行来躲避攻击。虽然斯普鲁恩斯对他们示意，不要理睬这些所谓发现的潜望镜，但是没有任何效果。被潜艇恐惧击倒的军官们已经慌了神，战场纪律丧失了，炮击在没有得到命令许可的情况下就终止了。斯普鲁恩斯失去了对手下军官的控制力，他感到非常无助。虽然我们无法知道，在这种情况下，他究竟是如何判断周围不存在潜艇的（难道是上帝给了他什么暗示？）。但是事实正如他所料，那些潜望镜是人们在恐慌下的错觉；那些所谓的潜艇和潜艇供应船根本就是缺乏经验的水上飞机观察员的误判。而看穿这些错觉和误判，保持头脑冷静的只有斯普鲁恩斯一个人。

最终，在一段手忙脚乱和恐慌气氛过去之后，斯普鲁恩斯恢复了对编队的控制。他再度迫使编队朝沃特杰岛航行，将距离缩短到了127毫米副炮的射程之内，以主副炮联合炮击。现在困扰他的是各种设施的广泛分布和完美的伪装，这让射击变得困难。日本人将航空汽油罐漆成绿色，并且用草皮覆盖。其他设施如建筑物被漆得像沙丘。许多目标能够被美国人观察到，还要感谢日光照耀下的影子。更为不利的是美国人没有丝毫关于它们的确切情报，有时有了情报也难以精确射击。比如水上飞机认为八座漆成类似沙丘的建筑是有炮击价值的，可能是航空管制中心，但是军舰上的射击指挥仪不及空中侦察有效，不能通过望远镜发现那些建筑。炮术军官只好采用迂回的方式——

“盐湖城”号，右上为埃利斯·扎卡拉赖斯。

“北安普敦”号，右上为小威廉·钱德勒。

因为沙漠色建筑的右边是一群深绿色小建筑，而这些建筑能够被射击指挥仪看见，所以他们下令以深绿色小建筑左边为瞄准点，输入射击计算仪射击。但是在实际操作中，参照目标替换的情况没有告知计算仪操作员，后者仍然把参照物当作目标，因此第一次齐射击中机库左边。由于没有对射击效果进行观察，第2次射击继续击中原地的椰林，在那里引发火灾。这时错误才被人发现并修正。接下来的射击往右靠了一点，造成了更厉害的火灾。扎卡拉赖斯回忆说：“火烧起来了，巨大的，充满了橘黄色的火焰。”之后，炮弹终于落在了航空建筑中，被判定造成了相当的破坏。随即飞行员报告，炮火对岸射击对岸上设施造成很大破坏。

美军射击取得成效的同时，日本海岸炮台也提高了火力密度和精确度，对2艘重巡洋舰进行交叉射击。重巡洋舰的炮手则因为视线被浓烟所模糊，而无法瞄准对己方有威胁的敌方炮位。面对敌人的炮弹和空中飞窜的弹片，斯普鲁恩斯仍然站在开放的舰桥上，而不是正常情况下在司令塔内的战斗岗位上。还不满30周岁的掌旗官兼通信官海军上尉威廉·麦考密克（William M. McCormick）建议道：“将军，不管您怎么想，您最好还是去司令塔。”但是遭到斯普鲁恩斯的拒绝：“不！也许你是对的，因为你未来的日子比我长。”（经历了先前的抗命事件，他有些视死如归了。）另一边，“盐湖城”号也遭到有威胁的射击。在刚完成一次转向后，就有2枚炮弹落在其

水上飞机拍摄的沃特杰岛袭击照。

舰尾附近爆炸——如果不是转向，或许就命中了。扎卡拉赖斯准确地判断这可能是127毫米炮弹，这点辨识能力倒是在意料之内。

面对敌人反击炮火越来越猛烈和己方射击效率低下的状况，以及飞行员报告的炮击已对岸上设施造成很大破坏，斯普鲁恩斯决定见好就收。8时48分，他果断地下令停火，开始撤离。同时，他命令两艘重巡洋舰起飞水上飞机用45公斤炸弹攻击剩余的目标。

水上飞机轰炸的效果并不彰显，但在最后撤离时，一架水上飞机拍下了珍贵的照片。从照片中看，沃特杰岛上三处设施浓烟滚滚，显然遭到了重创。这一点也得到日本资料的印证——机场跑道受损颇轻，尚能使用；3幢机库被毁燃烧，其他建筑损失轻微；南北两岸的全部油罐都已烧毁，不能使用。

9时55分，水上飞机返航，由各舰回收。然后取航向70度以25节撤退。12时30分与“企业”号编队会合。整个炮击行动基本顺利，炮击编队没有军舰受创或人员伤亡，仅“盐湖城”号8号127毫米副炮一发炮弹在炮口爆炸，6号副炮在次日检查时找到一个轻微的凸起而已。

第九章　苦斗塔罗阿

遭遇劲敌

与沃特杰环礁的情形不同，美国海军在马洛埃拉普环礁的行动并不顺利，甚至战斗的激烈程度超过其他任何一地，遭遇了最多次数的反击。这与驻扎在当地的日军部队有莫大的关系。

马洛埃拉普环礁位于沃特杰环礁东南，虽然只有71个岛屿，但总面积9.8平方公里，略大于沃特杰。最大的岛屿塔罗阿岛位于环礁的东端。日军在环礁上开始修筑防御工事的时间与沃特杰环礁差不多。1939年秋到1941年3月，塔罗阿岛上完成了机场修筑，包括1条1500米和1条1300米的跑道，可起降陆基攻击机。此外，环礁内的潟湖将作为一个重要的锚泊地。所以，作为配套设施，塔罗阿岛上建造了1座5000吨的重油库和4座200吨航空燃油罐。为了提供对海对空防御，岛上部署了炮台，1941年11月11日（东）完工。

当地驻扎的兵力也与沃特杰环礁十分近似，为第6根据地队之一部。其中陆地防卫部队统属第52警备队司令、毕业于海军军官学校第37期的阪本敏海军大佐指挥。下辖海军第52警备队、第6防备队第2号炮台、1个特设观察哨所（在米利环礁的米利岛）、3艘特设监视艇、3艘辅助监视艇和1艘特别征用艇。其中炮台亦为A、B两座，各装备3座双联装40倍口径八九式127毫米高射炮。所有部队在1941年11月5日（东）完成进驻。海面防卫部队为特设炮舰“光岛丸”

马洛埃拉普环礁示意图

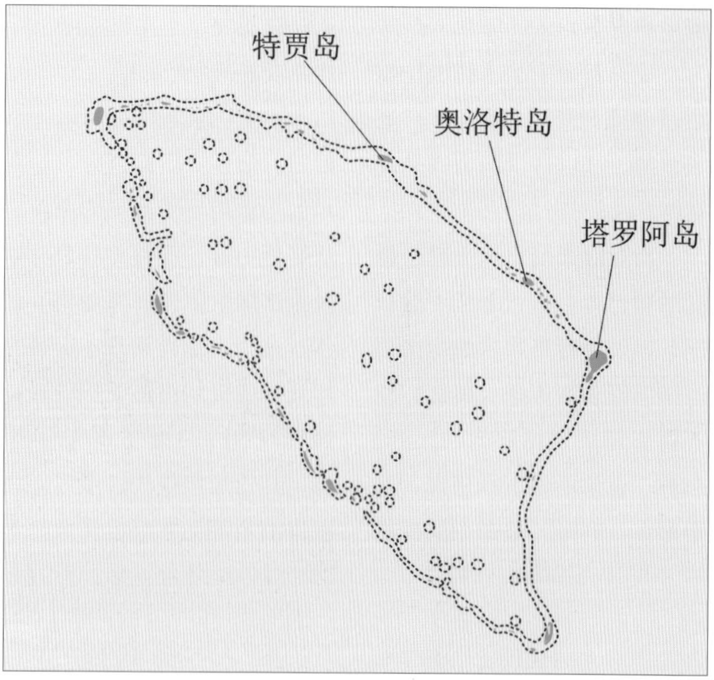

号及第62驱潜队（1艘特设拖网艇、2艘特设驱潜艇）。旗舰“光岛丸”号原属饭野汽船株式会社，1937年7月15日（东）完工，1941年8月31日（东）被海军征用，9－10月完成改装。1941年12月部署到马洛埃拉普环礁。特设拖网艇“桂丸”号原属摄阳商船株式会社，1939年1月31日（东）建成，同年3月23日被海军征用。1940年12月至1941年1月完成改装。1941年12月抵达马绍尔群岛。第六、第七拓南丸也是日本水产株式会社的捕鲸船，1940年8月被海军征用，1941年12月编入第62驱潜队。1942年1月第62驱潜队进驻塔罗阿岛。前述这些舰艇的吨位、实力都与沃特杰环礁对应舰艇相差无几。

与沃特杰环礁不同的是，当地还驻扎着一支航空兵部队，隶属于日本海军千岁航空队。千岁航空队成立于1939年10月1日（东），以装备陆基攻击机为主，计划用于增强海军打击力量。其基干力量来自长期在中国作战的海军第13航空队，队员作战经验丰富，特别是对陆地机场的运用娴熟，但缺乏航母上起降、海岛机场运用和远洋作战的经验。成立之后，航空队针对后两种情况，进行了加强训练，并以临时进驻的方式到南洋诸岛，包括马绍尔群岛。1941年初为了加强独立作战能力，又增加了战斗机的配置数量。同年10月31日（东），其上级单位第24航空战队配属第4舰队，航空队正式进驻马绍尔群岛，并陆续转场到位。主力驻扎夸贾林环礁，并分出一支派遣分队进驻塔罗阿岛。该队一共装备有15架九六式舰载战斗机和9架九六式中型陆基攻击机，指挥官为毕业于海军军官学校第63期的仓兼义男海军大尉。由于千岁航空队主力移驻前去协助对拉包尔的进攻，因此这支派遣分队的主要任务是警戒和侦察。在塔罗阿岛这个前进基地，仅储存有轻型炸弹，没有重磅炸弹、航空鱼雷以及鱼雷战所需的设备，如果要实施鱼雷攻击，必须先飞到夸贾林环礁的罗伊岛去。这一点对后来的反击产生了莫大的影响。

派遣分队装备的两种机型相对老旧，这也与他们并不繁重的任务相适应。九六式舰载战斗机由三菱公司著名设计师堀越二郎设计，分遣队装备的乃是生产数量最多最先进的四号型（A5M4）。该型机体全长7.6米，翼展11.0米，机高3.2米，空重1216公斤，起飞重量1671公斤。机首安装1台中岛公司寿4型空冷9汽缸发动机，最大输出功率785马力，最大飞行时速429公里，实用升限9800米，正常续航距离648海里。武备为2挺7.7毫米机枪，可挂载2枚30公斤炸弹。九六式战斗机在1937－1940年是海军航空兵的主力，但现在正逐渐被更快、机动能力更强的零式战斗机所取代。

九六式四号（A5M4）战斗机。

九六式陆基攻击机由三菱公司另一著名设计师本庄季郎设计，派遣分队装备的具体型号不详，可能同时混杂有G3M2a和G3M2b。前述两种型号机体全长16.5米，翼展25.0米，机高4.6米，空重4814－5150公斤，正常起飞重量7778－8000公斤。安装2台金星42型或45型空冷14汽缸发动机，最大输出功率1000马力，最大飞行时速在370公里以上。可携带1条航空鱼雷，挂载炸弹时可携带1枚800公斤或1枚500公斤或2枚250公斤或多枚30－60公斤炸弹。该型机与前述九六式战斗机类似，正被更新更强的一式陆基攻击机取代。

进攻马洛埃拉普环礁的美军包括5架战斗机、1艘重巡洋舰和2艘驱逐舰。相比之下，水面舰艇美军占有压倒性优势，整体炮击能力也明显高出一筹（9门203毫米、20门127毫米对12门127毫米），但在航空兵力数量上就处于劣势。一切就看实战发挥了。

空中激战

最先攻击该环礁的是格雷上尉率领的5架F4F-3“野猫”式战斗机。格雷瘦瘦高高，脸上始终洋溢着微笑。他1914年2月1日出生于威斯康星州密尔沃基市，1936年毕业于安纳波利斯海军军官学校，并在炮击沃特杰岛的“盐湖城”号重巡洋舰上服役。1938年，他转入彭萨科拉基地学习飞行，成为飞行员。1939年7月毕业之后，就一直待在“企业”号上的第6战斗机中队，也算是一个老兵了。

按照马绍尔群岛当地时间计算，行动当天正是格雷的生日，可就是这个突然提前降临的生日，让他一直处于懵懂的状态。早晨，他照例从厨师那里获得了他的独门早餐——独眼龙三明治，也就是烤面包中间挖个洞搁上一个煎得金黄的鸡蛋。但这份享受似乎成为当天欢乐的终点，从出发开始，厄运就一直纠缠着格雷和他的分队。首先是克里斯威尔少尉的折翼。随后，当他带领队伍飞到马洛埃拉普环礁时，又认错了目标，把特贾岛当成了塔罗阿岛。格雷与他的僚机、壮得像熊一般的海军中尉威尔默·拉维（Wilmer E. Rawie）兴奋过度，未及细辨就驾机扑下去，投下炸弹。他们很快发现炸错了目标，却木已成舟了。

懊恼不已的格雷驾机驶向了东南方，去寻找真正的攻击目标。在其余战机试图爬升跟上他时，他拉开同每一架飞机

小詹姆斯·格雷。

间的距离，形成一条长而稀松的线。现在队伍内只有3架飞机还有炸弹了，可不能再出任何错了。终于，在朝东南方飞行了15海里之后，一个拥有巨大航空兵基地的岛屿出现在美国飞行员眼前。目睹着两条长跑道和跑道边整齐排列的日本飞机，美国飞行员的下巴都要掉下来了。其间，有人慌乱地数了一下，大约30－40架双发飞机（显然是眼花了）。可能是太惊讶，也可能是云层或者距离因素，没有人注意到空中有两架日本的九六式战斗机。后者是早晨6时20分就起飞的，负责机场上空的警戒。

格雷率领机队从大约2400米的高度俯冲而下，展开攻击。他和拉维都没了炸弹只能用机枪扫射地面目标。另3架对着岛上的小型海军工厂和飞机跑道扔下了炸弹。接着他们调转机头，一起用机枪猛烈扫

射跑道边的飞机。本来他们可以取得不错的战果的，但是他们的机枪弹没有专门的燃烧弹，而且无比兴奋－低落－无比兴奋的情绪过山车，让他们在扫射时不够冷静，仅仅打着了少量的飞机，其中至少有1架九六式陆基攻击机。[①]

塔罗阿岛的日军对美军空袭力量的判断为3架战斗机。这一误判的原因不详，可能是格雷和拉维未参加投弹，而美军飞机队形分散，在反复扫射时，难以精确计数所致。但这丝毫不影响他们投入战斗。航空基地内训练有素的飞行员迅速反应，冒着漫天的机枪子弹驾机起飞，去增援天上的2架友机。7时05、10、15分，每隔5分钟就起飞一批。第一批和第二批都是3架，第三批是2架。日军战斗机一波波蜂拥而至，使得美军战斗机群很快就退出扫射，双方进入了缠斗的状态。

完成初次扫射攻击的拉维中尉发现了前方1海里处有一对九六式战斗机。在敌人毫无察觉的情况下，他从敌机下方接近，向其中一架射出一串12.7毫米子弹，并看见日机迅速被打爆。之后，拉维又超越了第2架日机。他选择掉头，迎头攻击。没想到这个日本飞行员也咬牙不躲，两架飞机在最后一刻才相互错位，但还是慢了一拍。拉维的座机机腹被九六式的机翼切开，同时敌机的机翼也受损严重。拉维的座机还能正常飞行，但日机就无法坚持，只能撤退了——传说这架飞机就是仓兼大尉的座机，他跳伞成功，保住了性命。

不过，好运不是总在美军一边。当格雷上尉驾机咬住一架九六式战斗机时，困扰F4F-3战机数月之久的痼疾发作了——12.7毫米机枪一挺接着一挺卡壳。他眼睁睁看着日机从瞄准圈中一溜烟地逃离。最糟的是，仿佛卡壳问题是个烈性传染病，很快在机群中蔓延开来。拉维中尉在第二次扫射时，机枪全部卡壳。接着，另一位壮汉海军预备役少尉拉尔夫·里奇（Ralph Rich）和余下两名飞行员也陷入了相同困境。他们四人见势不妙，没有作过多停留，迅速一齐撤退。这样一来，就把几无还手之力的领队格雷一个人扔在了战场。

格雷上尉还有一挺机枪可用，所以他还作最后努力，期望机枪能全部恢复正常。等他发现自己落单的时候，已经陷入九六式战斗机的包围之中。他一面内心不断咒骂，一面又使出浑身解数，奋力操纵飞机突围。相对老式的九六式，F4F-3具备一定的机动优势，机体也更加坚固，加上格雷的技术出众，还是成功杀出重围。他可不敢多做逗留了，没有仔细观察攻击效果就拍马而还。此时是7时20分。10分钟后，最后1架增援的九六式战斗机也起飞了，但是天空已经没有美军战斗机的身影。

最终，5架F4F-3都成功返回了“企业”号。最后一架降落的是格雷上尉座机，机身上竟有30多个洞，其中1个位于油箱，导致漏油，降落时一滴多余的燃油都没有了。这还不是最惊人的，地勤人员在检查飞机座舱时发现，座椅背后那块临时增设的锅炉钢板上有许多凹痕——有多发7.7毫米机枪弹曾经击中过这里，幸而未能穿透。大难不死的格雷在庆幸之余，少不了半开玩笑地“训斥”了队友。

格雷等人带回来的消息是振奋人心的，不知实情的他

① 参照下一节，日军记载起飞攻击“切斯特”号的为8架九六式陆基攻击机。则本节末尾提到的战报记述起火的2架陆攻，1架应为格雷机队战果，另1架为“切斯特”号击伤。

们声称袭击相当成功，地面日本人的飞机全部毁坏，无法使用——然而他们很快就会为这个草率的结论付出代价。日本方面的注水本事也丝毫不弱，塔罗阿岛航空基地指挥官最初电报声称击落2架美军战斗机，后来在千岁航空队的战报中，这一数字变成了5架。同时，还承认有5架九六式战斗机中弹，1架轻微受损，2架九六式陆基攻击机起火。这基本上都是格雷机队的战果（参照下一节，存在军舰防空战果的可能）。

不成功的炮击

当格雷和友机开始飞离，肖克上校率领的炮击编队就赶到了塔罗阿岛外炮击位置。虽然职务与军衔更低，作为指挥官，刚“知天命”的肖克比斯普鲁恩斯更有一定优势。他是罗德岛州纽波特人，1892年出生，安纳波利斯海军军官学校1913届的毕业生，在驱逐舰上赴法国参加了第一次世界大战，具备一定的实战经验（虽然也没经历像样的海战）。这个人还跟中国有交集，在20世纪30年代，他曾作为驻华海军武官住在北京，从事情报收集工作。

肖克编队的接近行动与斯普鲁恩斯一样顺利，并在更早的6时起飞了4架水上飞机。这是“切斯特”号巡洋舰所装载的全部飞机。按照先前拟定的计划，其中2架负责侦察，2架负责校射。6时49分，塔罗阿岛的身影出现在约26060米之外。肖克上校和部下仔细观察着岛屿，生怕漏过了什么细节。不过，据美国方面的记载，仅仅10分钟以后，就有2架日本俯冲轰炸机前来攻击——这可能是把2架担任警戒任务的九六式战斗机误认作俯冲轰炸机。美军编队毫无损伤，于是肖克和部下暗自庆幸一番。

塔罗阿岛驻军发现美国舰队的时间大约在6时50分。不知是否岸基观测设备出了问题，抑或空中九六式战斗机飞行员眼神不好，他们将对方认作1艘航母与3艘重巡洋舰，距离也错误地判断为15000米。当地驻军没有像沃特杰环礁的那样冲动，负责海面防御的“光岛丸”号舰长浅井谦只海军大佐未下达攻击令，各舰船也都没有尝试搏命。之后，美军舰种和数量信息虽然很快修正，但是似乎距离并未得到有效测量。到7时10分，差不多接近八九式火炮射程的极限上，日军的海岸炮台就先开火了。炮弹在美国舰队附近激起水柱。

由于距离早已进入203毫米主炮射程，甚至127毫米火炮也可以射击，所以美军反击的欲望强烈。他们根据弹着点的水柱判断日军使用的是127－152毫米火炮，但始终未能找到火炮的位置，也就无法开火。此后F4F-3逐步离去，九六式战斗机开始尾追攻击负责侦察与校射的水上飞机，更加难以锁定目标了。肖克上校果断下令，不等观测和校射就

炮击塔罗阿岛示意图

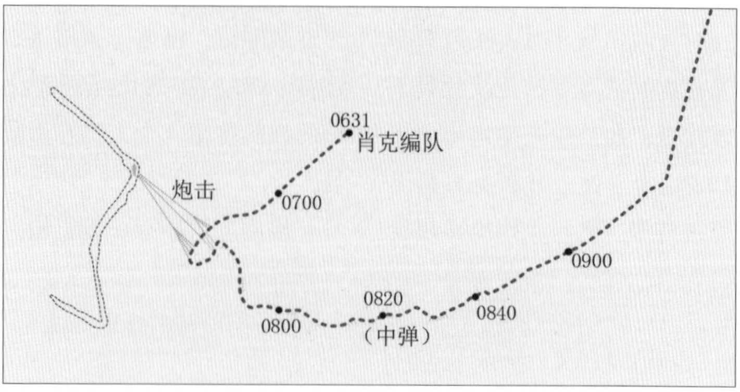

位了，立即以塔罗阿岛西北角为瞄准点开火——那里是1300米跑道的一端，附近还有一座炮兵指挥所。7时15分，与沃特杰岛炮击几乎同一时刻，“切斯特”号的203毫米主炮怒吼了。

炮击编队刚开炮，又有日军九六式战斗机前来俯冲，让人一顿手忙脚乱。不久之后，日本海岸炮台有一处陷入沉寂，另外陡然增加了5处，射击距离大约在10970米——肖克并不知道，岛上一共有6座火炮，他还以为是日军的火炮能够机动。由于水上飞机不能提供校射，他判断编队陷入险境，必须退到敌人火炮射程之外再进行炮击。接下来，编队取西南偏南航向行驶，“切斯特”号的主炮持续压制敌机场和炮台，并兼顾机库。其间，编队在潟湖内观察到2个小型辅助船目标。

7时31分，肖克觉得距离差不多了，又下令左舵掉头，朝反方向接近塔罗阿岛。203毫米主炮继续射击前述目标，驱逐舰“巴尔奇”号加入炮击，目标为塔罗阿岛的中部。可是好景不长，仅9分钟后，有人看见8架双发轰炸机从岛上起飞了（按照日方资料，起飞时间在7时30分）。肖克大吃一惊，他立即下令以最大航速朝南撤退。同时，主炮停止射击，调出炮手前去防空炮位支援。舰上顿时笼罩着一层恐惧氛围，没有人期望自己成为“Z舰队第二”①。

起飞的日本机队由中队长中井一夫海军大尉带领，8架九六式陆基攻击机都没能携带更具威胁的鱼雷，而是匆匆挂载了炸弹。按美军的记述，前后两波日本轰炸机在8时整以后和8时41分空袭编队。从日本方面的记载看，陆基攻击机的空袭只实施了一次，第二波是13架挂载炸弹出击的九六式战斗机所为。

日军的攻击以最大的“切斯特”号重巡洋舰为目标。在塔罗阿岛偏南方向，“切斯特”号已经加速超过32节，就像一匹发情的野马在海上奔腾。尽管舰上防空火力（包括

“切斯特”号被炸情状。

① Z舰队即英国“威尔士亲王”号、“反击”号编队，在1941年12月10日遭到日军陆基攻击机队的毁灭性打击。

8座127毫米单管副炮，2座47毫米单管炮和8挺12.7毫米机枪）全开，全力机动闪避，可是仍然未能避开全部攻击——8时20分，1枚60公斤炸弹击中左舷弹射器附近的船台甲板。炸弹贯穿了甲板，留下了一个2.7乘以1.2米的大洞，并对鼓风机遮布、通风管、弹射器通道、甲板支柱造成轻微破坏，弹射器地板中凹0.3米，损坏了左舷动力小艇，引起前轮机舱排气管绝缘软木的火灾。炸弹爆炸后，导致8人死亡，11人受伤。还好，这样的损失处于能够承受的范围。

8时41分，新的攻击降临。依据美军描述，一批250公斤炸弹从大约3660米的高度投下，最近的炸弹距离舰尾仅有约30米距离，爆炸震得全舰颤抖——以九六式战斗机的挂载能力来看，这完全是夸张，应该只是60公斤炸弹①。之后，虽然攻击减少，但肖克仍然让编队保持最大航速，以尽快拉开距离。为了避免把敌人引向"企业"号，他没有急于北返，与哈尔西会合，直到确认安全为止。

逃过一劫的美军进行了反思，他们认为日本飞行员缺乏进取心，不敢面对高射火力，采取小角度俯冲大角度爬升退出，还没完全接近就投弹，这是"切斯特"号得以逃生的最重要原因。事实上，美军低估了自己的防空火力，参与攻击的8架九六式陆基攻击机均带伤，还有1架丧失作战能力，所以日本飞行员的畏惧完全是合理的。至于九六式战斗机，可能飞行员对地攻击训练不足，不擅长俯冲轰炸的技术吧。

---

① 在防卫厅战史中，先前60公斤炸弹的成绩是算给了九六式战斗机，这是错误的。

第十章　痛击夸贾林

重要据点

由于种种原因，“企业”号起飞的三批飞机未能做到同时发起进攻，其中夸贾林环礁成为最后一个遭到攻击的目标。这座环礁位于拉利克群岛的中部，由97座岛屿环绕而成，陆地总面积16.4平方公里，平均海拔1.8米，潟湖面积2174平方公里。它本身是世界上最大的环礁，又包含了世界上最大的潟湖。1543年1月，刚发现沃特杰环礁的西班牙航海家鲁伊·洛佩斯·德比利亚洛沃斯来到了这里，并将其命名为花园群岛。1828－1829年，俄国海军军官、利沃尼亚人路德维希·冯哈格迈斯特（Ludwig von Hagemeister）在环球航行中抵达这里，绘制了地图，并称之为缅希科夫环礁。夸贾林之名则是当地土著人的叫法。

对日本人来说，这座环礁具有非同寻常的价值。首先，从夸贾林环礁到日本、夏威夷和澳大利亚的距离分别为2100、2100、2000海里，差不多处于日本、夏威夷和澳大利亚三角的中点，战略地位相当重要。其次，它处于马绍尔群岛的腹地，南北东三个方向都有众多环礁屏护。再次，岛屿众多面积较大。最后，那座世界最大的潟湖是良好的锚地和水上飞机停泊地，岛礁间众多的航道又提供了相对灵活和隐蔽的出行通道。综合而言，它适合建成水陆航空基地和潜艇基地，成为马绍尔群岛防御的核心支撑点与太平洋破交作战的枢纽。因此，一旦日本开战计划成形，马绍尔群岛的重心就从先前的贾卢伊特环礁转移到了这里。

夸贾林环礁的各种军事工程与沃特杰环礁、马洛埃拉普环礁同时动工，大体集中在两个区域：东南端的夸贾林岛、埃贝耶岛、埃努布吉岛，北端的罗伊岛、那慕尔岛。

夸贾林岛主要是指挥、居住以及为潜艇提供保障的各种设施，包括1940年起开工的1座5000吨重油库。岛上还建造了1座炮台，后来被命名为第6防备队第5号炮台。炮台装备3座八九式双联装127毫米高射炮和4座单管76毫米高射炮。大部分设施在开战之前陆续完工，但潜艇保障设施、重油库和炮台要晚一些，推测约在1942年1月完成。位于夸贾林岛北侧的埃贝耶岛改造成水上飞机基地，于1938－1940年（亦有说法是1939－1941年）建成。夸贾林岛西北的埃努布吉岛则修建了远距离通信设施（就是第五章“蚝隆头鱼”号发现的那些大型无线电塔）。

罗伊岛、那慕尔岛是马绍尔群岛的核心航空基地。其中罗伊岛机场于1939年秋至1941年4月完成修筑，一共有3条跑道，分别长1330米、1100米、1100米，呈“又”字形分布。日本人在罗伊岛与东面的数百

夸贾林环礁示意地图

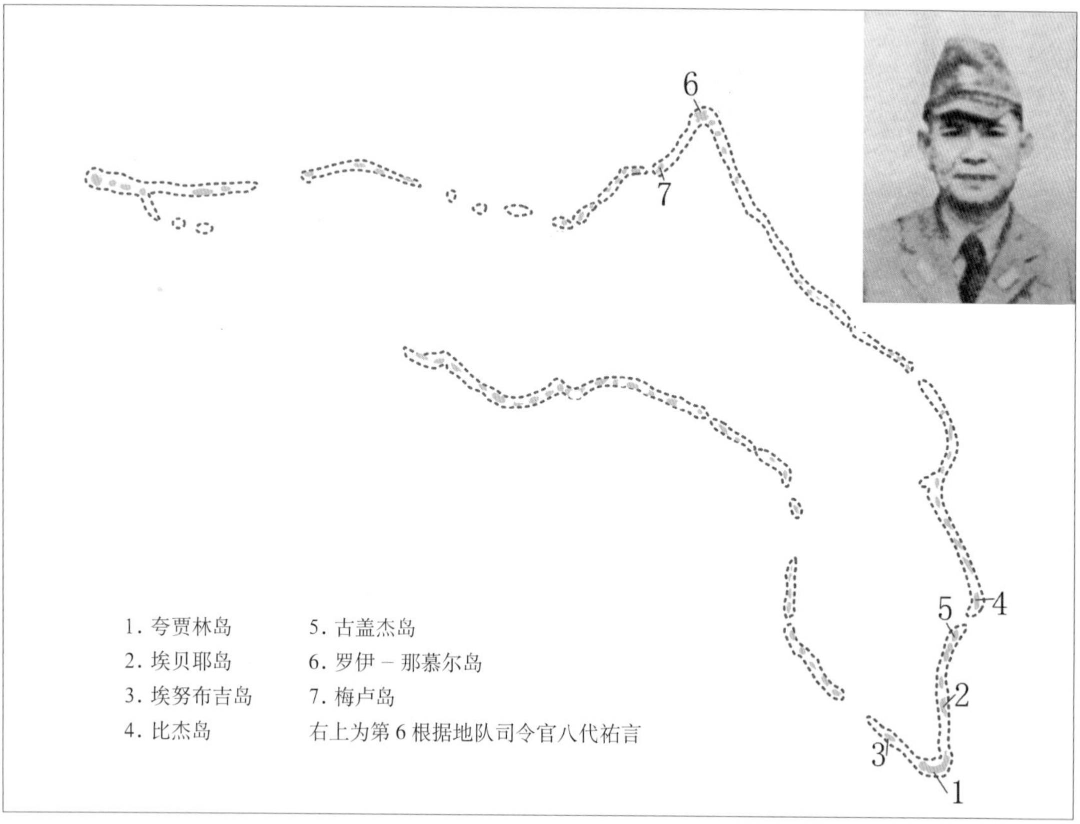

米外的那慕尔岛之间建起一条堤道，一些辅助设施设置在了后者之上。作为配套设施，自1940年起，罗伊岛上修建了10座200吨航空燃油罐。为了抵御海上的威胁，两岛建造了3座分炮台，2座在罗伊岛，1座在那慕尔岛。每座分炮台都装备3座八九式双联装127毫米高射炮。这些分炮台后来统称为第6防备队第4号炮台。

此外，1941年11月30日至12月4日（东），为加强防御，由特设炮舰“八海山丸”号在环礁的一些航道布设了125枚水雷。

1941年3月8日（东），第6根据地队司令部和一部分部队率先进驻夸贾林岛。此后

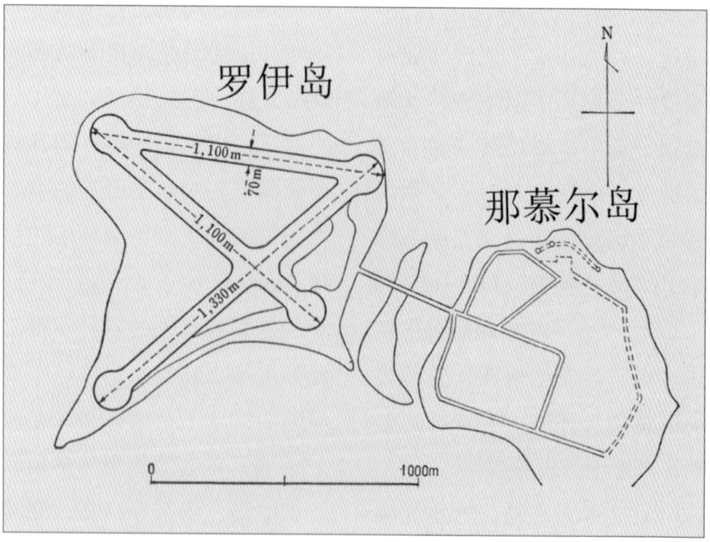

罗伊岛－那慕尔岛设施草图。

直到开战前，陆续有部队、飞机和船只从本土开赴夸贾林环礁。在美军空袭的当天，当地驻军一共由三部分组成。第一部分是第6根据地队的主力，包括第6根据地队司令部，根据地队直属的第6通信队、第6潜艇基地队（2月1日刚成立）、第19航空队（水上飞机），补给部队（5艘勤务船），以及陆海两支防御部队。其中陆地防御部队由海军第6防备队，第6防备队第4、5炮台，第6潜艇基地队，4个特设观察哨（分别驻外围的朗格拉普环礁、比基尼环礁、埃尼威托克环礁和科斯雷岛），3艘辅助监视艇和3艘征用舟艇组成。统归第6防备队司令小原义雄海军大佐指挥。海面防御部队由“常磐”号布雷舰、第16扫雷队（4艘特设扫雷艇）、第63驱潜队（3艘特设驱潜艇）组成，由“常磐”号舰长富泽不二彦海军大佐统率。

指挥以上部队的是八代祐吉海军少将。他1890年2月1日（东）出生于日本鹿儿岛县，1912年毕业于海军军官学校第40期水雷科，多年来在潜水艇部队服役，担任过潜水学校的教官，也担任过几艘巡洋舰的舰长，还曾专门指导过来日本留学的泰国潜艇学员。其毕业成绩属于下游水平，又没有海军大学的学历，本来很难晋升将军行列，可能因为潜艇技术军官的身份得以留用。因为夸贾林环礁是作为潜艇基地使用的，第6潜艇基地队又是第二支在日本本土之外开设的潜艇保障部队，作为统辖前两者的上级司令官，需要丰富的潜艇运用经验。八代的助手、首席参谋法元廉海军中佐是他的同乡，毕业于海军军官学校第50期，毕业成绩属中下游，多年供职近海防御部队，有一定的经验。

第二部分是潜艇部队。1940年11月15日（东），日本海军成立了第6舰队，下辖3个潜水战队，计划用于东到美国西海岸，西及印度洋水域的日本潜艇作战。开战前，该舰队派遣先遣部队挺进作战水域。舰队司令长官清水光美中将也乘坐旗舰“香取”号驻泊夸贾林环礁，统一指挥。开战之后，所属2个潜水战队的勤务船也陆续抵达夸贾林环礁，为返航夸贾林环礁休整的潜艇提供服务。空袭当天，除去在执行任务的潜艇之外，旗舰“香取”号、第1潜水战队以及第1、3潜水战队的辅助船只都在环礁锚地停泊。

第三部分是陆基航空部队。这支部队是千岁航空队的主力，驻扎在罗伊岛，不隶属根据地队，独立管理。该部理论上应该有33架九六式战斗机，26架九六式和一式陆基攻击机，因为进攻拉包尔的“R”计划，陆基攻击机部队集结到特鲁克，战斗机一部进驻拉包尔，所以实际仅有18架战斗机留守。指挥官是千岁航空队司令大桥富士郎海军大佐，他也是整个马绍尔群岛航空部队的总指挥。大桥1918年毕业于海军军官学校第46期，成绩虽然处于下游，但却是老资格的航空军官。1924年起，他就在霞之浦海军航空队担任教官。1930年，他和少数海军航空兵精英一起完成了夜间降落航母的测试科目，确定了技术细则，填补了战技的空白。其后又担任过“加贺”号航空母舰的飞行长，1941年9月15日（东）刚接任航空队司令。他技术过硬，飞行与实战指挥经验都比较丰富。

血洒罗伊岛

当地时间2月1日（东）清晨的夸贾林环礁一片宁静。6时30分，从埃贝耶岛的水上飞机基地起飞了3架零式和1架九四式水上侦察机，向东方执行日常的巡逻任务。就在他们离开之后，来自“企业”号的大机群编队从东北方接近了这座环礁。6时58分，当沃特杰环礁和马洛埃拉普环礁的空袭已经打响（尽管后一个是误炸目标），这批飞机才刚刚实施分离——9架TBD-1单独组队，由第6鱼雷机中队中队长尤金·林赛（Eugene E. Lindsey）海军少校率领，向夸贾林岛北面的锚地进发。SBD-2机群继续在大队长扬中校的带领下杀向罗伊岛。

扬1901年11月23日出生在纽约州布鲁克林区。众所周知，该区是美国少数族裔的聚集区，也是犯罪率高发的贫民区。从他的姓氏来看，很可能是爱尔兰大饥荒时移居美国的爱尔兰后裔。作为来自底层的人，“穷则思变”，他具有强烈的上进心。在30岁前后他学习飞行，成为一名飞行军官。当时正值美国海军航空署署长莫菲特大力倡导飞艇的时代，扬加入了“阿克伦”号飞艇大队。飞艇是极其不安全的武器，连莫菲特本人也都死于飞艇事故，而扬却选择成为飞艇飞行员，可以看出他的个性和出人头地的欲望。飞艇部队解散之后，他辗转一些单位，于1941年落户“企业”号，出任航空大队长。

在这天清晨，进取的扬遇到了一点麻烦，他一直无法找到罗伊岛。光照是影响因素之一。在机队分离之时，太阳正在升起，而月亮已经下沉，但是地平线上的低云减弱了这一理想状态所可能产生的光照条件。他一面驾驶领头的SBD-2，一面在黑暗和充满雾气的

“企业”号的SBD-2机群，近处为大队长座机，左下小图为小克拉伦斯·迪金森，右下小图为小威尔默·加拉赫。

环境中，拿着陈旧的地图艰难地搜寻与辨认。

7时05分，终于有人看到了罗伊岛。是的，隔着玻璃风挡能看见岛屿的轮廓以及模糊地辨认出机场，岛屿附近没有船只停泊，除此之外什么都看不清。这些就足够了，扬下令按照第6侦察机中队在先，第6轰炸机中队随后的次序轰炸罗伊岛。

夸贾林环礁的日军是在6时51分发现美军机群的，他们立即反应，准备迎战。由于俯冲轰炸机队寻找罗伊岛耗时过久，等第6侦察机中队发起进攻时，罗伊岛与那慕尔岛的炮台已经做好了准备。

美机的攻击是在逐渐增强的高射炮弹幕中发起的。机群的领队是第6侦察机中队中队长海军少校霍尔斯特德·霍平（Halstead L. Hopping）（中队1号机）。他1941年7月到"企业"号，担任这个职务。在12月7日那天，他与队友驾驶SBD-2从航母起飞，返回瓦胡岛，正好目睹了日本人的屠戮，所以一见到日本目标，复仇的怒焰就占满了心头。这位勇敢的人带着第1分队的6架SBD-2无所畏惧地穿过弹幕，对着航空设施扑下来，投下炸弹。先后数发高射炮弹在其座机身边爆炸，冲击波剧烈地撕咬战机，最终一发炮弹打中了尾翼，导致起火失控。飞机直接坠入大海，霍平少校与其后座无线电报务员兼机枪射手一级无线电军士哈罗德·托马斯（Harold R. Thomas）一同牺牲。

霍尔斯特德·霍平。

霍平是美国海军航空兵在二战中阵亡的首位中队长，但是他的死并没有恐吓到其他飞行员。另两位分队长海军上尉小威尔默·加拉赫（Wilmer E. Gallaher, Jr.）和小克拉伦斯·迪金森（Clarence E.Dickinson, Jr.）立即接手霍平未竟之事。这两位是个有趣的组合。前者1907年5月9日出生在特拉华州的港城威尔明顿，安纳波利斯海军军官学校1931届毕业生，后者则1912年12月1日出生于佛罗里达州港城杰克逊维尔，比前者低3届。他们一长一幼，一北一南，以迥然不同又相似的风格，带领各自分队继续勇猛攻击。一连串的炸弹从天而降，据美军飞行员观察，这些炸弹摧毁了1座军火库、2座机棚和1个无线电站，还落到了尚未起飞的日本飞机头上。

美国飞行员不会退缩，日本飞行员也是。在发现美军机群后，岛上的日军飞行员争分夺秒地登机起飞，从7时09至30分之间，10架能起飞的九六式战斗机全都升空。他们迅速爬高，紧紧地咬上了没有战斗机护航的SBD-2。美军飞机后座射手操纵1挺7.62毫米机枪，艰难地对抗着日本战斗机的进攻。幸好他们遇上的不是零式，幸好SBD-2坚固的机体提供了最佳的保障。在战斗中，仅有海军中尉卡尔顿·福格（Carleton T. Fogg）、海军少尉小厄尔·唐奈（Earl R. Donnell, Jr.）和丹尼尔·塞德（Daniel Seid）的座机被击落。他们和3名后座无线电报务员兼机枪射手三级无线电军士奥蒂斯·丹尼斯（Otis L. Dennis）、三级航空机械军士戴维·格罗格（David F. Grogg）、一级航空机械军士埃尔顿·特拉维斯（Alton J. Travis）全部牺牲。美国人声称也击落了3架九六式战斗机——这虽然没有资料证实，但未必不是真相。在不少情况下，自卫火力得到加强的SBD-3能与零式达成1:1的交换比，SBD-2虽然不及SBD-3，但同样九六式也要比零式低劣。

接下来的战斗就是一笔烂账了。根据“企业”号舰长默里上校于2月7日正式提交太平洋舰队司令部的战报声称：扬带着轰炸第6中队18架SBD-2对罗伊岛进行了侦察之后，发现这里没有舰船，再飞往夸贾林岛轰炸船只和地面设施。当他们抵达目标上空时，缓慢的TBD-1尚未赶到。然而，“企业”号的官方网站却否认这一说法，他们认为是林赛在轰炸水面目标时觉得目标太多，自己力量不够，在无线电中呼叫增援。此时，恰好扬正在分配手下的兵力，于是让第6轰炸机中队的飞机和7架第6侦察机中队尚未投弹的飞机赶去增援。美国海军史学家莫里森在其《二战美国海军作战史》中采取回避态度，对两种说法皆不采纳，只是提到有10架SBD去支援了林赛。蒂尔曼在《“企业”号：美国最具战斗力的军舰》中引用加拉赫的回忆，说自己将45公斤的炸弹投在罗伊岛，227公斤的炸弹用于轰炸船只。

前两种说法描述了SBD-2机群不同的增援动机，战报凸显了扬的主动，而官网文字判定扬是被动行为。前三种说法提及的飞机数则完全矛盾，而第四种说法透露出，机群可能并非简单划分成一部分轰炸罗伊岛，一部分轰炸船只。或许这些说法只是从各自立场出发罢了，都或多或少有真实的一面，也有虚饰或遗漏的东西。在笔者看来，“企业”号官网的说法很可能更接近实情，即扬在听到林赛的增援申请后，判断罗伊岛附近里高价值目标不多，不需要2个中队全挤在一处攻击，于是重新分配兵力。至于他究竟带了多少飞机离开，就是个永远的谜团了。

锚地号角

忽略上一节所述的矛盾，夸贾林潟湖内的攻击正如火如荼地上演。第一个主角就是林赛少校。他1905年7月2日出生于华盛顿州斯普拉格城，是安纳波利斯海军军官学校1927届毕业生，比麦克拉斯基晚一届，但同样在1929年接受飞行培训。他先后在“列克星敦”号的俯冲轰炸机中队和“马里兰”号的水上飞机观测中队服役。1940年6月起，担任第6鱼雷机中队中队长，也是一位老鸟了。在离开大编队之后，他率领9架TBD-1，冲向潟湖。这些可怜的老飞机，巡航时速只有206公里，更别说满载炸弹的情况了——这还真令人怀疑，是谁先对潟湖内的舰船实施了攻击。

能让林赛觉得舒畅的是，潟湖内的船只很多，还有一些看上去个头不小——是的，锚地里正停泊着轻巡洋舰“香取”号，布雷舰“常磐”号，潜艇“伊9”号、“伊15”号、“伊17”号、“伊19”号、“伊23”号、“伊25”号、“伊26”号、“吕61”号、“吕62”号，运输舰“知床”号，特设潜水母舰“平安丸”号、“靖国丸”号，特设油轮“东亚丸”号，特设军火船“新玉丸”号，特设食品供应船“第二天洋丸”号，特设淡水供应船“第一甘糠丸”号，特设炮舰“八海山丸”号，特设扫雷艇“第三玉丸”号、“第五玉丸”号、“第七昭和丸”号、“第八昭和丸”号，特设驱潜艇“第三寿丸”

尤金·林赛。

停泊在夸贾林锚地的“香取”号轻巡洋舰。

号、“第三文丸”号等等——先前炮击萨摩亚，影响美国舰队行动的“伊20”号潜艇倒是早在数天前离开，当天返回横须贺。

在上述舰船中，“香取”号是香取级轻巡洋舰首舰，主要用于训练任务和潜艇部队指挥。1938年8月24日（东）在三菱集团横滨船厂开工，1939年6月17日（东）下水，1940年4月20日（东）服役。它全长133.5米，宽16.0米，吃水5.8米，标准排水量5890吨，安装2台蒸汽轮机与2台柴油机，双轴推进，输出功率8000马力，最大航速18节。武备为2座双联装50倍口径140毫米炮、1座双联装40倍口径127毫米高射炮、2座双联装机关炮、2座2联装533毫米鱼雷发射管和搭载1架水上飞机。由于干舷高，上层建筑高大、设施众多，看起来要比实际吨位要大。

“常磐”号原本是一艘老式装甲巡洋舰，1897年1月在英国阿姆斯特朗船厂开工，1898年7月下水，1899年5月服役。它曾经参加过日俄战争，是日本人眼里的功勋战舰。随着军事科技发展，这种军舰已经过时，于是在1922年9月确定改装成布雷舰。1926年改装完成后，舰体水线长126.4米，宽20.5米，吃水7.7米，标准排水量9264吨，安装8台锅炉，2台三段膨胀式蒸汽机，双轴推进，输出功率18248马力，最大航速21节。武备为1座双联装200毫米主炮，8座单管150毫米副炮和1座单管76毫米高射炮，可携带500枚5号水雷。

随后这些潜艇中，以伊字开头的都是大型巡洋潜艇，具体可分为两类。一是“伊9”号，属于甲型巡洋潜艇，长113.7米，宽9.6米，吃水5.4米，标准排水量2434吨，水下排水量4150吨，安装2台柴油机和2台主电机，输出功率分别为12400马力/2400马力，最大航速23.5节（水面）/8节（水下），水面续航力16000海里/16节，水下续航力90海里/3节。编制官兵104人，装140毫米炮1门，25毫米双联装机关炮2座，533毫米鱼雷发射管6具，鱼雷18枚，携带水上飞机1架。另6艘均为乙型巡洋潜艇，长108.7米，宽9.3米，吃水5.1米，标准排水量2198吨，水下排水量3654吨，安装2台柴油机和2台主电机，输出功率分别为12400马力/2000马力，最大航速23.6节（水面）/8节

完工时的“伊17”号潜艇。

（水下），水面续航力14000海里/16节，水下续航力96海里/3节。编制官兵94人，装备140毫米炮1门，25毫米双联装机关炮1座，533毫米鱼雷发射管6具，鱼雷17枚，携带水上飞机1架。

两艘“吕”号潜艇为L4型中型潜艇。全长76.2米，宽7.4米，吃水4.0米，水下排水量1301吨。装2台柴油机，双轴推进，输出2400马力。航速15.7节（水上）/8.6节（水下），水上续航距离5500海里/10节，水下续航距离80海里/4节。武备1门76毫米炮，6具533毫米鱼雷发射管，鱼雷12枚，编制官兵48人。

“知床”号是海军建造的多用途运输船，1920年2月在神户川崎造船厂开工，同年7月下水，9月完工。舰长143.5米，宽17.8米，最大吃水8.1米，满载排水量15423吨。1931年改装后设6台锅炉，1台三胀往复式蒸汽机，输出功率5115马力，最大航速13.3节。可运输9300余吨燃油、900余吨煤炭、900余吨各类用水和一定数量的食品。1941年10月编入第4舰队，主要用于煤炭和油料的运输，并加装了2门120毫米火炮和2门76毫米高射炮。它从横须贺来，1942年1月30日（东）刚抵达环礁。

其他船只都是海军征用的商船改造的特设军舰。“平安丸”号、“靖国丸”号都原属日本邮船株式会社。前者1930年11月24日（东）建成，1941年10月3日（东）被海军征用，10－12月完成改装，开赴夸贾林环礁。船体垂线间长155.4米，宽20.1米，吃水9.2米，登记总吨11616吨，装2台柴油机，最大输出功率13404马力，最大航速18.4节。武备为150毫米炮4门，13毫米双联装机枪2座。后者1930年8月31日（东）完工，1940年10月29日（东）第二次被海军征用，10月－次年1月完成改装，到12月开赴夸贾林环礁。船体全长153.9米，宽19.5米，最大吃水11.3米，登记总吨11933吨，装2台柴油机，输出功率10000马力，最大航速18节。武备与前者相同。

“东亚丸”号原属饭野海

日本海军“知床”号舰队油轮。

运株式会社，1934年6月23日（东）建成，1941年9月被海军二次征用，9－10月完成改装，12月开赴夸贾林环礁。船体垂线间长158.1米，宽19.8米，吃水8.9米，登记总吨10052吨，装1台柴油机，最大输出功率8611马力，最大航速18.4节。“新玉丸”号是玉井商船株式会社的货轮，1938年11月4日（东）完工，1941年8月26日（东）被海军征用，8－10月完成改装，次年1月开赴夸贾林环礁。船体全长136.0米，宽18.0米，最大吃水10.3米，登记总吨6873吨，安装1台蒸汽轮机，输出功率3100马力，最大航速13节。“第二天洋丸”号本是林兼商店的货轮，1935年4月25日（东）建成，1941年9月2日（东）第二次被海军征用，9－10月完成改装，12月开赴夸贾林环礁。船体长53.4米，宽9.3米，最大吃水5米，装1台柴油机，输出功率590马力。这三艘均装备1门76毫米火炮。

“第一甘糠丸”号为甘糠产业公司货轮，1940年2月6日（东）建成，1941年3月31日（东）被海军征用，6月起即进驻贾卢伊特环礁，配属第4舰队作为淡水供应船。船体长82.8米，宽12.2米，最大吃水6.2米，登记总吨1913吨，装1台蒸汽机，输出功率1300马力，最大航速13.7节，具体武备不详。

此外，特设炮舰第5章已经介绍，特设扫雷艇和特设驱潜艇的情况与前面的特设驱潜艇基本相仿。

望着这样的船舶阵，林赛判断仅靠他的9架飞机显然不够，就在无线电中向母舰呼叫增援。不知为何，这段通讯并没有被“企业”号的无线电员接收到。幸运的是，大队长扬中校听到了，不仅分配兵力赶来增援，还亲自通知母舰“夸贾林锚地目标需要重击”。

在增援到来之前，林赛还得先完成自己的任务。他一马当先，“吹起了进攻的号角”。他的运气要比霍平强，尽管速度缓慢，可是直到攻击实施，日军的防空火力仍然稀稀拉拉。除了夸贾林岛的防空火力确实不如罗伊岛和那慕尔岛之外，当地日军的措手不及也是一个因素。9架TBD-1排成整齐的队形，保持高度平飞，投下炸弹，并顺利地退出——根据日本方面的记载，从7时整至7时25分之间，这些水平轰炸机以三架或两架为单位，在2000－2500米高度，由不同方向进入，对“香取”号、“常磐”号、“平安丸”号、“靖国丸”号实施了逐艘轰炸。日军的防空火炮仅能发挥袭扰作用——美机毫发无损。

接踵而至

在TBD-1还没完成攻击之时，扬中校分拨的SBD-2机群就抵达锚地上空了。这些俯冲轰炸机比鱼雷攻击机取得了更大的战果。据说他们事先得到了情报，锚地内发现了日本的航空母舰。小伙子们十分兴奋，发誓要打沉在威克岛错过的东西。然而当他们在7时25分飞到现场，大失所望——那里根本没有什么航母，是清晨微光条件下，有几艘高干舷小舰岛的大型船只的身影近似航母而已。我们不知道这份情报何来，如果是林赛的观察，那确实有些丢人。

在SBD-2开始投弹前，日军的防御火力增强了，岸基的高射炮与锚地的船只共同发射弹幕。当然后者的火力比较稀薄，因为大多数商船改建的特设船只没有像样的防空武器和训练有素的人员。比如“平安丸”号使用150毫米火炮偶尔放两炮，没有安装机关炮和高射机枪的“东亚丸”号和“新玉丸”号竟然使用76毫米平射炮和步枪对空射击……日本船员也没适应战争的氛围，众多毫无防空意识的人员聚集在“平安丸”号甲板上围观美机的轰炸行动，直到甲板军官怒吼“甲板上的人，全部滚进船舱里去！”这才仓促钻进了舱室。

在美军飞行员眼里，日军使用了76－127毫米口径的高射炮弹，引信设置高度大约3000米，没有精确地指向空袭机群，而是覆盖了整个港区的天空。一些重型机关炮火力也漫无目标地瞎开火，只是声势吓人，对飞机没有多大威胁，反而是在浪费弹药。对美军飞机真正形成威胁的，是停泊在锚地中央的1艘“防空巡洋舰”。美军飞行员们判断这艘军舰拥有12门甚至更多的大口径防空炮和众多的小口径机关炮，至少是已被观察到的数量的一倍。令人啼笑皆非的是，这艘军舰根本不是啥“防空巡洋舰”，而是清水光美中将的旗舰“香取”号。根据前文可知，这艘军舰真正能用于防空的不过是1座双联装40倍口径127毫米高射炮和2座双联装机关炮而已（140毫米主炮虽然开火，但不具备高射能力，仅是虚张声势而已），与美军的描述大相径庭。但是，对比其他船只，这艘军舰的防空火力确实鹤立鸡群，卓尔不凡了。由此也可以看出，因战斗紧张造成的误判有多么严重。

对水面舰只的轰炸是在

日本商船“平安丸”号。

第6轰炸机中队中队长海军少校威廉·霍林斯沃思（William R. Hollingsworth）指挥下开展的。这位军官1903年9月6日出生于佛罗里达州小城米德堡，与麦克拉斯基同为安纳波利斯海军军官学校1926届毕业生。他继承了佛罗里达人的独有气质——活力四射，天性不羁，从不知何为疲惫，何为困难。他将SBD-2机群分成三支攻击编队，从大约4300米对水面目标进行俯冲轰炸，并要求轰炸完成后，机群分散撤退，以躲避防空火力。他自己身先士卒，选择了那艘最危险的“防空巡洋舰”作为目标，据称取得了1枚命中弹。因为这个勇敢的举动，令他在一年多以后获得了1枚海军十字勋章。同时，前述第6侦察机中队的分队长加拉赫，也回忆自己击中了这艘“防空巡洋舰”的舰尾。实际上“香取”号根本没有中弹，只是挨了几枚近靠弹而已。至于这些近靠弹中有没有霍林斯沃思或者加拉赫的贡献，那只有天知道了。

小威廉·霍林斯沃思。

在日本人眼中，美国人的轰炸还是挺有章法的。美机一共18架（这支持“企业”号官网的说法，但以日本人的视角，要精确数清目标是困难的），分成三队，每队6架。这些飞机在3000米高度以3－6架排成一列，先组成轰炸队形，然后下降高度以蛇形机动，躲避防空火炮，在大约1500米高度投下第1弹，之后以约70度角俯冲攻击，在约500米高度各机投下1枚炸弹。轰炸的目标分别是“香取”号、“常磐”号、“平安丸”号、“靖国丸”号及潜艇。其间，还有些俯冲轰炸机采用跟先前水平轰炸机相似的方式，在500－700米高度滑翔轰炸，主要针对防空火力薄弱的“平安丸”号、“靖国丸”号、“东亚丸”号、“新玉丸”号。美军的轰炸对日本舰只产生极大心理压力，比如“香取”号尽管受创不重，但为求安全，竟然切断锚链，紧急弃锚起航，准备出港躲避。

在轰炸完舰船之后，兴奋的美国飞行员没有马上撤离。他们中的不少人，只投下了机腹挂载的227公斤炸弹，还有2枚45公斤炸弹可以使用。此外，SBD-2机首的2挺固定7.62毫米机枪也能用于扫射。于是，机群分成两部分，一部分继续滑翔轰炸、扫射潟湖内的小型船只和大型水上飞机，一部分对着岛上的设施投弹、扫射。

7时45分，美军机群终于尽兴了，他们按照霍林斯沃思少校的部署，三三两两组成小编队撤退，最后在一条航线集中返航。幸运的第6轰炸机中队没有损失1架飞机，也无人受伤，仅有6架飞机被防空火力和榴霰弹击伤，但都不严重。

意外收获

在这次空袭中，美军第6鱼雷机中队声称炸伤了数艘船只。又根据第6轰炸机中队的战报，他们宣布击沉1艘2500吨的潜艇，击毁2架四发水上巡逻机，重创1艘大型货船、击伤1艘防空巡洋舰，使1艘大型货船起火，摧毁古盖杰岛上的4幢建筑和夸贾林岛上的2个小型仓库，扫射了3艘潜艇，几艘船，1艘满载人员的汽艇以及无线电站和海岸设施。

毫无疑问，美军的战果远没有如此辉煌。战报中提及沉没的潜艇有可能是“伊23”号潜艇。遭到攻击时，它的艇长柴田源一海军中佐前晚去“靖国丸”号参加作战会议，尚未返回，所以没有立即下潜，而是用25毫米机关炮协助防空。美机投下的炸弹在“靖国丸”号附近爆炸，由于“伊23”号停泊位置距离“靖国丸”号仅100米，弹片就在潜艇上方飞扬。一块弹片射入机关炮指挥官或是某个射手的颚部，切断了他的神经。由于受损轻微，它最后还是下潜成功，和当时潟湖内其他潜艇做的一样。另外，夸大的还包括击毁所谓四发水上巡逻机，因为埃贝耶岛的水上飞机基地只有零式和九四式水上飞机，而这些都是单发三座水上飞机。

当然，美军也不完全是吹牛，在这些战果之中，有一些是有迹可循的。综合日本方面的资料，前后TBD-1和SBD-2的两次轰炸，使“常磐”号命中1枚炸弹，3枚近失弹，造成8人死亡，10人受伤。另外有受损记载的还包括“靖国丸”号、“东亚丸”号和“新玉丸”号。“靖国丸”号舰尾附近落下3枚炸弹，舰体轻伤并起火——起火原因是一两块破片击中了后甲板下方的飞机弹射器，喷出了火焰，点燃了流出来的重油。后者是另一些破片击穿主油舱造成的。有日本人评论“运气好的人，也是运气差的人”。据说该船最下层运载了100条潜用九五式氧气鱼雷，如果真的取得命中弹的话，可能会摧毁这个锚地。“东亚丸”号受创细节不详，但返回国内进船坞维修。“新玉丸”号更是返回吴港，在那里修了3个多月才重返夸贾林环礁。

因为视角问题，还有美军飞行员完全不了解的重大战绩。一个是他们炸中了第6根据地队司令部，刚迎来52岁生日的司令官八代祐吉少将被当场炸死，首席参谋法元廉中佐重伤（两天后因伤重毙命），其他勤务人员多人死伤，整个司令部当即陷入瘫痪。如果有人以为这就是上帝保佑美利坚，那他错了，因为面积仅有3.1平方公里的夸贾林岛上，集中了第6根据地队、第6防备队和第6潜艇基地队的司令部，无论搁哪扔颗炸弹，总能炸到某一个，没有炸中才是咄咄怪事呢。八代是第一位在太平洋战争中阵亡的日军将领，日军给予了他及时的褒扬和抚恤，称其在海军服役的29年里“恪尽职守，功绩卓著”，按照程序追晋海军中将，位阶从正五位追升从四位，并给予抚恤金——这笔钱的计算方

日本商船“靖国丸”号。

式类似国内企业理论上的遣散费，是按照海军服役年限计月支付的。不同的是，月数需要折半。八代追晋中将后，一个月有483元3角3分的工资，服役29年折半是14.5个月，因此他的家属拿到了7009元。法元廉也按照程序追晋海军大佐，19年的服役史使得家属领到了3286元抚恤金。千金买马骨，这是做给活人看的，日本政府还需要将士卖命，去创造所谓的“大东亚共荣”呢。

另一个是美军飞机击伤了第6舰队司令长官清水光美中将。清水是长野县人，1888年3月16日出生，1908年毕业于海军军官学校第36期，在190名毕业生中居第23位，1921年又毕业于海军大学甲种班第18期。因为成绩优异，他走的是参谋出身的仕途之路，一路基本顺风顺水。他个性顽强，在担任海军人事局长期间，不顾周围人的反对，强势在海军中建立《短期现役军官制度》，为日本发动太平洋战争训练和储备了人才。出任第6舰队司令长官之后，清水又大力推动潜艇对夏威夷的特种袭击，促成了“甲标的”袖珍特种潜艇进入珍珠港作战。虽然未取得值得一提的战果，但塑造了九军神，在国内宣传上喧嚣一时[①]。现在，战争刚刚开始，他又只有五十出头，前景真是“无比灿烂”啊。然而就在这个早晨，他的美梦破灭了——不知哪架SBD-2投下的炸弹落在了“香取”号左舷附近，一块小弹片飞上了军舰，直接打进了清水的咽喉。他开始觉得有异物感，想把它吐掉，却没想到满嘴吐血。舰队军医长板仓骏海军军医大佐立刻进行检查，发现弹片卡在了通往心脏的动脉和神经之间，手术取出的成功率只有50%。虽然他没有立即毙命，但是连喝水都觉得疼，无法胜任指挥工作，不得不转移回国。2月9日，清水和“香取”号一起踏上归途。一个多月后的54岁生日那天，他将第6舰队司令长官之职移交给了小松辉久海军中将。

清水光美。

尽管第6根据地队司令部被炸失能，但夸贾林环礁乃至整个马绍尔群岛的日军没有因此陷入混乱。就在美军机群撤退前后，位于埃努布吉岛上的第6通信队通过电话联系司令部，得知了情况。通信队司令牛尾藤雅海军大佐果断地于8时10分发出电报，通知各部，自己暂时代理马绍尔群岛防御部队的指挥官。对于日军而言，这种接力棒式的意识是部队的常态，使他们迅速振作，准备迎接美军的第二次攻击。但牛尾的积极，也留下了一个隐患，将在不久的未来引起一番不必要的争议。

① 1941年12月7日（东）深夜，日本以大型潜艇运载5艘“甲标的”特种潜艇至珍珠港外，企图以此特种潜艇协助航空部队攻击。最终5艘“甲标的”全部沉没或失踪，而未能取得任何战果。搭载的10名乘员中，9人殒命，1人（酒卷和男少尉）被俘，成为开战后第一位日本战俘。日本海军隐匿此事，单将另9人封为“军神”，在国内大肆宣扬。

第十一章　成就菲薄

冒险起飞

当TF HOW在马绍尔群岛中部大显身手之际，TF FOX也揭开了南方战线的大幕。“约克城”号上飞机和飞行员的准备流程与“企业”号基本类似，只是在编队内多了一种更加躁动又紧张的情绪。相比在珍珠港上空与日本飞机交过手、在瓦胡岛打过潜艇，又参加过增援威克岛行动的“企业”号舰员，第一次投入战争中的他们嫩太多了。有不少没有战斗任务的舰员来到舰岛天桥，他们渴望目睹第一次战斗起飞的情景。这些置身历史之中的看客，带着一丝好奇、一丝兴奋、一丝莫名担忧、一丝不知所措。

1月31日（当地时间2月1日）清晨4时15分，“约克城”号上发布起飞准备命令，32架飞机在清空的飞行甲板排列完毕，飞行员们开始登机——与“企业”号上的排列不同，是俯冲轰炸机在前，鱼雷攻击机和战斗机在后。此时，天气没有好转的迹象，反而比气象军官斯特兰奇发布的天气预报更为糟糕，让人沮丧。对于当时的天气，美国方面有两种记载，其一说在黎明之前，夹杂着乌云的阴霾遮蔽了水平线，到月落时分，已无法分辨水天的分界。其二说月亮落下之际，云雾遮蔽了月亮，使得水平线附近可视条件不错，但更高处光线满散，显得更为昏暗，不利于飞机的编队。作为非亲历人的笔者，难以判断两种说法的真伪，也可能这是舰员和飞行员不同观察位置的结论。但有一点是相同的，舰队西北方向（通向贾卢伊特环礁）布满了狂风与闪电，仿佛魔鬼地狱一般——冒险一搏还是就此打退堂鼓呢？留给弗莱彻的时间不多了，他必须尽快做出抉择，否则将丧失与TF HOW的协同攻击机会。

弗莱彻很快做出了正确的决定。4时52分，“约克城”号摇晃着巨大的躯体，掉头东北航向，开始迎风放飞。第一批是第5轰炸机中队的17架SBD-3“无畏”式俯冲轰炸机，每架飞机机腹挂载了1枚227公斤炸弹。需要说明的是，这个中队刚换装这种SBD最新的改进型，据说为了获得更大的航程，他们又放弃了拥有更好防卫能力的防漏油箱——部分SBD-3与第5侦察机中队的SBD-3做了交换。为此中队长海军少校罗伯特·阿姆斯特朗（Robert G. Amstrong）身先士卒，包括大队长斯迈利在内的另16架尾随其后——他们都顺利起飞。

接着是第5鱼雷机中队的11架TBD-1“蹂躏者”鱼雷攻击机（不知为何缺了1架）。它们都在机腹挂载3枚227公斤炸弹，将和俯冲轰炸机一起编队，轰炸贾卢伊特环礁。这些TBD-1的起飞没有难度。

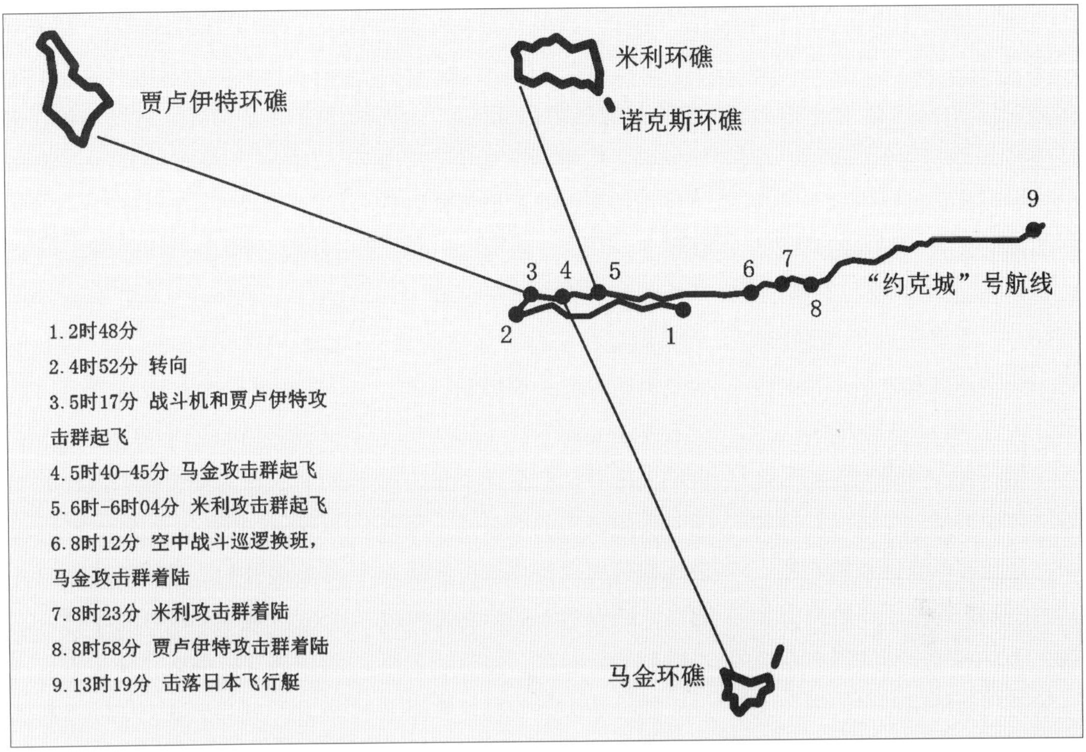

“约克城”号航母袭击诸环礁示意图。

装备炸弹出击的第5鱼雷机中队。

最后是4架F4F-3“野猫”式战斗机，它们分成两个编组，将承担早晨的空中警戒任务。到5时17分，最后一架F4F-3飞离了飞行甲板，消失在不远的夜空——此时航母的位置是北纬5度01分，东经171度48分。这里距离贾卢伊特环礁、马金环礁和米利环礁的距离分别为140、127和71海里。

第一批飞机全部起飞之后，“约克城”号转向东南航向，避开迎风浪的位置。舰上3台飞机升降机又开始努力工作，上下往复，将第5侦察机中队的14架SBD-3“无畏”式俯冲轰炸机（其实有一部分是第5轰炸机中队的飞机）提升到飞行甲板。在地勤人员的帮助下，它们在飞行甲板尾部重新排列齐整，每架同样在机腹挂载1枚227公斤炸弹。这些飞机将分成两支部队，分别轰炸马金环礁和米利环礁。

这一波次的起飞比第5轰炸机中队更令人担心，因为第5侦察机中队是在1941年12月，直接从SBC-3型俯冲轰炸机换装SBD-3型的。但是，事实证明担心只是虚妄——5时40分，“约克城”号再度转回东北航向，在5分钟以内，攻击马金环礁的9架SBD-3全部安全升空，向偏南方飞去。6时－6时04分，最后5架SBD-3也顺利冲入昏暗天幕，朝正北微微偏西进发。至此，TF FOX的攻击波尽数出击，“约克城”号飞行甲板恢复了空旷与宁静，往后就是耐心等待各队成果了。

相较“企业”号的起飞，全部都是在夜幕中起飞的第5航空大队看起来要顺利得多，没有发生一起事故。而从起飞次序安排看，弗莱彻也想达成同时发起攻击的效果——距离最远的贾卢伊特攻击机群最先起飞，航程最短的米利环礁攻击机群最后起飞。但与哈尔西大胆地将手头战斗机尽数遣出不同，弗莱彻还保留了大多数战斗机作为底牌。显然，他要掌握更多的战斗机轮替或者随时增援，这既是因为情报显示，日军在当地防卫力量有限，也是出于对第42战斗机中队的不够信任。这种不信任来源于三个方面。其一，第42战斗机中队的前身是1928年成立的第1B侦察机中队（VS-1B），1931年4月改名第1S侦察机中队（VS-1S），1932年7月恢复原名，1937年6月1日又改名第41侦察机中队（VS-41）。作为侦察机部队，长期以来一直装备水上侦察机或侦察轰炸机，直到1941年3月15日才换装F4F-3战斗机，改编成战斗机中队，换装不足11个月。其二，在1934年8月以前，第1B、第1S侦察机中队均部署于小型航母“兰利”号（CV-1 Langley），之后第1B侦察机中队、第41侦察机中队

1941年11月，“约克城”号上的地勤人员正在维护F4F-3的发动机。

则以小型航母“游骑兵”号（CV-4 Ranger）为母舰。自1941年6月29日起才编入第5航空大队，跟随“约克城”号作战，配合程度也相对较低。其三，该中队的预备役飞行员相对较多。从圣地亚哥港出发后出现一系列事故，与此三点有莫大关系，使得中队的战斗能力受到怀疑。故而，弗莱彻的谨慎是有相当根据的。

一点收获

在出发的三批飞机之中，攻击马金环礁的一队是最早抵达目标上空的。他们的领队是第5侦察机中队中队长海军少校小威廉·伯奇（William O. Burch，Jr.）。这个绰号“比尔”，有着瘦削长脸和大鼻子的家伙是肯塔基州人，1904年6月27日出生在帕尤迪卡，一座有着洪水记忆和诸多音乐流派源头的小城。他家人丁兴旺，有4位兄弟和6位姐妹。1927年，他毕业于安纳波利斯海军军官学校，起初在水面舰队服务，1930年申请去彭萨科拉基地学习飞行，后来长期在侦察机部队服役，还做过两年基地的飞行教练军官。当天，他带着9架SBD-3，于6时30分飞抵了马金环礁——当地正笼罩在一场暴风雨之中，可是完全不影响空袭。

二战时所谓的马金环礁实际包括了如今的马金环礁和布塔里塔里环礁。前者位于吉尔伯特群岛北端，南北长东西宽，北部环礁较大，看起来就像一个勺子。环礁内的潟湖基本由5座小岛填满，面积仅0.3平方公里，岛屿总面积7.9平方公里，最大的是北部的小马金岛，面积6.2平方公里。后者位于前者西南方，形状略似日本北海道，其中有开阔的潟湖，面积191.7平方公里。岛屿集中于东、南、西侧，总面积13.5平方公里，从西南向南延伸的布塔里塔里岛是主岛，而前文所提及的比卡提岛位于西北角。

有关马金环礁的发现与沦陷经过，前文交代已详，这里不作多言。单说日军占领当地后，迅速在这里（即布塔里塔里环礁）建成一个水上飞艇基地，抽调横滨航空队一支飞行艇分队（3架飞行艇）进驻，实施巡逻警戒。分队指挥官是海军大尉坂本勇，冈山县人，

马金环礁示意图

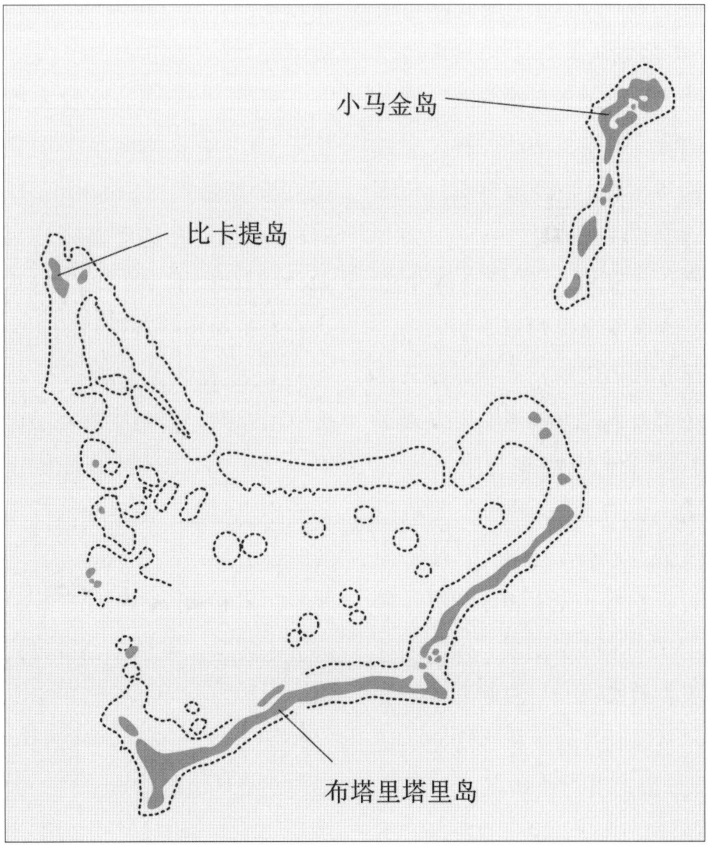

毕业于海军军官学校第64期。当美军前来空袭时，共有2架飞行艇系留在潟湖内，第3架已于5时52分起飞，执行当天的侦察任务去了。潟湖内还停泊着1艘特设炮舰“长田丸”号。它本是近海邮船株式会社在1936－1937年建造的货轮，用于北海道航线，1939年8月转给日本邮船株式会社。1940年9月14日（东），该轮被日本海军征用，改装成特设炮舰，安装120毫米火炮4门，13毫米双联装和7.7毫米单管高射机枪各1座，深水炸弹投射器和投放台各2座。1942年1月15日，该舰随第8炮舰队改隶第6根据地队，并于当天抵达当地，运来了飞行艇分队所需的粮食、航空汽油和炸弹。完成卸货之后，它留驻环礁，负责海面警戒与防卫。

由于视角差异，战争的双方总是会误判对方的力量。早在攻击之前，太平洋舰队司令部就通过无线电监听发现了日军水上飞机进驻了马金环礁，但夸大为1艘水上飞机供应舰与7架水上飞机。伯奇少校抵达后，从约300米爬升到约3700米开始观察。他发现情报大致准确——潟湖里停泊着“关东丸”号飞机运输船，还有2架四发川西H6K九七式飞行艇。他对于船只的数量、飞行艇的数量及型号判断准确，但是把船只型号判断错了。“长田丸”号长93.1米，宽13.8米，2969总吨。或许暴风雨影响了这个老侦察机飞行军官的判断，把它与长140.2米，宽18.8米，8606总吨的“关东丸”号弄混。

伯奇首先选择“长田丸”号军舰下手，从约3700米高度俯冲而下。他的座机立即遭到了“长田丸”号上120毫米火炮的反击，但这种老式火炮的射击准头很差，几乎“偏差数英里”。于是，毫无顾忌的伯奇瞅准机会投下炸弹。据美军的观察，炸弹直接命中，并造成甲板上一团混乱。

紧随其后的是比伯奇整整晚10年毕业的海军上尉斯托克顿·斯特朗（Stockton B. Strong）。他是华盛顿特区人，1916年8月19日出生。这个有着长脸和一双挑眉的英俊青年，瞪着眼睛看着目标，投下了炸弹，据说也取得了命中。剩下的7架俯冲轰炸机投弹就差了一筹，都是30米范围内的近失弹，但因为间隔时间较短，不断激起的水柱几乎遮蔽了这艘船，甲板上也冒出火焰。

“长田丸”号则声称遭到6架美军战斗机的围攻。它一共对着空中发射了22发120毫米炮弹，但是没能对美机构成威胁。而美机投下的炸弹，也只有1枚命中，击中了舰体后部3号舱的左侧，造成外9米长的舰壳破损，甲板拱起，严重进水且舰内起火，4号炮台无法使用，轮机设备失去作用，根本无法航行。

接着，伯奇带领机群绕向南方，并将注意力放到水中的2艘飞行艇身上。用其前射12.7毫米机枪迅速打着了其中1架。这架飞行艇上没有任何士兵，但是艇内已经加注了航空汽油和挂载了炸弹，所以美机的机枪子弹引爆了汽油，汽油又引爆了炸弹，将这架编号44的飞行艇炸了个粉碎。

另外8架尾随长机发起攻击，尽力去摧毁第2架。但没有看到起火的迹象。然后，伯奇急了，在无线电中召唤海军

小威廉·伯奇，右上角为小特纳·考德威尔。

上尉小特纳·考德威尔（Turner F. Caldwell，Jr.）（中队6号机），命令他“结果那架飞机！”来自宾夕法尼亚州纳伯斯小镇的考德威尔，1913年11月17日出生，1935年毕业于安纳波利斯海军军官学校。他与队长伯奇一样是盎格鲁－撒克逊人的后裔[①]，为人善良而微微有些腼腆，在接到命令后迅速遵照执行。

就在伯奇下达命令之前，坂本大尉已经发出了基地遭到“9架美军战斗机”攻击的电报——显然他把这些会扫射的飞机当成了战斗机，日本人根本不了解，美国的俯冲轰炸机竟能这样攻击。看着美机稍稍远离，以为他们的攻击暂时结束了，让比自己低两届的学弟米井克己海军中尉带着飞行员去发动飞行艇，尽快离开此地。当米井与其他6名飞行员、2名搭乘人员乘坐小艇离岸，登上飞行艇之后，考德威尔的SBD-3扑过来了。1名日本射手操纵自卫机枪对他射击，他立即调整状态，用12.7毫米机枪弹准确地射入敌飞行艇，击毙了日军射手。几秒钟之后，这架巨大的九七式飞艇突然爆炸，“化作一个巨大的火球”。坂本的好心却害了部下，包括米井在内5人被毙，另4人受伤。

当考德威尔扫射飞行艇时，伯奇所率领的主力又发现那艘受创的飞机运输船试图进入浅水区冲滩搁浅。事实上，“长田丸”号已经丧失动力，所以这应该是误判。美军飞行员不肯放过它，又飞过去，对其进行扫射。很快，“长田丸”号上射击的防空火力沉寂下来。后来伯奇回忆这段时，兴奋地说：“我们把她干得千疮百孔！”确实，“长田丸”号上损失惨重，它无法自己修复，舰上还有3人战死，15人重伤和13人轻伤。尤其难忍的是，舰上的唯一军医官，一名军医中尉左眼负伤，成了独眼龙，根本无法为伤员提供救治服务。在美军飞机离去之后，“长田丸”号舰长篠田良知海军预备役少佐不得不直接致电第6根据地队司令部，请求派遣军医支援。

几无所获

带队攻击米利环礁的是伯奇的助手，第5侦察机中队副中队长海军上尉小华莱士·肖特（Wallace C. Short，Jr.）。他1909年3月26日出生在纽约州北部的马龙镇，是安纳波利斯海军军官学校1932届毕业生。他有着宽大高耸的额头和深邃的双目，显示出聪明过人的特点。然而这一特点在当天毫无作用，因为他们幸运地遇到了良好舒适的天气，一路顺风，而抵达之后又发现整座环礁看起来没有什么值得攻击的目标——自6时35分米利环礁出现在肖特眼中，他就带着5架SBD-3从约600米的高度爬升到约3700米，借助环礁东端的一排云的掩护，仔细观察岛礁。所有人都没有发现任何日本人在当地施工、建造基地的明确证据。有人看到了棕榈林中有一条小径的痕迹，暗示可能存在一个新造中的机场。他们还看到了一堆木材，但没有重型武器。唯一值得攻击的是一幢仓库式的建筑。于是，刚才还在庆幸自己运气极佳的美国飞

小华莱士·肖特。

① Burch和Caldwell两个姓氏均来自盎格鲁－撒克逊人。

行员们，个个如同泄了气的皮球——他们恍然醒悟，战争中的风险与收益是成正比的啊。

是的，在米利环礁，日军并没有成规模的部队。这座环礁位于拉塔克群岛的南端，北面和西北面是阿尔诺环礁、马朱罗环礁，东南是群岛最南端的诺克斯环礁。环礁由92个岛屿构成，面积14.9平方公里，是仅次于夸贾林环礁的马绍尔群岛第二大环礁，但潟湖要小得多。岛屿平均海拔约3米。1803年，英国商船“罗拉”号（Rolla）运送犯人前去澳大利亚的新南威尔士州，返航去广东运货的途中，发现了几座小岛。这通常被认为是欧洲人发现米利环礁的证据。第四章中所述的“地球”号捕鲸船与“海豚”号纵帆船的事情就发生在这一带。日本海军在马绍尔群岛大兴土木之后，米利环礁西南端的米利岛被认定适合建造机场。1940年4月，日本海军机场建设部队开始进驻，并一直秘密施工。那么肖特等人为何没能从空中发现机场的痕迹呢？因为机场基本建筑的隐蔽相对容易，而机场跑道在施工中需要大规模平整土地，很难做到保密，所以最大的可能是工程进度十分缓慢。

米利岛也未能建成具体的防卫设施。当天在岛上，只有一座特设观察哨，还是隶属马洛埃拉普环礁陆地防备队管辖的，象征性地驻扎着几名海军陆战队第52警备队的士兵。他们主要任务是监视和观察海空情况，仅装备有限的轻武器。

尽管目标价值低劣，但攻击还是要实施的。肖特便以仓库建筑为目标，俯冲投弹扫射。其他飞机也各自找寻目标。其中海军预备役中尉亚瑟·唐宁（Arthur L. Downing）（第5轰炸机中队7号机）选择了一对小型罐状物投掷炸弹，他认为可能是日本人的储油罐。但炸弹爆炸之后，没有出现任何火光，随后看到大量土著人惊慌失措地朝四面八方逃窜。一头雾水的他判断，他轰炸的应该是当地土著人的储水罐——或许在这些土著人的神话传说里，有一天，天神为了惩戒他们的贪婪和对神的亵渎，派了几头神鸟来摧毁饮水设施。

由于当地日本驻军不多，没有留下任何资料，后人无从知悉在美军轰炸中的日军有什么举动，美机轰炸的真实效果如何。但随着肖特返回母舰，带回关于米利环礁的情报，弗莱彻就更没有理由去执行什么炮击计划了。对于米利环礁的攻击，就此终止。

第十二章　一团乱麻

不成形的编队

马金环礁和米利环礁的有限成果是美国人能够接受的，他们的注意力主要放在了对贾卢伊特环礁的袭击上。然而，他们最担心的天气问题还是严重影响了攻击机群的行动。在刚刚起飞之后，机群就遭遇了一个小风暴，正在摸黑进行队形编组的战机顿时散乱不堪。为了避免风暴影响，机群降低到约150米高度，但带队的大队长斯迈利完全丧失了对队伍的控制。他在报告中无奈地描述："所有的飞机都没有集合，一些独立地飞到目标。对于大队和中队指挥官来说，无法做到让全体飞机编组成队，一起出发。"

斯迈利的描述基本差不多，但也不完全准确，至少第5轰炸机中队还是组织起了一支像样的队伍，这与中队长阿姆斯特朗少校有莫大关系。他全名罗伯特·戈登·阿姆斯特朗，1904年4月21日出生在内布拉斯加州韦克费尔德城一个苏格兰人后裔的家庭[①]，为家中长子，父亲是一名牧师。他有着清癯的脸庞、短短的鼻梁和一弯性感的小胡子，颇有几分神似指挥不列颠空战的英国空军元帅苏格兰人休·道丁。而牧师父亲和来源于某个神秘苏格兰祖先（可能是贵族）的"戈登"赋予了他严肃认真兼有绅士风度的气质。他1926年毕业于安纳波利斯海军军官学校，后来学习飞行成为航空军官。跟大多数人一样，这是他第一次投身真正的战场。阿姆斯特朗正常起飞后，飞行了4分钟，然后准备转向攻击航线。他调暗尾灯和编组灯，向右兜了一个大圈，在"约克城"号航母右侧平行飞行。其间，轰炸机中队第1小队的大部分加入他的编组，组成松散的队形。随后，他再次做了个简单的右转，与"约克城"号航向相反。此时，大约有15架飞机跟随。他相信，这就是他的全部力量了。

接下来，阿姆斯特朗在"约克城"号右舷连续做了一两个简单的右转弯，以等待第6鱼雷机中队的加入。按照常理，这些TBD-1应该在"约克城"号航母左侧完成集合编

罗伯特·阿姆斯特朗。

① 韦克费尔德的名字也源自英格兰北部同名城市，可能当地的同名者来自英格兰北部。

组了。就在他连续右转等待期间，看起来好像是有一部分鱼雷攻击机加入了，但不是完整的中队。之后，一切沉寂了下来，没有新的飞机加入。

在空中又白白烧10分钟燃油之后，阿姆斯特朗仍然不死心，他主动向左兜了个大圈，穿过“约克城”号的舰首，期望能找到鱼雷机主队。他一直飞到航母左舷前方适当的位置，才开始左转，然后看见了可能是TBD-1的灯光，却依然没有飞机来和他会合。到5时35分，他无法等下去了，率领现有机队启程。就在5分钟后，他发现灯光出现在身后，这或许是一部分或全部鱼雷机中队。负责的他再次掉头做了个大范围的左转，可迎接他的依旧是失望。

这次转向之后，阿姆斯特朗继续朝贾卢伊特环礁飞行。此时，在他眼中，编队大约有22－23架飞机。其中有一架飞在他的右前方——后来他才知道，那架飞机的驾驶员就是沮丧的大队长斯迈利。

阿姆斯特朗的编队到底带了多少飞机，现在已经查不清了，但有一点，第5鱼雷机中队的状态要比他们更悲催。鱼雷机群的领队是中队长海军少校约瑟夫·泰勒（Joseph Taylor）。他1906年7月23日出生于伊利诺伊州小镇韦斯特维尔，1927年跟第5侦察机中队的伯奇少校一起毕业于安纳波利斯海军军官学校，如今又同舰为官，共同带队执行任务。他并不知道，晚于他起飞的伯奇旅途顺利，他只知道自己成了孤家寡人——从起飞后，他就没能与斯迈利本人或者俯冲轰炸机队建立联系，也没有看见自己的任何一个部下。他只能孤零零地朝着目标飞去。在黑暗中，他或许想起了家乡的故事——1928年9月21日，云淡风轻，在韦斯特维尔镇举行了一场高中美式足球常规赛的夜战。那天，比赛全程在灯光的照明下进行，是美国高中美式足球比赛的第一次，占据主场之利的韦斯特维尔高中以26比6痛宰客队米尔福德高中，至今仍为家乡人津津乐道。如果他的鱼雷机队能在灯光照明

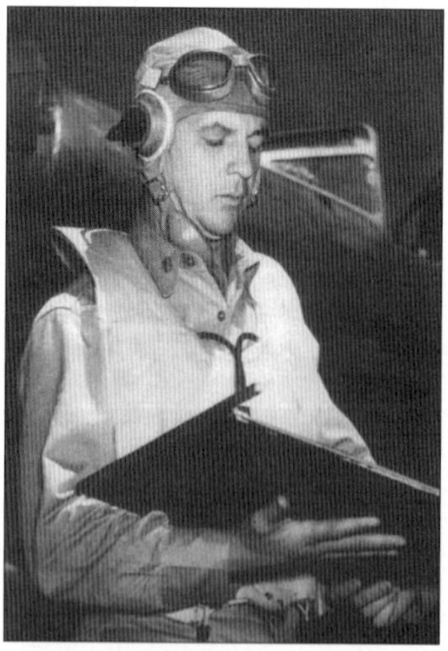

约瑟夫·泰勒。

下编组，伴着家乡的风浩浩荡荡地出发，那是多美的一件事情啊，可惜这只是一种妄想而已。

风雨无阻

对于贾卢伊特攻击机群来说，起飞组队的失败，只是苦难征程的开始，接下来的八十一难会一个个降临，折磨这群可怜的人。

阿姆斯特朗的机群出发之后，保持着大约210公里/小时的航速和120－180米的飞行高度。使用这么慢的巡航速度是为了照顾“跟随”的TBD-1，后者只有用这样的速度才能确保有足够的燃油返回渐行渐远的“约克城”号。当然，阿姆斯特朗和队友根本看不到他们照顾的对象，他们只是幻想那些鱼雷机在后面某处跟随前进。

起飞半个小时之后，美国机群迎头撞进了一个特别猛烈的风暴里，队形变得更加分散。斯迈利看着昏暗夜空中分散和摇摆不定的灯光，记述道“新的形势让机群编组被打散了，以后再也没超过‘组’的编队”（俯冲轰炸机和鱼雷机通常以三机为一组）。似乎斯迈利的记述总与阿姆斯特朗机群的情况对不上，后者认为，

“约克城”号飞行甲板尾部排队的TBD-1，照片摄于1940年。

当他在6时27分抵达贾卢伊特南端时，还是大队人马前呼后拥。

进一步接近贾卢伊特环礁，并不是件容易的事，因为这里还有一个巨大的暴风雨在等着美军机群。空中雷声大作，片状闪电划过机群，暴雨直接朝飞机上倾倒下来。苦苦挣扎的飞行员们无力操纵飞机，纷纷选择仪表飞行。为了避开险境，有的飞机爬升到大约3350米，有的则降低到仅有约莫15米高度，本就不成形的机群更加零散而不可收拾。

阿姆斯特朗这次的运气就要好一点了。他在接近时，注意到黎明即将到来，更高的云层开始放亮，他决定爬高到薄云之上，以避免被当地日军过早察觉。他已经使用仪表飞行了50海里，现在加大油门以每分钟91米的速度爬升。当他升到薄云之上时，突然与大雷雨云狭路相逢。尽管随着高度升高，大雨不断增强，但是他一直坚持航向不变，爬升了整整2分钟。之后，他在雨中看到两团明亮的闪光，判断这是闪电，这才转而向下暂退。他保持大约280公里/小时的速度，在3分钟后从大约210米高度破云而出。这时，他才发现，跟在他身后的只剩5架SBD-3飞机了。然而上帝总是公平的，一惊之后便是一喜——贾卢伊特环礁的南端也出现在阿姆斯特朗座机机首右侧半海里之外。他立即左转远离岛屿，以获得进入攻击航线的空间。

现在，福尔图娜女神伴着阳光降临到阿姆斯特朗机队了。在雷雨区里挣扎时，黎明已经到来，而现在，他们幸运地进入了一个大约3海里宽的明亮区域。此处没有暴雨，风也不是特别大。阿姆斯特朗看见远处相当距离以外，有两个巨大的雷雨云，正在西北至东南线上延伸。他冷静地判断，从环礁西部进入比较适当。他开始在无线电中呼叫队友，通知对方自己已经抵达目标，要他们与自己一起合作攻击。可是耳机内一直没有回应，仿佛他与队友被雷雨云所隔绝一般。

阿姆斯特朗没有浪费时间。他向东南方向爬升，七八分钟后调转机首，逆向从2400米高度切入环礁西部。就在航向改变的同时，他发现在自己下方1200米高度上还有2架SBD-3。虽然那些飞行员没有听到他在无线电里的呼叫，但看到了他的座机，也跟了上来。

随着一点点接近目标，阿姆斯特朗发现从东北方向吹来的风比预想的要大得多，而且厚重的云一直掩盖到环礁西部。在风云的阻碍下，他花了更长时间进入攻击点，直到7时整才完成。

阿姆斯特朗机队是第一个抵达环礁上空的，但不是唯一一批。从7时到7时50分，三三两两的SBD-3和TBD-1陆陆续续突破风雨云的阻隔，出现在空中。也有未能出现的，如海军预备役中尉迈伦·菲谢尔（Myron P. Fishel）的SBD-3自离开“约克城”号起就无人看见，他和他的无线电报务员兼机枪射手一级无线电军士L.科斯特洛（L.W. Costello）宣告失踪。第5轰炸机中队副中队长海军上尉乔治·贝林杰（George L. Bellinger）的座机最后被人看见是在飞往贾卢伊特环礁的途中，之后这个“高个、年轻、有才华”的年轻人便与无线电报务员兼机枪射手一级无线电军士D.麦基洛普（D. MacKillop）一起消失在茫茫大海里。另外，还有1架TBD-1在暴风雨中出现机械故障，没有飞到目标就不得不返航……因为恶劣的天气条件，以及分散的队形，没有人能看清整个机群的情况，所以实际有多少飞机抵达贾卢伊特环礁已经无法统计了。据海军情报人员的推测，可能有15架SBD-3和6架TBD-1抵达了目的地——他们终于要展开攻击了。

外紧内松

当稀稀拉拉的美军飞机临空之时，机腹之下的贾卢伊特环礁还是一片宁静。这座环礁位于拉利克群岛的南部，由91座岛屿组成，陆地面积11.34平方公里，其中最大的岛贾卢伊特岛独占10.4平方公里，潟湖面积690平方公里。它跟米利环礁一样，都是1803年被英国商船“罗拉”号发现的。第四章已经详述其被日本夺占的经过。被国联授予日本托管之后，日本撤出了当地的驻军。20世纪30年代末，重新大规模修建军事设施。按照日本海军的规划，当地是重要的海军舰队与航空基地，将建设5000吨重油库与5000吨航空汽油库。1940年1月至1941年，重油库建成。因为建设力量不足，陆基机场未能开工，航空汽油库仅于1941年开建2座200吨级的。1939年2月至1941年3月，位于伊密埃吉岛的水上飞机基地落成，成为马绍尔群岛侦察航空力量的中心。海岸火炮也与沃特杰环礁的规模一致，3座分炮台，每座设3座双联装八九式127毫米高射炮。1941年11月8日（东），炮台完工。此外，1937年还建成了马绍尔群岛唯一的无线电测向定位设备。

贾卢伊特环礁示意图

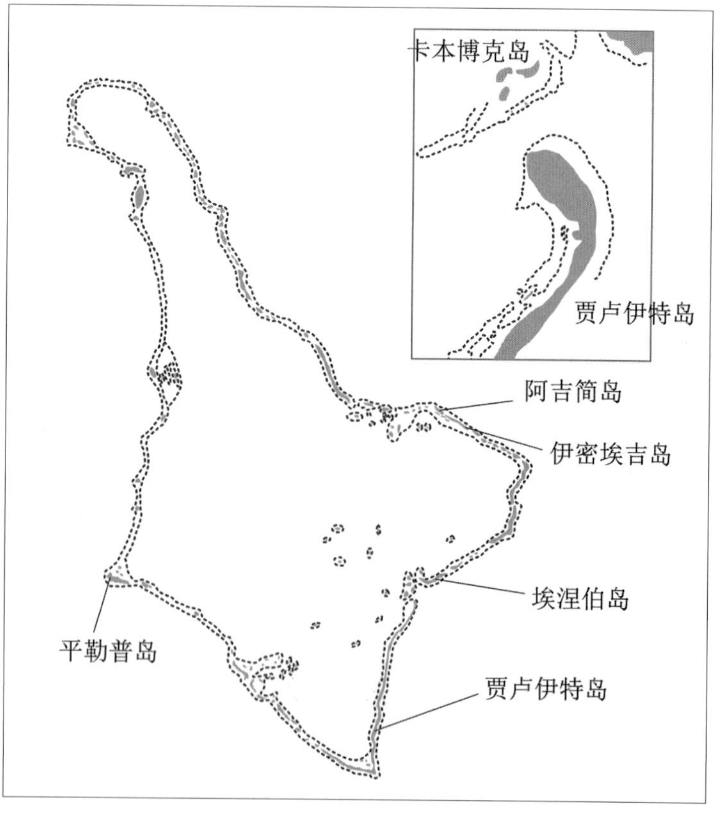

陆海防御部队也陆续于1941年8－12月进驻。陆地防卫部队包括第51警备队司令千知波长次海军大佐（毕业于海军军官学校第37期）管辖下的海军第51警备队、第6防备队1号炮台、1个特设瞭望哨（部署于西南方的埃崩环礁）、3艘特设监视艇、3艘辅助监视艇和1艘特别征用艇。

海面防卫部队包括第8炮舰队的主力（2艘特设炮舰）、第65驱潜队（1艘特设拖网艇、2艘特设驱潜艇），统归毕业于海军军官学校第38期的第8炮舰队司令坂野民部海军大佐指挥。其中驱潜队的军舰吨位、装备跟其他环礁的基本一致（旗舰“宇治丸”具体情况见第五章），特设炮舰“生田丸”号与米利环礁的“长田丸”号属同型商船，战术数据完全一致。但是两舰命运不同，“生田丸”号1936年6月开工，当年12月28日（东）完成，1937年9月5日（东）即被海军征用，参加侵略中国的行动，1938年12月归还。1939年8月转属日本邮船株式会社，1940年10月1日（东）再次征用，在鹤见港改装成特设炮舰。另一艘特设炮舰“大同丸”号是浦贺船厂为大阪商船株式会社建造的客货两用船，船长90.0米，宽13.7米，最大吃水7.2米，2962总吨（亦有资料认为只有1724总吨），装1台2000马力发动机，最大航速13.9节。1935年7月开工，当年12月3日（东）建成，1940年9月15日（东）被征用，安装了3门120毫米火炮，1座双联装13毫米和1座单管7.7毫米高射机枪，深水炸弹投射器和投放台各2座。两舰交替在贾卢伊特岛与伊密埃吉岛附近停泊、巡逻。

除了海面防卫部队，潟湖内还停泊着1艘特设飞机运输船“关东丸”号（尺寸数据见前一章）。这艘船在1929年10月－1930年9月建造，原属岸本汽船株式会社，交大阪商船株式会社承担菲律宾经日本到纽约的航线，后又转属原田汽船株式会社，承担日本到南非航线。1941年8月9日（东）被海军征用，同年12月完成改装，武备细节不详。1942年1月，该船进抵贾卢伊特环礁。

进驻伊密埃吉岛的航空部队为横滨航空队和第19航空队分遣队。1936年10月1日（东），前者在横滨市根岸区成立，装备12架九七式飞行艇。目的是为了能在华盛顿条

“关东丸”号存世照，右上为炸中其船尾的威廉·盖斯特。

约过期后，及时进驻南洋诸岛，在陆基机场建成之前，以水上飞艇承担航空警戒任务，实现航空侦察力量的平稳过渡。为了早日适应任务环境，在部队成立后，直接将所辖的飞行艇借给大日本航空，用于南洋航线的运输。1939年11月15日（东），横滨航空队配属第4舰队，负责内南洋水域的航空侦察。1941年1月15日（东），又正式隶属第4舰队。同年11月28日（东），航空队扩编到24架飞行艇，在横井俊之海军大佐的率领下，以战备状态进驻伊密埃吉岛水上飞机基地。开战之后，先派出分遣队常驻马金环礁。对俾斯麦群岛进攻开始后，航空队司令部与主力11架西移特鲁克。除了前述调动以及损耗之外，基地一共还保留6架飞行艇，由中队长小泉实三郎海军少佐指挥（他也是整个伊密埃吉岛航空基地指挥官）。九七式飞行艇为川西公司设计生产，机长24.6米，翼展40.0米，机高6.3米，空重11707公斤，最大起飞重量21500公斤。机翼安装4台金星43型空冷发动机，单台输出功率1000马力，最大飞行时速340公里，最大续航力3778海里。武备1门20毫米

九七式飞行艇。

机炮、4挺7.7毫米机枪，可挂载2条鱼雷或250公斤炸弹4枚或60公斤炸弹12枚。机组乘员9人。这是一款性能不错的远程侦察机，可在海面起降、系留，只是机体过于庞大，自卫能力较弱。

第19航空队分遣队也是开战前抵达基地的，分遣队由柳泽八郎海军大尉指挥，装备九五式双座水上飞机6架。这种水上飞机是中岛公司设计生产的，机体长8.8米，翼展11.0米，机高3.8米，空重1320公斤，正常起飞重量1900公斤。机首安装1台中岛寿2改2型空冷9汽缸发动机，输出功率630马力，最大飞行时速299公里，实用升限7270米，最大续航距离864海里。武备为2挺7.7毫米机枪，可携带2枚30公斤炸弹，机组乘员2人。主要用于近程侦察警戒。

贾卢伊特环礁的守备力量，特别是侦察力量十分充足，但当地驻军实际警惕性不高。由于正在俾斯麦群岛方向扩张，大部分注意力都投诸该地，马绍尔群岛自身近乎忽视状态。特别是早晨气象不良，就连侦察力量都没有出动，谁也没想到狼——美军机群竟然从暴风雨中钻出来了。

执着攻击

据美军事后分析，贾卢伊特攻击机群中第一个投弹的是第5轰炸机中队的海军上尉威廉·格斯特（William S. Guest）。这位容貌俊朗的飞行员来自佐治亚州的罗马市，1913年7月3日出生，是安纳波利斯海军军官学校1935届毕业生。作为一个浓厚民主氛围和教育文化培养出来的战士[①]，他充满闯劲和对邪恶的仇恨。他掠过潟湖锚地上空，投下的

① 罗马市自1918年起，以一个选举出来的委员会管理市政。委员会包括9名城市委员和5名教育委员。

炸弹命中了一艘辅助船只尾部，引起了大火。

随后轮到阿姆斯特朗统率最大的机群。由于雷雨和厚云遮盖了大部分环礁，所以他花了相当一段时间才抵达锚地，又一度无法判断船只停泊的具体位置。后来，他看见锚地中部的一艘像是商船或供应船的船只，尾部正在燃烧——这正是格斯特炸中的那艘船。附近还有多艘不明小型渔船和巡逻船。于是，他从2700米高度穿越厚厚的云层，对准尾部燃烧的那艘船俯冲下来。就在俯冲时，该死的整块风挡玻璃和瞄准具中的大部分区域都起雾了，他完全看不清目标，只能凭感觉投下炸弹——当然没有命中，落在该船的左侧正横约30米以外。紧接着，追随他投弹的僚机海军上尉约翰·尼尔森（John L. Nielsen）同样落空了。另一位僚机海军上尉约翰·鲍尔斯（John J. Powers）也遇到了类似的风挡玻璃和瞄准具起雾问题，于是他在天空整整盘旋了20分钟。由于状况始终没有改善，他只好估算着自己的位置，并依据阿姆斯特朗和尼尔森的炸弹落点修正，投下了炸弹——仍然没有命中。他向东北角撤退，并扫射了岛上一幢建筑物。

其他俯冲轰炸机飞行员也好不到哪去。海军上尉塞缪尔·亚当斯（Samuel Adams）的编组尾随中队长投弹。亚当斯和僚机海军预备役少尉内尔斯·博格（Nels L. A. Berger）都没有命中。另一架僚机海军预备役少尉戴维·贝里（David R. Berry）退出了攻击，自己选择了岸上一个像兵营似的目标。尽管他的无线电报务员兼机枪射手一级无线电军士G.曼斯菲尔德（G.H. Mansfield）报告炸弹命中了目标，但贝里自称没有看到这一幕。

“约克城”号上给SBD-3加油。

在完成了对锚地的攻击后，阿姆斯特朗上演了一把孤胆英雄。他退出俯冲后，以积累的动能高速飞向海峡口上的卡本博克岛，向一切视线内可能的防空设施扫射。在接近300米的高度，他看到地面上没有人活动的迹象。然后，他又飞向埃涅伯岛顶端，据说那里应该有2个机场。在岛的末尾小块空地上，他发现一个类似飞艇库的建筑，可长度不超过60米。另外在空地西南角，沿海岸约180米内，分布有4－5幢建筑。这些建筑立在约15米高的桩子上，不超过15米见方。在飞跃这块空地时，他对这些建筑扫射了大约100发12.7毫米机枪弹。

在风驰电掣的一击之后，阿姆斯特朗重新集结了两架僚机，带着他们飞向伊密埃吉岛。根据情报，那里有一座水上飞机基地，并且有油库（包括柴油、航空汽油）和弹药库。他们实际只看到3座可能是机库的小建筑。这些建筑距离潟湖约四五十米样子，由三个小的L形防波堤保护，建筑周围有许多类似炮位的东西。

不过，它们对于容纳四发水上巡逻飞机来说太小了。令阿姆斯特朗惊讶的是，在这段短暂的接触时间里，他没有看到任何火炮、人员和射击。他还是选择了攻击，目标是停泊在水上飞机基地外约460米处的一艘小船。这艘船约60米长，上面没有人活动的迹象。阿姆斯特朗看见自己的曳光弹被飞溅的海浪短暂遮蔽，然后贯穿了船体，在另一侧海上形成了跳弹。他在水面以上15米高度离船60米的距离才拉起，飞越了这艘船。

在完成攻击之后，阿姆斯特朗第二次跟僚机们分散了。他继续沿着岛屿向西北方飞行，高度只有大概30米。沿途可见的只是“棕榈林内偶尔的茅草屋”，而极少有值得注意的设施，这与战前情报对贾卢伊特环礁重要程度的评估完全相反。自觉无谓的他在阿吉简岛北端停止了搜索，转向东面，穿过一个小暴风雨区，就地盘旋等待。他在无线电中呼唤僚机——结果和起初一样，整整5分钟没有回应。他再度飞到贾卢伊特环礁南端以东10海里处等待，这次总算有了结果。7时40分，他带着自己的编组返航。

其他俯冲轰炸机也在投完炸弹后撤离。其中贝里在离开后，看见了遥远地方出现了三处防空火力。对此，他无情地报以嘲笑——当然也有人宣称日本防空火力对攻击造成了干扰。这大概就是各组攻击时差过大造成的吧。

效果不彰

祸兮福所倚，福兮祸所伏，天道总是循环往复——美军机群被天气影响冲散了队形，失去了协调一致的攻击机会，但也借助天气达成了突袭，反过来又受天气影响，无法看清战场全貌和清晰辨认目标，以至于本就混乱的攻击愈发零碎、低效。这一点对执行水平轰炸任务的第5鱼雷机中队影响尤为重大。因为云层太厚，各架TBD-1被迫放弃了高空水平轰炸，降低到大约300米高度，实施低空滑翔轰炸。这种投弹方式精度较低，同样需要靠群体数量弥补，所以没取得更多战果在情理之中。

当然，在这样的条件下，能实施攻击已经很不错了。当天彻底走霉运的中队长泰勒，在环礁上空盘旋数次，却根本连合适的目标都找不到。他只好在海上扔掉了炸弹，空手返航。

更为不幸的是副中队长、一直深受队友爱戴的海军上尉哈伦·约翰逊（Harlan T. Johnson）。大约8时15分，他（中队7号机）与僚机海军预备役少尉小赫伯特·海因（Herbert R. Hein, Jr.）（中队6号机）迫降在了贾卢伊特岛西北方一片群岛附近的海面。包括前述两名军官以及航空机械军士长查尔斯·福萨（Charles E. Fosha）、一级无线电军士詹姆斯·达尔泽尔（James W. Dalzell）、三级航空机械军士约瑟夫·施特拉尔（Joseph D. Strahl）、一级水兵马歇尔·温德姆（Marshal E. Windham）等6人掉入大海。他们登上充气橡皮筏，靠拼命划动，靠上了附近的平勒普岛。这是一座有土著人居住的岛屿。这些土著不仅不食人，还掩护6人暂时住在了岛上。不过自由总是那么短暂，日本人早已注意到这批美国飞行员。两天后，日本第51警备队派出1个小队的士

哈伦·约翰逊。

第5鱼雷机中队7号机。

兵乘坐大发前来搜查。很快，他们均被俘虏，押送到贾卢伊特本岛。后来，为了调查美军来袭部队的情况，当地驻军又派出1艘特设驱潜艇将他们直接送到了夸贾林岛，接受了严酷的审问。最后，6人被运到日本国内，关入战俘营。令人欣慰的是，他们熬过了几乎整个战争岁月，1945年10月，都在大阪战俘营获释，回到美国。战后1997年，应美国国家公园管理局的请求，一支潜水队在环礁内找到了2架TBD-1的残骸。这也算是一桩幸事了。

总的来说，贾卢伊特上空的美国飞行员，都竭尽所能了。这群热血牛仔“在选择目标和坚持攻击方面表现出了相当的进取心和毅力，无论是在轰炸中还是在扫射中”，他们的拼搏故事曲折动人，但残酷的现实是，他们的攻击效果却十分低劣。“约克城”号后来的报告声称他们击伤了2艘辅助船只，其中包括“关东丸”号——套用一句中国式的英语解释：How old are you？怎么老是你？哦，不过这回是真实的了。这艘远道而来，执行运输任务的船是被格斯特投弹命中的，爆炸损坏了它的舵机。

另外，日本方面的资料提供了另一个战斗视角和伤损轻微的佐证。停泊在泊位的“大同丸”号宣称，在7时15分观察到2架飞机，在2000米高度，从伊密埃吉岛东北向贾卢伊特岛投弹，升起烟柱。10分钟后，又观察到2架“鱼雷机”从贾卢伊特岛方向飞往伊密埃吉岛，高度大约300米，并先后对第5号监视艇和本船进行了扫射。“大同丸”号进行了还击，但没有取得击落记录，同时舰上有1人阵亡，4人受伤，舰体有少量破孔。伊密

日本商船“生田丸”号。

埃吉岛的航空指挥官小泉少佐则报告，基地遭到3架美军轰炸机扫射，但没有损失。对照美军的描述看，扫射“大同丸”号与伊密埃吉岛有可能是阿姆斯特朗编组的“杰作”。

此外，阿姆斯特朗看见的那些小渔船或巡逻船就包括了第65驱潜队。隶属该部的特设驱潜艇“第七京丸”号报告说来袭美军飞机大约有“30架”，自己舰尾起火受伤，还看到贾卢伊特岛上落下4－5枚炸弹。而第8炮舰队的旗舰“生田丸”号似乎未被美军飞机发现，根本未遇任何攻击。在美军飞机撤离之后，“大同丸”号奉命从伊密埃吉岛附近水域前来，与其一同对最重要的东南航道实施警戒。

第十三章　仓促反击

迟来的应对

马绍尔群岛和吉尔伯特群岛突然遭到美国航母编队的袭击，让日本海军十分震惊。其实，日军早已注意到美军航母的活动，但一而再，再而三地麻痹大意，轻视警报，导致了被动。第一次机会是在1942年1月1日（东），联合舰队发现美国航母编队出现西航迹象时，就曾经咨询第4、6舰队参谋长的意见。时任第4舰队参谋长是矢野志加三海军大佐，1893年8月5日出生在爱媛县松山市一个陆军军人家庭，父亲是陆军大尉，母亲是陆军少将的女儿，他却立志投身海军。他先后毕业于海军军官学校第43期水雷科与海军大学甲级班第25期，成绩优异，分别列第4名与榜眼。而第6舰队参谋长三户寿海军少将是广岛县广岛市人，1891年11月9日出生，海军军官学校比矢野高一届，同是水雷科，海军大学则是同班同学。两人对于这一问题的认知完全相同，他们认为袭击珍珠港已经重创了美军的决战兵力，没有力量实施反攻，这样的活动只是普通的警戒行动而已。由于这一观点与联合舰队司令部自身的推测一致，相关讨论便偃旗息鼓。

第二次机会是在1月9日（东），“伊17”号潜艇在马绍尔群岛以东遭到美军舰载机攻击，再次引起各舰队警惕，认为美军航母编队有接近的可能。但随着12日（东）据报击沉列克星敦型航母（实际上即击伤“萨拉托加”号）之后，相关情报又陷入沉寂。日军判断该航母纵然未沉，也需返回母港修理，遭到如此重创的美军，不太可能发动袭击作战。1月下旬，第4舰队通信部门对盟军电报的监听，也未能得出不利的结果。于是，联合舰队安心发布了进攻新几内亚和所罗门群岛的命令。

第三次机会出现在1月31日（东）。当时驻夸贾林环礁的第6通信队报告，自1月下旬起，突然出现了十多个不同呼号的无线电通讯站，怀疑美军有积极行动的迹象。报告上报海军军令部之后，被认为是“缺乏根据”而留中。

所以，当美军发动奇袭时，联合舰队的机动舰队主力正停泊在特鲁克环礁待机，大部分休整，抽调一部分准备支援新几内亚和所罗门群岛方向作战。第4舰队的重心也倾向新几内亚和所罗门群岛方向，从马绍尔群岛调离了相当一批水面舰只和航空力量，导致防卫力量薄弱。

尽管被美军打了个措手不及，可是第4舰队的反应很快。时任舰队首席参谋是川井严海军大佐，他是山形县山形市人，1896年9月2日（东）出生，毕业于海军军官学校第47期炮术科，曾就读于海军大学甲级班第29期。无论在海军军官学校还是海军大学，他都名列上游。袭击当天上午，他迅速拿出了救援方案——立即将推进到俾斯麦群岛的部分海空力量调回。接下来，舰队命令频发：8时10分，命令进驻特鲁克环礁的第24航空战队，将当地的陆基攻击机与飞行艇全数派出，增援马绍尔群岛。10时15分，下令配属第4舰队的第6战队（重巡洋舰“古鹰”号、“加古”号、“青叶”号、“衣笠”号）立即返航夸贾林环礁，驰援当地驻军，打击美国航母部队。然而事起仓促，川井忙中出错，后一份电报居然将第6战队误写作第6水雷战队与第6战队，不得不在12时40分再次修正。其间，又增调特设油轮“东邦丸”号、医院船“冰川丸”号到夸贾林环礁提供勤务服务。

接到命令之后，横滨航空队的分队长长岛博三郎大尉首先率2架九七式飞行艇于14时20分起飞。陆基攻击机的准备消耗时间更长，直到次日才出发。水面舰队则要更快一些，当时第6水雷战队（1艘轻巡洋舰、6艘驱逐舰）正停泊在拉包尔港内，11时50分（接到命令半小时之后）即拔锚起航。后来接到修正电报，这才终止行动，返回拉包尔。第6战队正在伊莎贝尔航道附近参与扫荡作战，草草准备之后即于14时22分出港，高速赶赴马绍尔群岛。

停泊在特鲁克环礁休整的机动舰队也没有闲着，在接到马绍尔群岛遭到袭击的电报之后，幕僚圈子炸开锅了——他们一直渴望与美国航母编队正面交手，而屡屡不得，如今机会就在眼前。毕业于海军军官学校第48期、海军大学甲级班第30期的首席参谋大石保海军大佐，当即拿出了在港舰队全部出击的方案。由于参谋长草鹿龙之介不在，直接送交机动舰队司令长官南云忠一批准。9时10分，舰队发布紧急出击令，在潟湖内的第1、5航空战队（前者辖航空母舰“赤城”号、“加贺”号，后者辖航空母舰“翔鹤”号，总共装载170架飞机），第3、8战队（前者辖战列舰“比睿”号、“雾岛”号，后者辖重巡洋舰“利根”号、“筑摩”号），第1水雷战队（轻巡洋舰“阿武限”号，驱逐舰“浦风”号、“矶风”号、“谷风”号、“滨风”号、“霞”号、“霰”号、“阳炎”号、“不知火”号、“秋云”号）等立即完成战备，于4个多小时后出发。这可是有趣的一幕。南云中将毕业于海军军官学校第

第6战队的2艘重巡洋舰“古鹰”号（前）和“衣笠”号。

南云忠一。

36期、海军大学甲级班第18期，是日本联合舰队内有名的舰队派人物，跟第4舰队司令长官井上成美是冤家对头。1931年在海军招待宴会上，南云曾经对井上发出死亡威胁。如今他却要去救井上，虽然这私人恩怨与军国大事、建功立业一码归一码，可内心又是怎样的潮起潮涌呢？

一场闹剧

远水救不了近水，在水面舰队和航空部队到来之前，马绍尔群岛的日军部队还得依靠自己。然而就在这节骨眼上，一场内部纷争显露出来。事情就与第6通信队司令牛尾藤雅大佐代理马绍尔群岛防御部队指挥官有关。原来，日本军队内部存在十分严格的顺位继承制度，即上级指挥官因故不能指挥，其代理者首先参照海军军官学校的期数和毕业成绩顺序接替指挥。在马绍尔群岛防御部队指挥官的顺位序列上，第一位是第6根据地队司令官、毕业于海军军官学校第40期的八代祐吉少将，第二位是夸贾林海面防御部队指挥官、毕业于海军军官学校第41期的富泽不二彦大佐，第三位才轮到海军军官学校第42期毕业的牛尾。如今，八代阵亡，而富泽还活蹦乱跳的，牛尾就越级代理，自然不成体统。

那么牛尾何以能够越俎代庖呢？这是因为他近水楼台先得月，占了身居通讯中枢的便宜，第一时间知道了八代的死讯。而在潟湖锚地军舰上的富泽，需要通过电报、旗语或者灯光信号才能了解岸上的情况。当天，除了牛尾的代理指挥电之外，还有一条电报透露了八代的死讯——10时30分，第6根据地队（实际是牛尾）将此事上报第4舰队。时至今日，我们已无法确认富泽是如何得知八代死讯的，他或许真的没收到前一封代理指挥电，尽管这一点很可疑——依照常理，牛尾的代理指挥电要发给马绍尔群岛的每一个单位，不应该漏掉富泽。牛尾的电台功率强大，“常磐”号就在夸贾林环礁内，正常情况下不可能收不到。不过，只有这样才能相对合理地解释富泽的迟钝——直到11时40分，他才发出通电“本人代理马绍尔群岛防御部队指挥官”，这个时间更像是接到10时30分电文后的反应。至于牛尾收到这份电报后的态度，不得而知。

好了，真相已然沉埋于历史之中，能确认的，只是马绍尔群岛区域内同时存在了两名代理指挥官，那么部队到底该听谁的？此时，作为上级部门，第4舰队司令部肯定是要干涉了，但奇怪的是，他们的反应也不合理——起初，在收到牛尾的电文时，他们并没有提出异议。如果说，这是出于“将在外，君命有所不受”，前线指挥官比他们更清楚情况，有些情况还来不及调查清楚上报，所以不宜干涉的话，那么接下来就更有意思了。15时10分，第4舰队发布命令，确认牛尾代理马绍尔群岛防御部队指挥官，让富泽协助牛尾作战，另外还确认第6防备队司令小原义雄大佐代理夸贾林陆地防御部队指挥官之职。小原毕业于海军军官学校第43期，在夸贾林陆地防御部队指挥官的顺位序列上，他排在八代的后面，代理当之无愧。可承认牛尾的代理明显不合规矩（咱们先不讨论这个规矩是否合理），更糟糕的是，还明确让富泽辅助牛尾，这简直就是

日本海军"常磐"号布雷舰。

在刻意制造矛盾了。在第4舰队司令部的幕僚中，参谋长矢野与富泽可能在海军军官学校有过交集，而富泽在水雷学校担任教官时，矢野与首席参谋川井又恰好在这所学校学习，其中是否存在恩怨，就不得而知了。[①]

井上成美显然也注意到了这个问题，第二天他亲自下令让海军军官学校第37期毕业的第4根据地队司令官茂泉慎一海军少将临时兼任第6根据地队司令官。茂泉匆匆安排好自己辖区的事务，立即乘坐九七式飞行艇从特鲁克环礁出发，于当天下午1时抵达夸贾林环礁。茂泉少将的就位暂时缓解了指挥权与资历冲突的矛盾，但根本解决要到数天后新的第6根据地队司令官上任为止。

紧急出击

就在双头指挥的时间里，马绍尔群岛薄弱的防卫力量也采取了一些应对措施。11时，牛尾发布命令，判断美军编队位于沃特杰岛东方水域，要求各部做好应对美军第二次攻击的准备。同时，命令各海面防卫部队指挥官将所属舰船集结到基地附近，与陆地防卫部队共同抵抗；第8炮舰队抽调1艘船运载合适的军医，赶往贾卢伊特环礁增援，另一艘前往米利环礁收容重伤员；各航空部队对基地周边全力实施侦察与攻击（详见下一节）。在这些调动之中，因为美军炮击编队迅速离去以及空袭带来的混乱，海面防卫部队的集结未

① 富泽不二彦于1920年12月至1926年12月在水雷学校担任教员，矢野志加三于1921年在水雷学校高等科进修，川井严于1922年4－7月在水雷学校普通科进修。

有实效。第8炮舰队前往米利环礁的命令在天黑后也予以取消。

其间，配属当地部队，停泊在夸贾林环礁内的第26潜水队（下辖“吕61”号、“吕62”号潜艇）紧急出动，向沃特杰岛以北搜索攻击。第6舰队的潜艇也积极活动。因为舰队司令官清水中将受伤，参谋长三户寿顺理成章地代理指挥权。8时整，他发布命令，让第1潜水战队立即全体出击。9时25分，隶属第1潜水战队的“伊9”号、“伊15”号、“伊17”号、“伊19”号、“伊23”号潜艇先行离开。10时，该战队剩下的“伊25”号、“伊26”号两艘潜艇也跟随出击。按照第6舰队的设想，它们将与部署在中途岛水域的“伊69”号、“伊70”号、“伊71号”潜艇（隶属第3潜水战队）共同组成两条绞杀线，前后夹击美军航母编队。

与舰队相比，马绍尔群岛上的航空力量更加活跃一些。对于日军而言，首要的问题是确定美军舰队的位置和组成。正好，当地驻扎的侦察力量是强大的，迅速被派出去搜索美国舰队。首先出发的是驻扎在伊密埃吉岛的水上飞机分遣队。队长柳泽八郎出生于福井县，毕业于海军军官学校第64期，是个传统的海军军官也是个狂热的军国主义分子。他信奉指挥官身先士卒和肉身报国的信条，迅速安排机队，准备好一架就起飞一架。7时40分、45分、50分，依次起飞1、1、2架，合计4架①。随后2架替补飞机也被拖了出来，分别在8时整与9时10分起飞。由于这些双座飞机续航里程有限，未能发现美军舰队，让柳泽的忙碌泡了汤。

接着是伊密埃吉岛的横滨航空队留守分遣队。九七式飞行艇的续航力强，侦察力量突出，自然成为重点倚靠的力量。8时10分，毕业于海军军官学校第65期的保田辰也海军大尉率先带领一架起飞。18分钟后，林训造海军二等飞行兵曹与片冈登海军一等飞行兵驾驶的另一架升空。他们都发现了美军舰队（详见第十四、十六章）。最后出发的是分遣

日本海军“伊26”号潜艇。

① 《中部太平洋方面海軍作戦(1) 昭和十七年五月まで》中前面记载这支分遣队只有6架飞机，后面又记载出动7架，明显有误。从其4架常用、2架备用推测如正文的表述。

队长小泉实三郎少佐。这位毕业于海军军官学校第58期的京都人，选择了可能是最危险的方式——他先尽量飞到更远处，只需要保证燃油够飞回马金环礁而不是伊密埃吉岛即可。8时55分，小泉的座机起飞，与另外8人一同出发。他们一路上无所发现，于16时25分降落在了马金环礁。似乎是越危险的地方反而越安全，他们顺利完成加油，安全返回了基地。

最后是埃贝耶岛的第19航空队主力。他们由第19航空队司令中岛第三大佐亲自统领。他是福冈县人，毕业于海军军官学校第48期，20世纪20年代初就成为飞行员，担任过试飞员，飞行技艺高超，富有经验。这支部队与伊密埃吉岛的分遣队不同，使用的是三座型的九四式与零式水上侦察机。前者为川西公司设计，机长10.5米，翼展14.0米，机高4.6米，空重2100公斤，正常起飞重3300公斤。装1台三菱公司瑞星11型空冷14汽缸发动机，输出功率870马力，最大飞行时速277公里，最大续航力1330海里，实用升限6250米。武备为3挺7.7毫米机枪，可携带4枚30公斤或2枚60公斤炸弹。后者为爱知公司设计，机长11.5米，翼展14.5米，机高4.7米，空重2642公斤，正常起飞重3640公斤。装1台三菱公司金星43型空冷14汽缸发动机，输出功率1080马力，最大飞行时速376公里，最大续航力1796海里，实用升限8730米。武备为1挺7.7毫米机枪，可携带4枚60公斤或1枚250公斤炸弹。

前文已述，空袭还没开始时，埃贝耶岛基地就派出4架水上侦察机开展侦察活动了，但是他们未能发现目标，在8时30分－9时35分陆续返航。之后，中岛没有柳泽那样年轻冲动，选择了更保守的方式——11时40分－12时10分之间，他将手头可用的6架水上侦察机全部派了出去，以2架飞机为一个小队，朝沃特杰岛东北与东方展开扇面搜索。他们也发现了美军舰队，但在17

夸贯林环礁内的第19航空队。

时之后就彻底失去了目标。（详见第十六章）

唯一的反击

在日军的行动里，唯一对美军舰队有实质威胁的，就是驻扎在塔罗阿岛的陆基攻击机了。尽管数量不足，还是充分显示出他们的训练有素。

这组陆基攻击机的领队是中队长中井一夫。他1915年10月15日出生在东京市一个军人家庭。父亲中井义雄毕业于东京帝国大学（即今日东京大学），进入陆军成为技术军官，在军服厂服务。母亲是陆军预备役主计中佐荒井正次的女儿。一夫是家中长男，但父母很快离异，并且不足4岁就失去了母亲。后来，他以放弃家族继承权的代价，由外祖父母抚养。少年经历风波，使得他磨砺成一个强硬有主见的人，而且学习成绩十分优异。外祖父过世后，他由姨父参谋本部的中山蕃陆军大尉继续供养。尽管外祖父、父亲、姨父都是陆军军人，但他没有进入陆军，而是选择了海军军官学校，作为自己事业的起点。原因也很简单，在他的母校东京府立第六中学里，有一座供奉着“三笠”号时钟的钟塔。每天早晨，学生要在钟塔前默立，静听这“兴国之钟”钟声响起。在这种“帝国兴废在此一战”的氛围中，中井也迷失了自己，选择了为帝国征战海洋的理想。1936年3月，中井以第63期毕业生身份离开江田岛，毕业成绩名列第5名。起初他被分配到“由良”号轻巡洋舰上担任航海军官。当时，骑兵出身的中山蕃建议他去学航空，他认定与陆军中的骑兵将被装甲兵淘汰一样，航空将成为未来的绝对主力。于是在1937年9月，他进入海军霞之浦航空队，后又转横须贺航空队学习飞行。毕业后，先后在

中井分队部分飞行员合影，中间一排右起第2人是中井，右上方2张为中井座机的乘组。

“加贺”号航母、“苍龙”号航母及木更津、高雄航空队、第13航空队服役。1940年11月15日（东），成为千岁航空队分队长，并晋升海军大尉。中井起初主要飞舰载轰炸机，自1939年8月起，开始驾驶及指挥九六式陆基攻击机。他轰炸过中国与美国的威克岛，拥有丰富的作战经验和一定的对舰攻击经验。

在轰炸了肖克的炮击编队之后，中井觉得高空水平轰炸对美国舰队威胁不大，更何况塔罗阿岛弹药库中只有60公斤航空炸弹，杀伤力太弱，必需改用鱼雷予以重击。要挂载鱼雷就要去夸贾林环礁的罗伊岛机场，中井没有犹豫，立即率领机队掉头向西飞去。9时10分，他在空中致电罗伊岛基地，“我部完成轰炸后正向罗伊岛飞行，请贵基地做好鱼雷攻击准备”。

令中井没想到的是，美军航空兵力居然已经深入到夸贾林环礁，将罗伊岛机场完全炸瘫，无法起降飞机。在罗伊岛的大桥大佐回复电文予以说明。这份电文接收到时，中井队都能望见夸贾林环礁了。想着罗伊岛弹药库内威力巨大的九一式航空鱼雷，中井就悲愤不已，但是他只能再率飞机返回塔罗阿岛。船破偏遇顶头风，此刻塔罗阿机场正遭到美军SBD-2俯冲轰炸机的攻击（参见第十五章），他只好带着部下在大海上兜圈圈，一直等到美机离去为止。

11时10分，乘着美军两波攻击的间隙，中井机队总算降落在了塔罗阿机场。没有时间啰嗦了，只能有什么就用什么了。中井立即让地勤人员检修飞机，加油挂弹，准备立即出发。经过检查，返航的飞机中有1架已经报废，另有2架需要些时间维护。中井当即拍板，自己先率5架出击，余下2架随后起飞。就在降落之后不久，他们又经历了一波美军飞机的狂轰滥炸（参见第十五章），但没有损失，机场跑道也未遭到充分破坏。12时10分和14时30分，两个攻击波先后出击，他们都朝着“企业”号所在位置飞去。

九六式陆基攻击机编队，本图为千岁航空队前身第13航空队的照片。

第十四章　一路向东

凶险归途

在马绍尔群岛的侦察飞机发现美国舰队之前，“约克城”号先经历了一起杯弓蛇影的事件。那时已是日出以后，天空放亮，但空中仍然浓云密布，成为日本飞机最好的掩护。7时不到，CXAM雷达的屏幕上出现了一个可疑目标，位于编队西北方25海里，缓缓向“约克城”号飞来。这是日本侦察机吗？舰桥上全体人员的心都提到了嗓子眼。几乎同时，东南方向出现了一串舰影，那是法里昂上校指挥的支援群。舰桥的气氛立即多云转晴。在大家的注视下，4艘驱逐舰快速机动到航母四周，排列成了防空轮型阵，严阵以待。正如开篇所述，这次只是虚惊——可疑目标很快被证实是一架出了机械故障的TBD-1，它离开了分散的机群，挣扎着飞回了母舰。警报解除的欢悦没持续多久，大家就从飞行员口中得到了坏消息——贾卢伊特环礁上空的天气比预计的更为恶劣。这让渐行渐远的舰队多了一份沉甸甸的心情。

一个小时以后，“约克城”号开始起飞新的战斗机，替换早晨起飞的机队。此时，早晨派出去的攻击马金环礁和米利环礁的第5侦察机中队机几乎同时返回到母舰上空。按理说米利环礁最近，肖特机群应该更早返回，出现这样的情况，大概是他们寻找有价值目标花费了太多时间吧。按照油量剩余的顺序，先是攻击马金环礁的9架SBD-3降落，再是攻击米利环礁的5架SBD-3。8时12分和23分，两批飞机分别

“休斯”号驱逐舰。

完成回收。因为编队处于日本航空攻击圈范围，需要时刻警惕，所以返回的SBD-3没有太多休整时间就立即投入到新的任务中去——弗莱彻从中组织了一支反鱼雷机的巡逻队。这本该是战斗机干的活，但是弗莱彻手头的战斗机力量不足，而恰恰SBD-3拥有出色的空战能力，可以参与拦截低空低速的日本鱼雷攻击机，特别是大家为之胆寒的陆基攻击机。

就在两批SBD-3降落的间隔，一条无线电通讯噼噼啪啪钻入航空大队监听人员的耳机，“这是77V44-77V44和76V44在贾卢伊特迫降，迫降在贾卢伊特西北方群岛其中一座的旁边。就这些了。”这正是前一章提到的第5鱼雷机副中队长约翰逊的最后通话内容。所有知情人脑海中顿时浮想起这位金发、热情的年轻人。大家对于他和他的机组，乃至于整个贾卢伊特攻击机群的命运更添了一份担心。

当反鱼雷机巡逻队准备接近尾声时，被暴风雨摧残的机群零星地出现在航母编队上空。这些飞行员在风雨中消耗了太多时间和体力，燃油也耗费过度，急需降落。8时58分，“约克城”号转向迎风，匆忙让巡逻队先起飞，然后腾空飞行甲板，准备接收返航的机群。老天爷似乎就是要考验这些初次参战的飞行员和地勤人员，突然间一翻脸，劈头盖脸就是一顿暴风雨。一时之间，不仅风速增大到每小时93公里，可见度因雨幕降低到约91米，航母的飞行甲板也变得格外湿滑。在这种毛骨悚然的天气中，稚嫩的飞行员们勇敢地实施着陆。第一批降落之后，飞行员们立即奔上摇晃不定的舰桥，汇报了整个往返过程中的恶劣天气情况。

弗莱彻等人一面听着飞行员的汇报，一面又在无线电中听到，有其他返航飞行员申请导航。焦急的巴克马斯特舰长向弗莱彻请求打开YE无线电导航设备。这套设备并非因故障而关闭，它一旦开启将打破无线电静默，给危险水域航行的航母招来麻烦。要知道，正是在贾卢伊特环礁有马绍尔群岛唯一的无线电测向定位设备。弗莱彻虽然并不确知无线电测向定位设备的存在，但一般都是默认敌人有类似手段的。谨慎的他犹豫了一下，还是批准了这一非常规请求——这一幕是真正的大无畏，只是规模、效果和宣传不如马里亚纳夜晚第58特混舰队司令海军中将马克·米彻尔（Marc A. Mitscher）的抉择，未能流芳百世。

马克·米彻尔。

实际上，电子战的侦测存在诸多变数，有极大的运气成分。在整个导航期间，贾卢伊特环礁的日军并未能截获有效的无线电信号。但战争又是残酷的，虽然有了几近安全的导航手段，也不是人人都能平安返回。没有返航的飞机一共6架，包括4架TBD-1和2架SBD-3。前者除了约翰逊上尉的2架之外，还有海军上尉杰克·莫尔（Jack C. Moore）和弗朗西斯·马赫（Francis X. Maher）两人的座机（前者为中队2号机，后者为3号机），6名机组成员均告失踪。

两架TBD-1或者其中一架也许曾被人看见。第一个发现者是海军中尉托马斯·埃利森（Thomas B. Ellison）。他1914年7月28日出生于得克萨斯州尼克松小镇，安纳波利斯海军军官学校毕业生，比莫尔上尉低两届。在返回“约克城”号途中，他看见1架TBD-1

漂浮在海水中。他的投弹手一级航空军械军士E.惠利（E.M. Whaley）则看见一个人站在这架“蹂躏者”飞机的后座舱里挥手。无线电报务员兼机枪射手三级无线电军士E.琼斯（E.W. Jones）也看到了，然后扔下了1颗标识位置的发烟弹，让这些身在“地狱”的人知道，他们能够被友军看见。同时，正义的“红脖子”埃利森向母舰报告了以上全部情况。

几分钟后，跟随母舰无线电导航信号摸索着返航的海军上尉阿尔伯特·富雷尔（Albert B. Furer），也看见了1架坠落在海面的TBD-1。这位热情的夏威夷檀香山人是莫尔的海军军官学校同学，所以在不经意间看见海面上有一架TBD-1似乎有些眼熟，于是定睛一看，发现这架飞机的橡皮筏已经充气。之后，他的无线电报务员兼机枪射手三级无线电军士G.奥利克（G.C. Aulick）告诉他说，橡皮筏旁边好像有个人。富雷尔也将这一情况报告了母舰。根据他提供的信息，这架TBD-1位于“约克城”号西北方仅20海里处。

因为尽力提供帮助，埃利森和富雷尔都几乎耗尽了燃油。当他们安全降落在母舰上时，富雷尔座机的油箱里只剩不足38升汽油，而埃利森座机的油箱只能听到两声汽油的泼溅声。

海上救援

回收贾卢伊特攻击机群的同时，其他飞机的回收工作也展开了，因为明眼人都清楚，这样恶劣的天气实在不适合飞行。起初，弗莱彻还想让航母实施机动，避开风暴区，但是没想到这个区域过于广阔，根本无从规避。为此，在9时30分，弗莱彻批准巴克马斯特的请求，让空中所有的飞机，包括战斗巡逻的战斗机和反鱼雷机巡逻的俯冲轰炸机统统降落。尽管它们中的绝大多数安全着陆，但还是有1架SBD-3在狂风中坠入大海。这架飞机属于第5侦察机中队（2号机），飞行员是海军预备役少尉托马斯·里夫斯（Thomas A. Reeves）和他的无线电报务员兼机枪射手二级水兵朗尼·古奇（Lonnie C. Gooch）。两人吃力地爬上了充气橡皮筏，在白浪滔天的大海里漂流求生。

幸运的是，这架飞机坠海的地点就在驱逐舰“休斯”号左舷舰尾附近。在糟糕的可视条件下，这艘军舰冒着遭到潜艇伏击的危险停下来，尽力保持水中的飞机处于瞭望哨的视野之中。法里昂上校指示身后的驱逐舰“沃克”号前去救助[①]。在飞机坠海7分钟后，减低航速并在海面绕着圈子搜索的“沃克”号终于看到了橡皮筏。舰员冒着暴风雨放下鲸型艇，将约460米之外橡皮筏内的两人救上来。其中古奇毫发无损，里夫斯却损失了一大块头皮——可能是坠机或离开机身时撞到了驾驶舱风挡。“沃克”号上的药剂师立即对里夫斯的伤口进行了紧急处置。后来，考虑到驱逐舰上治疗条件不良，弗莱彻亲自指示将两人转移到了“路易斯维尔”号上。

望着风云激荡的天空和怒涛排空的大海，弗莱彻觉得仅仅开启无线电导航并等待是不够的，需要更加主动地去帮助返航的飞行员。他想到了派遣驱逐舰，可是在危险水域，削弱自己的防卫兵力不是个好选择。经过斟酌，10时02分，弗莱彻下令驱逐舰“拉塞尔”号前往编队后方10海里处，“直接救助或协助任何在极端大暴风雨中迷路或坠落的飞机”。

---

① 为何“休斯”号不自行实施救助，殊为不解，但资料原文如此，照录。

“拉塞尔”号驱逐舰，左下为阿尔伯特·富雷尔，右下为格伦·哈特维希。

“拉塞尔”号的舰长是海军少校格伦·哈特维希（Glenn R.Hartwig），1902年3月30日出生于密歇根州底特律市，1924年毕业于安纳波利斯海军军官学校。他是瑞典人的后裔，个子高大挺拔，眉目高耸，鼻梁挺直，嘴唇轻抿，有种别样的坚毅神色。接到命令后，他立即取航向270度，逆着编队前进的方向，穿越波涛汹涌的海面，孤舰而行。此时此刻，此情此景，哈特维希或许想到了这艘军舰所承载的荣誉——1861年9月14日，美国北方联邦的海军上尉约翰·拉塞尔（John H. Russell），率一支搭载着海军陆战队员的小艇队，冒险突入南方邦联的彭萨科拉军港，摧毁了私掠船“犹大”号（Judah）。同时，或许也想起了祖先维京人的光荣[1]，当然这次并非是烧杀抢掠，而是捍卫、保护与救助。

大约10时28分，“拉塞尔”号与富雷尔的座机相遇，向后者询问坠海TBD-1的详细位置。得到答复之后，迅速驶向目标水域，瞭望哨目不转睛地扫过海面，以求发现什么。但是天气越来越坏，可视距离从数海里缩小到大概460米，令人焦躁不安。

海上孤独搜寻的时光很快就结束了，因为“拉塞尔”号获得了增援——10时23分，“约克城”号收到了富雷尔的通报。弗莱彻判断，恶劣的天气可能耽误救援行动，需要派遣更多的军舰参与搜寻。他再次大胆地抽出2艘驱逐舰——“休斯”号和“西姆斯”号，在法里昂的指挥下，去编队后方15－20海里水域搜索。现在，只有1艘驱逐舰在护卫“约克城”号和2艘巡洋舰了，这可是下了血本了。弗莱彻还下令编队减速，以便在危

① 近现代的瑞典人是北欧斯堪的纳维亚半岛的土著后裔，这支土著人在公元8－11世纪以劫掠闻名欧洲，被称为维京人或“北欧海盗”。Hartwig这一姓氏源自瑞典，在17世纪出现，而这位舰长也是瑞典人后裔。

险水域逗留更长时间。然而，“约克城”号副舰长克拉克仍心怀不满，在他看来，美军已经掌握了当前水域的制空权，弗莱彻应该率领整个编队掉头搜寻。这就完全是出自成见了。

不管克拉克是否满意，10时37分，3艘驱逐舰在海上会合了。聪明的法里昂排了个倒L阵形——旗舰“休斯”号跟随在“拉塞尔”号5海里之后，“西姆斯”号在“拉塞尔”号右舷正横4海里之外。这样不仅各舰彼此都能辨认，而且都保持高速直线航行，还确保他自己能掌控全局。尽管海况没有丝毫改善，但诸驱逐舰毫不气馁，继续仔细搜寻那些来自不同族群，却在同一面旗帜下战斗的战友。

短暂危机

寻找坠海飞机不仅是件辛苦的事，还存在风波之险。11时05分，“拉塞尔”号的SC雷达屏幕出现一个目标，是一架从10海里之外逐渐接近的飞机。这正是先前从伊密埃吉岛基地起飞的3架九七式飞行艇之一，编号41号机，主驾驶员为林训造二等飞行兵曹，主侦察员为户出房吉海军飞行兵曹长。“休斯”号和“西姆斯”号也发现了这个入侵者，但两舰在5分钟后穿越一个云区而被成片的云所遮掩。从美国人的角度看来，日本人应当只发现了“拉塞尔”号，因而对着它冲过来，后者也勇猛地接受了挑战。

11时10分（一说09分），“拉塞尔”号的防空火力全开，包括127毫米主炮和新安装不久的20毫米厄利孔机关炮。后者是为了增强驱逐舰的近程防空火力，逐步在这种军舰上广泛安装的，取代了原有的12.7毫米勃朗宁水冷高射机枪。就理论射速而言，这种机关炮与12.7毫米机枪极为接近（450发/分对450－600发/分），由于弹丸重量提升了2倍多（117－123克对48.5克），投射量大大高于机枪，射击精度也比较高，极大地提高了杀伤力。这款机关炮后来成为美国军舰的近程防御杀伤利器，包揽了大约四分之三的击落记录。尽管性能优异，但是在当天，还是127毫米炮发挥了重要作用——几发炮弹在这艘飞行艇身边炸出黑色烟花，构成了严重威胁，于是林训造操纵飞行艇转向躲入雨云之中。见敌人逃离，“拉塞尔”号停止了射击。哈特维希通过TBS向右侧的“西姆斯”号发布警告，说日本飞行艇朝他所在的位置飞过去了。

在“西姆斯”号上，舰长海军少校威尔福德·海曼（Willford M. Hyman）一直追踪着这架飞行艇。他是安纳波利斯海军军官学校1924届毕业生，1901年8月16日出生于科罗拉多州普韦布洛市。普韦布洛是个印第安名字，可他不是印第安人。Hyman这个姓氏有两个来源，或者出自犹太人，或者源自11世纪以前的古老英国。从海曼的照片来看，他的相貌似乎更像英格兰人的后裔。于是，令人惊讶的一幕展现在我们面前，维京人与英格兰人，千年前相互生死仇杀的两个种族，他们的后人却在当下并肩战斗，抵抗侵略。真是无情而又奇幻的历史。

海曼很快发现敌艇在爬升左转，向自己靠近，就让127毫米和20毫米火炮做好准备，直接瞄准对方，并加速至35节。随着轮机的轰鸣和排烟更浓，“西姆斯”号如脱缰的野马在暴烈的洋面奔驰起来，身后留下一条迅速被浪涛撕裂的白色尾流。根据美方的说法，在11时14分，有4颗炸弹从天而降，就在这条尾流里爆炸，距离驱逐舰尾大约1370米，未造成任何损伤。看过前文，大家都知道，日本飞行艇根本没携带炸弹，那么美国大兵们看

“西姆斯”号驱逐舰，左上为威尔福德·海曼。

到的究竟是什么？是“拉塞尔”号发射的127毫米炮弹弹头吗？只有天知道！

很可能躲过自家误伤之后，海曼少校注意到日本飞行艇向右做大半径的转弯，推断敌人正准备第二次接近军舰。11时25分，他下令开火。因为距离的原因，20毫米机关炮没有投入作战，只是127毫米主炮射击，先后发射了30发炮弹。全部炮弹没有一发命中目标，这虽然很正常，但多少让人不爽，要知道这艘军舰舰名源自大名鼎鼎的海军上将威廉·西姆斯（William S. Sims），美国海军著名的炮术改革家啊。可是，现实远比虚妄的舰名残酷，要直到1943年闻名遐迩的无线电近炸引信（VT）应用，美国海军127毫米炮才真正成为对付日本飞机的“杀手锏”。

当前战绩不如意，可射击效果看起来还是好的。在这一轮射击之后，日本飞行艇好像不敢接近美国驱逐舰了，它明智地保持距离，在20分钟后彻底从雷达屏幕上消失。这个时间和日本方面资料的记述完全相同——“8时10分，我飞行艇在伊密埃吉岛105度方位，230海里位置，发现左右6000米远处各有1艘美国驱逐舰。我艇曾遭到持续3分钟的火力射击，但没有中弹。到8时45分，目标丢失。”①

战斗期间，坐镇“休斯”号的法里昂十分心疼自己统带的军舰。在“拉塞尔”号第一次作战之后，他就向“约克城”号做了汇报，并请求立即派遣战斗机支援。由于没有得到明确答复，11时41分，他再次焦急地用无线电询问，是否“航空掩护已经应我们的请求派出”。就在飞行艇消失前1分钟，他还在努力向母舰通报

① 因为直接引用，时间未作修正，实际对应当地时间为11时10分与45分。

日本飞行艇的位置——在驱逐舰编队北方约10海里处。

驱逐舰们成功击退了日本飞行艇，但本职工作毫无起色。随着时光的流逝，它们没有看到任何失踪TBD-1的踪迹，只能选择放弃。就在日本飞行艇丢失美舰目标的同一时刻，法里昂让三舰取36节航速（一说35节），开始追赶已消失在天际的TF FOX。在追赶途中，12时12分，“休斯”号瞭望哨曾经看到两处浮油，但没有更多发现——狂暴的大海已经吞噬了一切。

取消攻击

在驱逐舰与飞行艇纠缠之际，“约克城”号也关注到了这个入侵者。弗莱彻意识到，不能让它长期跟踪编队，要在航母暴露之前迅速击落它，哪怕冒一些风险也值得——他可不想戴着钢盔面对日本飞机的攻击。11时17分，CXAM雷达确认这架飞行艇在270度方位、32海里之外。此时，飞行甲板之上已经准备好了6架F4F-3战斗机，以海军上尉文森特·麦考马克（Vincent F. McCormack）为首的飞行员们坐进了战斗机座舱。随着巴克马斯特舰长的一声令下，“约克城”号迅速改变航向，3分钟后，所有飞行员全部冒着大雨起飞了。

麦考马克是新泽西州蒂内克镇人，出生于纽约市，安纳波利斯海军军官学校1937届毕业生，刚刚度过26周岁生日还不到一个月。朝气蓬勃的他对日本飞机无所畏惧，他知道，母舰上首个击落敌机的奖品在等着他。不过，这次他的运气不佳，当他和战友们狂奔到目标水域，却什么都没遇到——他们只能怅惘地继续留在空中巡逻。

在失去日本飞行艇目标之后，“约克城”号舰桥上开始讨论第二次攻击贾卢伊特环礁的议题。显然，第一次零散攻击的战果难以见人，应该再次加以攻击。但是，选择攻击有许多不利因素，第一个就是时间。最后一架从贾卢伊特环礁返回的飞机，在10时40分降落，距离它起飞整整过去了5个多小时，随后的救援与等待也浪费了大量时间。在这段时间里，编队基本上一路高速向东，已经驶出了超过150海里，就算立即掉头，也要在下午才能起飞攻击机群，等完成攻击返航，就要直面夜幕的考验。

第二个不利因素是天气。先前的恶劣气候已经严重摧折了对贾卢伊特环礁的袭击，还造成TF FOX更多的飞机损失——除了坠海的里夫斯机组之外，“路易斯维尔”号的1架SOC水上飞机也告失踪。后者是当天早晨起飞用于反潜巡逻的，迟迟没有返回。护航编队指挥官、“路易斯维尔”号

SOC型水上飞机。

舰长尼克松向“约克城”号和“圣路易斯”号发信号询问，是否见过这架飞机，得到的是否定的回答。弗莱彻特别批准尼克松打破无线电静默，实施呼叫和引导，也没有得到应答。现在，气象条件不仅没有好转，还有进一步恶化的趋势——气象军官斯特兰奇发现，有一个低压槽正在编队水域的纬度扩展，这意味着将会有更多更强的暴风雨到来。

第三个就是目标的价值。包括阿姆斯特朗在内的飞行员回来之后，纷纷汇报贾卢伊特环礁的军事目标不多。面对如此价值有限的目标，有必要冒天大的风险，派遣宝贵的机群与无可替代的年轻生命实施攻击吗？

弗莱彻绝不是丰田副武、松下元这样的将领①，综合各项因素之后，决定放弃第二次攻击。他估计日本飞行艇可能已经发现了自己，或者自己的无线电导航暴露了自己的位置，所以干脆用无线电台向尼米兹和哈尔西作了汇报，并说明自己“将撤退加油，因天气缘故，今日无法继续攻击”——他在言辞之间留了余地，因为哈尔西才是这次行动的总指挥官，或许他还有第二天再次联合攻击的想法。

做出暂时撤退决定之后，弗莱彻朝西方水平线望了望，那里正被浓云遮蔽，看不清搜寻飞行员的驱逐舰们究竟在哪。这次他没有选择等待，而是用电台通知法里昂，如果下午还不能归队，就直接去预定的加油点会合。随后，“约克城”号与2艘巡洋舰、1艘驱逐舰犁开海面，一路向东，不再回头。

攻击虽然取消，“约克城”号上仍然忙碌。又有6架F4F-3被升上了飞行甲板，加油装填机枪子弹，做好了起飞准备。他们将作为新的战斗巡逻力量，在13时以后，接替空中的麦考马克机队。

当然，还有一个人也在忙碌，他就是副舰长克拉克。他喜爱舰上的飞行员，特别是像马赫那样的年轻人。后者被认为是为海军而生的人，具有兼具实用和想象力的头脑。克拉克不能接受这一切，更出于对弗莱彻和巴克马斯特的不满，于是满心盘算如何向上级告黑状。一个月以后，他在华盛顿向金和海军航空局局长海军少将约翰·托尔斯（John H. Towers）汇报时，绘声绘色地讲述了一位丧失作战信心的冷酷长官，对陷身绝境的无辜部下不施以有效援手的故事（这位不去竞争诺贝尔文学奖和奥斯卡最佳编剧真是屈才了）。出身无背景的金，本身对将门子弟弗莱彻就心存偏见，而托尔斯跟他一样个性顽固执拗、容易先入为主。两位长官被这个声情并茂、娓娓动听的故事所打动，一致认定这个版本就是事情的全部真相。后来，这一“污点”成为扣在弗莱彻头上的众多屎盆子之一，给他造成了长期的困扰。

弗兰克·弗莱彻。

① 丰田副武批准“大和”号自杀攻击冲绳岛。松下元曾任日本第四舰队司令长官，在训练中遭遇台风，他认为这可以锻炼士兵，未及时予以退避，酿成巨祸。

第十五章　组合拳

雷击夸贾林

与TF FOX的处境不同，TF HOW完全没有顾忌，并且早就做好了再次攻击的准备。他们所欠缺的，就是一条来自前方的无线电召唤通讯。所以，自从攻击机群出发之后，“企业”号的指挥官们就一直在焦急地等待。在这种气氛之中，哈尔西仍然特立独行。他穿着皮风衣，戴着带白色将星的旧钢盔就站在舰桥之上。有参谋人员向他建议，换一顶看起来不那么显眼的帽子。他却咕哝着说：“给日本佬们一个有价值的目标吧。”

与此同时，“企业”号的全体舰员也和指挥人员们一起等待。是的，是全体舰员，每一个人都享受同等的待遇在观战——不知最初是谁的神来之笔，“企业”号把飞机间的无线电通话接入了军舰内的广播系统。这是飞行员们在战地使用近距离无线电的实时通话，等于是战地实况转播。频道里充斥着纯正的美国口音、标准的暗语和粗俗的俚语，偶尔夹杂着一些杂乱的欧洲范儿。舰上所有的官兵，哪怕是锅炉舱和轮机舱底忙碌的人也都听得一清二楚，而且工作与收听广播互不干扰。他们就像收听美式足球比赛解说一样激情澎湃，每当听到击落日本飞机或炸中日本舰船的对话，大家就会心地笑或者欢声雷动，而声音一旦沉默，大家也都沉默，眼珠茫然转动，显出焦灼的神色。

前方飞行员的声音渐浓之后，有一条通讯反复在对舰通信频道内呼叫了两遍，“夸贾林锚地目标需要重击！”“夸贾林锚地目标需要重击！”这是大队长扬的声音，他接到了林赛请求增援的信息，于是向母舰呼叫。

在哈尔西和幕僚看来，这句话是毫无争议的，“重击”就是鱼雷攻击。哈尔西立即下令给等待出击的TBD-1鱼雷攻击机挂载鱼雷——美军Mk13航空鱼雷综合性能比不上日本的九一式（参见表2），主要是航速太慢和瞎火率奇高，但其超过270公斤的战斗部装药对船只的破坏力要比250公斤航空炸弹大得多。

7时31分，9架TBD-1在第6鱼雷机中队中队长海军少校兰斯·马西（Lance E. Massey）的指挥下起飞，直扑夸贾林环礁。马西是纽约州锡拉库萨市人（俗称“雪城”），1909年

威廉·哈尔西在思考。

9月20日出生，从安纳波利斯海军军官学校的预备学校——塞文中学毕业，直接进入海军军官学校就读，当时尚未满17周岁。1930年海军军官学校毕业后，他在战列舰上仅见习了一年就选择飞行，并于1932年1月获得飞行员资格。马西在“列克星敦”号航母的侦察机中队与战列舰上的观测机中队各待了3年和4年。1941年10月，第一次转到鱼雷机中队。他最突出之处就在于目光锐利，能比占据更高高度的其他人先发现情况。

9时05分，TBD-1机群顺利到达夸贾林环礁上空。马西的目光迅速扫过锚地，攻击方案就在头脑里形成了。他让一个编组攻击东面的第一艘大船，其他转向西，攻击那里的两列目标。机群中右翼编组在约150－200米高度飞越潟湖边界抵达比杰岛北。编队解散，攻击开始，攻击各自的目标。这是美国海军开战以来第一次鱼雷攻击，各机就像马西的名字一样[①]，挺着粗壮的鱼雷庄严地直扑锚地。

日军发现了空中的鱼雷机，军舰和岸基的防空火炮纷纷开火，甚至有的军舰连平射炮都用上了。在美军飞行员看来，这些武器包括了76－127毫米口径的火炮和机关炮，形成密集弹幕。尤其是潟湖中的许多小型炮艇，它们都在射击，对正在环绕它们缓慢飞行的TBD-1形成很大干扰。

兰斯·马西。

此时，马西发现一艘轻巡洋舰缓慢地开向锚地南边的出口——那正是“香取”号，现在它仅加速到14节而已。马西让3架TBD-1前去攻击。这个三机编组实施了攻击，并向北方退出。根据飞行员的汇报，有一条鱼雷在命中目标之前爆炸，估计是撞上了珊瑚礁。

其他飞机继续逼近停泊的船队。它们中的大部分，各自从第一列船只中选择了目标，在大概370－460米的距离上投下鱼雷。剩下的飞越了第一列船只，对着第二列投下了鱼雷。其中，出生于俄亥俄州克利夫兰市的海军少尉泽弗林·龙巴赫（Severin L. Rombach）将速度降低到167公里/小时以内，离水面仅有15米高。这个德裔新美国人一直将飞机开到约230－270米处，才按下电钮，投下那枚巨大的“酸黄瓜”。因为太低太近，当他脱离目标时，座机最后方的无线电员兼机枪射手无线电二级军士罗纳德·格雷兹（Ronald W. Graetz）清晰地看到甲板上日

① Lance有枪骑兵的意思。

本机枪手将黑洞洞的枪口对准自己。格雷兹下意识地调转机枪，心急火燎地对着甲板扫了一梭子——当然因为投雷后的急跃升，他根本没看清有没有扫到什么目标。

完成鱼雷攻击之后，TBD-1机群又对埃贝耶岛的水上飞机和设施进行了扫射。跟机首有固定机枪的SBD-2不同，在鱼雷机上，执行这个任务的就是如同格雷兹一样的后座人员。他们通常靠向一侧射击，转向另一侧时停止射击，以避免打着自己的机尾。

撤退的TBD-1在夸贾林岛以东10－15海里的指定地点会合。起初只有6架出现，整个第3编组的3架都消失了。马西只好立即返航。刚飞出没多远，无线电中传来第3编组长机的声音，他们也安全返航了。在整个攻击过程中，马西机队没有遇到日本飞机的拦截。尽管日本防空火炮十分猛烈，甚至在会合时，还有大口径炮弹在编队附近爆炸，但是没有损失1架飞机，也没有人员伤亡。11时30分，9架TBD-1返回"企业"号，经过检查只有3架飞机发现子弹和榴霰弹洞。飞行员们添油加醋地报告，除了那枚早爆的鱼雷之外，一共有4条鱼雷命中目标——根据日本方面的记载，美军一共3个编组，各自攻击了轻巡洋舰"香取"号、特设潜水母舰"靖国丸"号和特设油轮"东亚丸"号，除了机枪扫射之外，没有给这些船只造成任何创伤。日本人还毫不客气地批评美军的素质低下，将鱼雷定深调得过深，导致鱼雷都从船只底下通过。

二打塔罗阿

当马西的TBD-1机群离开之后，先前出发的攻击群陆续返回"企业"号上空。8时左右，拉维上尉的机队第一个归来。哈尔西和参谋人员立即接见了飞行员，听取了他们的汇报。根据他们对日军抵抗的描述，哈尔西确定需要再次对塔罗阿岛发动航空攻击。由于当时战斗机第6中队的其他飞机

"企业"号甲板上堆满飞机弹药，正在做出击准备。

都在执行战斗巡逻任务，因此只有等俯冲轰炸机和鱼雷攻击机返航。

9时左右，第6轰炸机中队和第6侦察机中队的SBD-2从夸贾林环礁飞回来了。他们一着陆，就立即投入到新攻击任务的准备之中。时间仓促，来不及组织完整的机群了，所以这是一批混合编组的队伍，包括第6轰炸机中队的7架SBD-2和第6侦察机中队的2架同型飞机，指挥官是第6轰炸机中队中队长霍林斯沃思。与上次任务一样，每架飞机携带1枚227公斤炸弹和2枚45公斤炸弹，机枪弹仓也重新装满了弹药。

9时30分，在距离塔罗阿岛95海里处，“企业”号转向东方迎风行驶，9架SBD-2顺势出动。它们没有采取大编队集合出发，而是自顾自起飞后直奔目标，途中再行会合。会合后，排成3个V形编组，再合成一个大V形编队。

10时32分，攻击机队抵达距离塔罗阿岛东南约30海里处，高度约5800米。此时，机队采取高速下滑航线背着太阳直接朝目标飞去，队形依然紧密但改为更有利于防御的一侧翼编组高度较高、另一侧翼编组较低的V字队形，以应付拉维上尉他们提到的大量的敌方战斗机。当距离目标6海里时，两个侧翼分队才分离。接近俯冲点时，每一编组的各架飞机以展开的前后三机队形进入，航向大致是北至西北。随后，飞行员们打开襟翼，从约4000米的高度对准塔罗阿岛机场进行垂直俯冲。在投弹之前，幸运的他们未遇到战斗机拦截，也没有遭遇防空火炮。飞行员们声称机场上排列整齐的飞机——南北向跑道边缘停有一排约12架双引擎轰炸机，北机库前和南北向跑道南端各停有5架和6架战斗机，跑道的东北角停有2架分得很开的轰炸机。此外，该岛没有任何之前被炮轰过的迹象，机库和其他建筑完好无损且未经迷彩伪装。

美国飞行员吹牛的本事确实不小，塔罗阿机场的陆基攻击机只有1架被摧毁在地面，其他的都还在天上飞，不知道从哪找出那么多轰炸机。战斗机数量倒是对应无差，但日本方面说，自9时45分到10时10分，就起飞了5架战斗机负责空中战斗巡逻，并非全在地面。由于没有雷达引导，日本战斗机未能及时拦截美军机群。

随后，美机开始投弹。根据美国方面的描述，第一编组长机瞄准机场上的飞机投下全部携带的炸弹。他的炸弹摧毁了两架大型轰炸机并使另两架轰炸机和3架小型战斗机起火，飞行员判断这些飞机最终将被烧毁。第二架飞机将1枚227公斤炸弹投向飞机厂附近两座机库中南面的那一座。这个机库被直接命中发生大爆炸，腾起冲天火焰并完全损毁（估计是汽油库爆炸）。随后这架飞机向西北方的奥洛特岛飞去，攻击了似乎是无线电塔的建筑以及一座行政大楼、兵营和一座小型无线电站或发电站。两枚45公斤炸弹分别击中了行政大楼的一角和一幢小楼，其中大楼的一角被炸碎，那幢小楼则被彻底摧毁。第三架飞机将炸弹投向了北面的那座机库，弹着点在机库前约6米处，机库前的3架战斗机被摧毁。

第二编组的长机从大约2700米高度向停在机场上的敌机投掷了1枚45公斤炸弹，这枚炸弹在一架大型轰炸机旁爆炸将其炸毁，并使2架战斗机起火。随后该机向机库东南侧的一个储油罐投掷了1枚227公斤炸弹，直接命中使之燃起大火。最后1枚45公斤炸弹被投向奥洛特岛一个高射炮位，炸弹的爆炸跟随着一系列更大的爆炸，白烟腾空而起——炸弹可能引爆了高射炮的弹药。第二架飞机在俯冲中投掷了全部

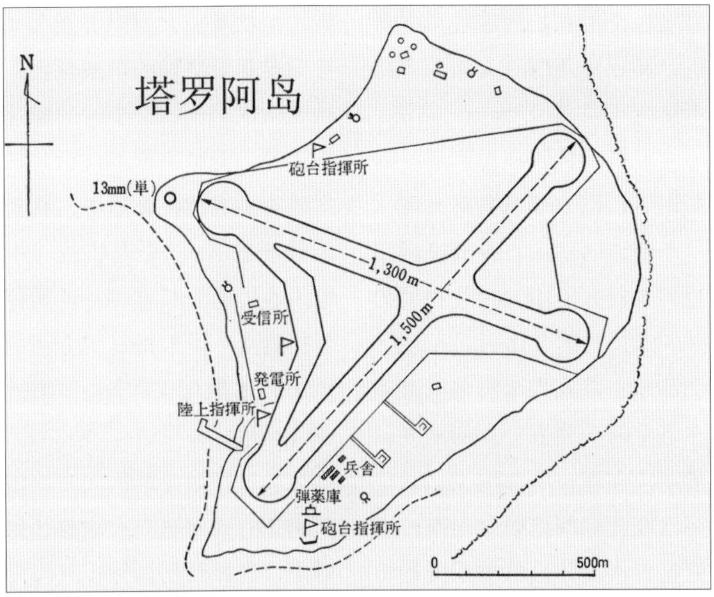

当时日军所画的塔罗阿岛设施草图。

炸弹，并在很低的高度拉起，飞行员没有注意它们击中了什么。第三架飞机将全部炸弹投向了一座T形类似兵营或行政楼的建筑。炸弹直接命中目标，将T字形那个一竖的中间一段炸开。后两架飞机随后向一艘企图驶向奥洛特岛一个码头的小艇进行了扫射。

第三编组长机将1枚227公斤炸弹投向南面的机库并直接命中，这是直接命中这一机库的第二枚227公斤炸弹。随后的2枚45公斤炸弹落在东北－西南向跑道中段停着的日本飞机当中，但是飞行员没明显观测到这些敌机受损。第二架飞机在俯冲时瞄准北面的机库投弹，因为他在很低的高度拉起，飞行员未能观测到命中位置。第三架飞机也将炸弹投向了北面机库，但都落在了两个机库之间，从空中看没造成什么明显损害。

在美机投弹期间，只有地面机枪火力射击。尽管所有编组都分摊了火力，但只有第二编组长机的右副翼上发现一个小弹孔。投弹完成之后，美国飞行员观察到塔罗阿岛上的数门防空炮和奥洛特岛上的四五门防空炮才开始射击。这些射击开始很零星和不准确，每门炮只选择射击自己的目标。然而当美机离开一段路程后，防空炮火逐渐集中。但是后面的美机通过向水面俯冲使得敌人的瞄准再度失去准头，并很快停止射击。

在SBD-2撤出过程中，日本的5架九六式战斗机才赶到战场，他们判断美军为15架俯冲轰炸机。日本人宣布击落1架美机，但实际上没有任何战果。有7架SBD-2一起编队返航，另2架因受到敌战斗机追击单独返回，直到降落前才与主队会合。

三击塔罗阿

美军第二批机群还没有抵达塔罗阿岛上空，哈尔西就迫不及待地派出了第三批飞机。这次依旧是9架SBD-2，其中8架来自第6轰炸机中队，1架来自第6侦察机中队，飞机的挂弹方式和先前一模一样。10时15分，这批飞机在第6轰炸机中队分队长海军上尉理查德·贝斯特（Richard H.Best）的带领下起飞，直扑塔罗阿岛。

贝斯特的教名Halsey，跟他们的司令哈尔西一模一样，

理查德·贝斯特。

有时也会被队友拿来调侃。他1910年3月24日出生在新泽西州贝永市，安纳波利斯海军军官学校1932届毕业生，在巡洋舰上待了两年之后转行做了飞行员。他起初在“列克星敦”号上的战斗机中队服役，1940年6月调到“企业”号上的第6轰炸机中队。贝斯特是个要求严格的人，他成为俯冲轰炸机飞行员之后，苦练本领。战前，中队刚换装SBD-2，在珍珠港进行集中训练。整个11月，贝斯特飞行了22次，时长43小时，并反复以“犹他”号靶舰为目标投掷练习弹。自从目睹珍珠港内倾覆的“犹他”号之后，他决心为这艘军舰复仇，要把真正的敌人炸入万劫不复的地狱。

贝斯特机队在看到塔罗阿岛之后，也采取了背对太阳，从东南方向切入。距离接近到15海里时，SBD-2爬升到了约4000米。这时，飞行员发现一个日军九六式战斗机编队出现在塔罗阿岛北方一点的地方。贝斯特立即下令改平飞，以获得速度，并调整航向向南。当看见日本战斗机从塔罗阿岛正东朝编队扑来时，贝斯特再度做出调整——机队朝塔罗阿岛转向，让敌人战斗机暴露在编队右侧。此时，队形转成纵队，牺牲掩护火力以便在选择目标前获得更好的观察机会。当编队以370公里/小时的航速前进时，美军飞行员注意到日本战斗机继续跟在后方，直到足够接近后，2个双机战斗机编队才从机队末端1/4处开始掠下扫射——但根据日本方面的说法，他们仅仅起飞了3架战斗机。

当日军战斗机进攻时，塔罗阿岛的地面防空火炮也开始射击，这显然是得到了战斗机在无线电中的警告。火炮射击时，美机还在七八海里之外，在地面无法看到，引信设置在约3000到3600米高度，试图击

1942年1月时的第6轰炸机中队军官合影。前排左起第3人为贝斯特、左4是霍林斯沃思。第三排左起第1人为多厄蒂。

落或干扰美国飞机。这些很远的距离就暴露的高射火力给人留下深刻的印象。

贝斯特带领机队从北面进入，以避免一头撞进火网和遭到纵射。领头飞机攻击机库和附近目标，跟着的飞机攻击停放在地面的大型轰炸机——这些正是中井一夫率领的九六式陆基攻击机，它们刚刚降落。在进入俯冲前，编队中最后一架飞机是第6轰炸机中队的约翰·多厄蒂（John Doherty）少尉座机（中队15号机），他飞到了编队倒数第2架（中队12号机）的前方。就在俯冲时，被超越的驾驶员看见一架九六式战斗机咬住了多厄蒂座机的尾部，就用其2挺固定机枪开火，击落了这架日机。但是多厄蒂少尉的飞机在躲进云里后就再也没出现。事后认定他和他的后座无线电员兼机枪射手三等航空军械员威廉·亨特（William Hunt）均牺牲。

11时30分，除了第6轰炸机中队的10号机以外，其余飞机一齐扔下全部炸弹。根据美军的汇报，中队2号机投下的2枚45公斤炸弹击中西边的机场大楼；7号机投下的227公斤炸弹击中北部机棚的门，引起了火灾；9号机投下的炸弹摧毁了1架双发轰炸机。随后，10号机投下的227公斤炸弹直接命中北机库，该机库的整个南半部喷出烟和火。

SBD-2退出时，他们遭遇了低空巡逻的九六式战斗机，被迫放弃会合的可能，进入单机缠斗。因为此时中井的机队正准备降落，所以九六式战斗机攻击特别凶猛，几乎所有的SBD-2都至少被敌战斗机攻击过一次。美军飞行员拼尽全力，利用约600－1200米高度，云量约4到6度的云层作为掩护，躲避攻击。

值得一提的是带队长机贝斯特就遭遇2架九六式战斗机的围殴，幸好他曾经驾驶过靶机跟战斗机对练过，又技术娴熟，知道如何脱身。最后，他的座机一共被打了40多个弹孔，仍然安全返回了。事后他面对自己的座机，冷静地评述说，这些弹孔只有2个在机身前方，其余的都在机尾和翼梢，并不致命。他甚至在报告中对日本战斗机飞行员直接提出批评“在所有的例子中，从各方面而言，日本战斗机战术是固定的。一般他们缺乏进取心，在刚刚脱离有效射程就放弃攻击。在很多时候，他们都放弃攻击，然后转身掉头爬高，这在训练有素的猎手眼中就是死鸭子一只……（日本飞行员）几次迎面逼近SBD（即SBD-2，作者注，下同），使之进入剪式机动，但这样做是无效的。这些战斗机飞行员既没有撞击的倾向，也明显不愿将攻击进行到底，达成决定性的结果。（日本飞行员）首选是在射程内攻击，尽管取得了一些命中弹，但是根本无效（多厄蒂少尉可能例外）”。他还进一步评价了九六式战斗机“这种飞机有固定的起落装置，下单翼单座战斗机。尽管速度不是很快，但是可操纵性和小的回转半径让人印象深刻，显然这是因为其轻巧的结构。每个机翼里装2挺机枪，准星校准在最小射程的1又1/2或者1又1/3地方。机枪的火线是交汇的，而不是像在珍珠港发现的那样是平行的。对受伤SBD的检查显示，这种战斗机的武器是2挺7.62毫米口径和2挺12.7毫米口径的机枪。”（这点有误，九六式无12.7毫米机枪，这可能是误将日军军舰、地面防空火力射击的弹孔或友机的误射判断为九六式的成果。）

令贝斯特满意的自然是他自己的部下，他对年轻飞行员完全无视敌人防空火力和战斗机，勇敢接近目标进行俯冲轰炸的表现给予肯定。与日军声称的击落5架俯冲轰炸机相反，这一次有8架SBD-2虎口逃生。它们分散逃离，在一条新航线上汇聚成3个小群返回。据第6轰炸机中队的第11和第12号机后座射击员声称，各自击落1架敌战斗机。尽管因为敌方战斗机的攻击，机队无法对轰炸效果进行评估，但是美军仍然相信塔罗阿岛此时已经成为一座废墟。

见好就收

在当天上午，哈尔西还派出一批飞机补充轰炸了沃特杰岛，因为根据斯普鲁恩斯的报告，岛上的反击火力还是挺凶猛的，并未受到有效压制。这次出击的是8架SBD-2和9架TBD-1。SBD-2装载的炸弹与先前相同，而TBD-1依旧选择每机挂载3枚227公斤炸弹。尽管TBD-1的载弹量大，但是机体的老旧和性能较差可能是哈尔西更愿意反复使用SBD-2的原因。

SBD-2的作用还可能影响到了机群总领队的选择。布朗宁又点了霍林斯沃思少校的将，这是后者在一个上午执行的第三次任务了——可能是霍平少校的阵亡，使得他承担了超常的任务，毕竟这次需要一个足够资历的军官。因为TBD-1机队的领队不详，最有可能还是林赛少校，让一位资深少校听从只有上尉军衔的分队长指挥可不像话。

11时22分，攻击机群从“企业”号上起飞，仍然是SBD-2在前，TBD-1居后。由于沃特杰岛几乎近在眼前，所以机群不需要编组大机群共同飞行，直接完成起飞编组后，就开始切入攻击模式。可是，这次霍林斯沃思却没找到什么有价值的目标：潟湖内有一艘船重创搁浅，另一艘受伤漂浮，都不值得浪费炸弹。岛上除了浓烟滚滚，已被摧毁的目标外，也没有可以辨识的军事设施。17架飞机在天空晃悠了几圈，匆匆轰炸了可能隐藏日军的椰子林之后，一起返回了母舰。

这是哈尔西这头老牛的

装载炸弹的SBD-2准备从“企业”号上起飞。

最后一顶，也是美国人的最后一击了。13时22分，当霍林斯沃思第三次降落在“企业”号甲板，这个不知疲劳为何物的汉子也满面倦色地问哈尔西：“将军阁下，您不觉得我们应该赶紧离开这鬼地方了吗？”哈尔西怜爱地看着他，笑着说：“我的孩子，这事我已经考虑到了。”

是的，TF HOW在整个上午享受着幸运时光。从第一波开始起飞后的九个小时里，“企业”号一直在沃特杰岛附近水域巡弋，单调地重复着起飞飞机－回收飞机。尽管它几乎暴露在沃特杰岛的视野之内，但是没有遭到任何实质性的袭扰——上午9时左右，雷达曾显示在舰队西北方有一不明飞机。这可能是从埃贝耶岛起飞的某架水上侦察机。于是，“企业”号的战斗机引导官海军少校伦纳德·道（Leonard Dow），用骂骂咧咧的腔调指引空中巡逻的战斗机前往拦截——他肥胖的肚子里装满了各种各样的骂人字眼，堪称美国海军骂街活辞典。与“约克城”号麦考马克机队一样，战斗机飞到了指定空域却“幸运”地一无所获。还有几次，空袭归来的友机引起了虚警，但都在悲剧发生前正确地得到识别。更出乎美国人意料的是，连潜艇的警报也都没有。后来，美国官方海军战史学家莫里森这样描述：“我有充分的理由相信，当时一定有一群天使在‘企业’号的周围保护，才使得潜艇和空中的炸弹都离她远远的。”事后诸葛亮的生花妙笔可以尽情渲染，但在现实中的人不能耽溺其中，理智告诉哈尔西和幕僚们，上帝的恩惠即将被使用到极限，否极泰来很可能就在转瞬之间。

另一方面，正如霍林斯沃思一样，飞SBD-2的飞行员也到了体能和精神的极限。飞行员们只有在加油和挂载炸弹时能够稍微休息一下——哈尔西称之为“这群年轻的小伙子好像是参加美式足球比赛。上场的时候就拼命干，趁暂停的时候休息一下，再继续上场比赛”。再这么使用下去，就算不遭遇日本人的反击，也会出现无谓的损失。而且目前汇集的战果极为丰硕，看起来纵然再施加攻击，也不能锦上添花了。眼下，斯普鲁恩斯炮击编队已经归队，全部攻击机群都已经收回，肖克编队回避航空攻击之后也在赶来会合的路上，是到了该见好就收的时候了。于是，就在那一刻，哈尔西果断下令撤离当前水域。

1940年时的“企业”号。

命令下达之后，TF HOW排成整齐严密的队形，以胜利者的姿态，取25节航速向东北方航行。哈尔西的决策没有一丝一毫的问题，但调皮的部下还是不放过任何调侃的机会，一些南方来的水兵戏称“哈尔西溜得飞快”。

当然哈尔西跟格雷的那些伙伴不同，他没有忘记自己总指挥的职责——将撤退令下达给上百海里外的弗莱彻。此前，他已经收到了TF FOX的汇报，这是两支舰队自参与行动以来第一次通过无线电直接联络。哈尔西在14时21分用无线电回复弗莱彻“你部可相机撤退，但切不可迟于今晚”。

第十六章　全身而退

歼敌耳目

随着时间推移，日军起飞的侦察力量和攻击力量也逐渐飞临美国舰队上空，首当其冲的就是TF FOX。13时07分，“约克城”号的CXAM雷达在82度方位，32海里之外发现一个新的不速之客。它正在缓缓靠近编队所在水域。这又是一架来自伊密埃吉岛的九七式飞行艇，编号63号机，由保田辰也大尉指挥。大概因为浓云遮蔽，艇上的两位侦察人员佐川孝史、神田忠美海军一等飞行兵曹都没有注意到海面的情况，众人也不知道自己将面对与前一架友艇迥然不同的命运。

当时，“约克城”号正在进行战斗巡逻换班。13时不到，麦考马克率6架战斗机飞回航母上空，开始绕编队盘旋。“约克城”号飞行甲板上，则排列了6架已经加满燃油、装满枪弹的F4F-3“野猫”式战斗机。随后它们在第42战斗机中队副中队长海军少校查尔斯·芬顿（Charles R. Fenton）指挥下，陆续起飞，然后再轮到麦考马克机队降落。目标警告出现时，起降工作已接近尾声，航母迅速进入战备状态，离开迎风航向，准备迎接这个最新的窥视者。

13时13分，飞行艇出现在“约克城”号约13700米开外低悬的云中，这是首次用肉眼观察到目标。美军航母和护航军舰都没有开火，以避免误击进行空中战斗巡逻的战斗机，

战前的“约克城”号航母。

击落目标的责任也落到了后者身上。

起飞不久的美军战斗机，已经分成了3个双机编组。其中第3编组是海军预备役少尉埃尔伯特·麦卡斯基（Elbert S. McCuskey）和约翰·亚当斯（John P. Adams）搭档。热情开朗的麦卡斯基1915年2月8日出生在阿肯色州小石城，1938年进入海军，1939年成为飞行员，并作为储备军官，1941年12月征召上舰。比麦卡斯基小4岁的亚当斯是堪萨斯州白云镇人，在1941年6月才成为飞行员，随后补充到第42战斗机中队。这一对老小菜鸟组合成了当天的幸运儿——13时15分，保田大尉的九七式飞行艇穿越了“约克城”号的舰首，两架美军战斗机正好同向飞行。麦卡斯基打开12.7毫米机枪保险，踩下节流阀，从云下高速俯冲，并试射了机枪。他突然发现，眼前出现了“巨大红色圆徽”——是的，他过于急躁了，因为接近太快，他没办法开火。他从飞行艇下方极近处飞过，然后拉起做了个跃升转弯半滚倒转，重新从目标上方进入，并预留了提前量。在他扣下扳机前，滑行到目标后方的僚机亚当斯先开火了。紧接着他也射出一串曳光弹，击中了飞行艇肥硕的右翼根部，瞬间“一道闪光闪电般地划过机翼尖”，整个飞行艇都爆裂开来了。麦卡斯基猛地拉起，以躲避漫天的残骸。他回头看了一眼，看到“似乎是发动机和其他东西掉落”，以及“部分机翼向落叶一般缓慢地坠向大海”。初出茅庐就取得击落记录的他兴奋地呐喊，并在无线电中汇报“我们打中了

第42战斗机中队在1942年2月6日的合影，前排坐者左起第5人为副中队长芬顿，右起第4人为中队长彼得森，右3为麦考马克，右2为伍伦。站立者左起第2人为莱特，右1为哈斯，右2为巴塞特，右3为亚当斯，右5为麦卡斯基。

那个该死的家伙”。

13时17分，站在“约克城”号外面的官兵目睹了飞行艇凌空的爆炸，看到了巨大的火球以及许多碎片坠落，他们欢呼起来。副舰长克拉克抓过麦克风，向全舰广播“开火！打死这个狗娘养的！”——此刻，他感觉胸中的郁闷舒缓了不少。赶上这一幕的还有法里昂带领的3艘驱逐舰，他们正好从后方追上编队，见到了这漫天的“欢迎礼花”。他们也万分喜悦，就像看见了“袭击”自己的飞行艇被击落了一般。

8分钟后，“约克城”号改变航向，回收了2架战斗机。着陆后，还有7天年满27周岁的麦卡斯基与还有19天年满23周岁的亚当斯经历了人生中最难忘的一刻——他们返回战斗机中队准备室的时候，一些人告诉他们立即去舰桥，那里正有一个小仪式等待他们汇报。兴奋的他们来到舰桥，受到了英雄般的欢迎。飞行伞包准备室的工作人员也已经拿出了准备好的礼物，一件彩色夹克和一顶土耳其毡帽——那曾是麦考马克期望得到的东西。麦卡斯基和亚当斯分享了礼物，前者得到了彩色夹克，后者得到了土耳其毡帽。

战争之中，一边的胜利与欢欣，就是另一边的失败与痛苦。这架九七式飞行艇被击落前，没有发出任何电报。当天，日本横滨航空队的战斗行动登记簿上写着“10时（即美军时间的13时），与基地无线电联系之后，情况不明……推测与敌机交战，机体爆炸战死”。也就是说，保田大尉在刚刚联络完基地后不久被击落，机上9人全部毙命。

此后，TF FOX的上空未再遇到任何骚扰。14时30分，弗莱彻接到了哈尔西让其相机撤退的命令。不需要再考虑任何攻击了，舰队改航向东北，向珍珠港撤退。同时，他重新设定了加油点，位于更靠近夏威夷的水域。忙碌的“约克城”号也暂时安静下来。

乘着这个机会，巴克马斯特舰长召集飞行员们对行动予以了点评——尽管给敌人造成的损失并不是十分巨大，但是实施攻击的飞行员们面对可怕的天气，即使与他们的指挥官分离，仍然坚持完成了任务。所以，他认定所有飞行员“最好地捍卫了军人天职”，他还特别表扬了那些年轻的和经验不足的飞行员。最后，飞行员们悼念了各自中队的失踪和遇难人员。特别是当第5轰炸机中队悼念副中队长贝林杰时，队员们哭成一片。

更有意思的插曲出现在当天深夜。沉浸在胜利喜悦中的麦卡斯基睡不着觉，听到有人敲舱门，就让对方进来，发现正是跟自己分享击落记录的亚当斯。他本以为亚当斯跟自己一样，是因为过于兴奋睡不着，但很快意识到事实恰恰相反。亚当斯开始谈论日本飞行艇上的飞行员，表现出一种负罪感。也许正常人在战争中初次杀人都会这样吧，在夜谈中，两个人都乱了阵脚，开始思索“我们参与了一场人类的杀戮，而不是击落了一架飞机那么简单”。

有惊无险

与“约克城”号的幸运不同，在另一边，更多威胁降临到了TF HOW的头顶——哈尔西的撤退不可谓不及时，但他们还是被日军飞机赶上了。这次正是来自塔罗阿岛的九六式陆基攻击机队，带队的还是那位老熟人中井一夫。13时30分，这支飞行编队被雷达发现，在距离航母编队15海里处遭到了第6战斗机中队4架F4F-3战斗机的拦截。尽管海军中尉弗兰克·奎迪（Frank B. Quady）和海军预备役少尉诺曼·霍德森（Norman D. Hodson）双机编组击中了日本长机，由于云层的掩护和该死的机枪卡壳，对手还是成功地突破了空中巡逻圈，高速接近“企业”号。

中井让5架陆基攻击机排成“人”字形，在1800米高度，从“企业”号右前方25度角距离3200米外的云层中突然杀出——美国海军的轮型阵落入日军飞行员的眼中，他们全部注意力都集中到核心位置的“企业”号身上。他们选择了滑翔投弹，以20度俯冲角的小角度俯冲，朝“企业”号猛扑过来。

美国护航军舰也没有迟疑，它们奋力开火，在空中交织成火网。但是初次参加实战的炮手们把战术要领抛在了脑后，他们急于击中敌机，而没有充分将火力导向目标，结果是炮弹都在目标身后爆炸。而空中巡逻的战斗机担心遭到误射，只能在高炮射击圈外徘徊，以待敌机返航时再行攻击。

在“企业”号上，默里舰长紧盯着日本飞机，命令加速到30节，先是一个左满舵，马上跟着右满舵。“企业”号反应非常灵敏，“让开”了高速接近的轰炸机。当4联装的28毫米机关炮震耳欲聋地开始射击时，5架敌机在不足1100米的高度各投下3颗60公斤装有瞬发引信的普通炸弹。大部分炸弹都落在了右舷外，没有造成损伤，只是剧烈的冲击波敲打着舰体，几乎将它从水中托举起来。

有一颗炸弹对“企业”号形成了有效威胁。它落在距左舷船尾130号肋骨约15米开外，掀起30多米高的水花，一时间有无数炸弹碎片朝“企业”号舰体飞来。这些碎片造成了多处损伤：

1.第130号至133号肋骨间的机库隔壁被穿透，在被覆的6毫米中等钢板上造成一个11.4厘米的破口。

2.在机库卷帘上造成6个破口。

3.在119号到135号肋骨之间，暴露在外部的一根直径51到64毫米的汽油管线被贯穿9处。而且从汽油管内喷出来的汽油被灼热的碎片或电路短路所点燃，大火在第130号肋骨和第144号肋骨之间的左舷走道和救生艇甲板上燃烧。

4.在126号肋骨附近的M-1、M-2和M-6消磁电缆盘和15个小电缆盘被炸弹碎片贯穿后，又被汽油引起的大火烧坏。

这些破损看起来很多，实际损失微不足道，仅有大火猖獗一时——汽油引起的火灾点燃了覆盖的帆布、破碎的地板、飞机加油软管、甲板上的橡胶垫和救生衣，在甲板和防水隔壁上肆虐。汹涌的火灾看上去很危险，但是很快就被消防人员用泡沫发生器产生的化学泡沫压了下去。依靠这种快速高效的灭火设备，“企业”

“企业”号受创部位特写。

号迅速修复，经受了第一次实战的考验。

炸弹同时还造成了人员伤亡，弹片射中了二级水手长乔治·史密斯（George Smith）的腿部和另外两名士兵。史密斯坚持射击，直到战斗结束。2个小时后，他因为流血过多，伤重不治。

然而事情还没有结束，日本飞机投弹完成后，从“企业”号500米上空改出俯冲，以460公里/小时的航速平飞而过。这时中井大约觉得受伤后的座驾难以返航，他挥手告别其他人，然后脱离编队，猛然左转，从“企业”号舰首飞过，绕到舰尾俯冲下来，机上机枪向停着飞机的飞行甲板扫射。这让美国水兵们大吃一惊，防空火力一齐开火，打中了日本飞机。然而，由于距离太近，被击中的机体像流星一般撞向“企业”号——中井根本就是要撞击这个大目标。此刻，在烈焰焚烧的机体内，这位顽固而又脆弱的人眼前浮现了许多影像，父亲、外祖父、姨父……他想起了去年7月间第23次也是最后一次去看母亲，想起了去年10月在火车站告别家人，耳边又激荡起“兴国之钟”的钟声……

看到日本飞行员要拼命，默里舰长冷静地抢上舵位，亲自掌舵，并立即向右急转舵。当舵机打满时，飞行甲板向舰尾倾斜了一下。就是这一下拯救了“企业”号，日本飞机正好从倾斜处飞过，只是斜斜地擦到了飞行甲板尾部，然后滑落到左舷舰尾的大海中。

在日机擦到飞行甲板之前惊险一瞬，一个勇士出现了，他就是第6侦察机中队的二级航空机械军士布鲁诺·盖多（Bruno Gaido）。这位22岁的密尔沃基人以大胆闻名，敢于乘坐初次上舰飞行员的座机兜风，只为了体验那飞行的感觉。这次，他猛然跳进一架停在甲板最后一排的SBD-2（第6侦察机中队5号机）的后座舱，操起后座机枪对准九六式的机头驾驶舱开火，企图打死日本飞行员。他的射击没起到什么作用，而身下的SBD-2却被日本飞机的右翼切成两段——尾部机身跟随掉落大海，盖多本人与飞机前半部则被撞离了原位，一直滑到右舷的一条步道前才停下来，汽油淋到了舰岛和前面的飞行甲板上。

“企业”号真是一艘幸运的军舰，这次自杀式攻击没有造成更大的损伤，没有引发火灾，也没有害死勇敢的盖多。但目睹这一切的许多舰员却有些“创伤后应激障碍”，显得惊魂不定。一些炮手觉得又看见日军飞机来袭，发疯似地对着空无一物的天空开火。另外，也许是因为紧张，一些目睹这一攻击的人坚持认为他们看到第6架飞机从机群中窜出并向“盐湖城”号近旁投掷了炸弹。

哈尔西也亲眼目睹了这

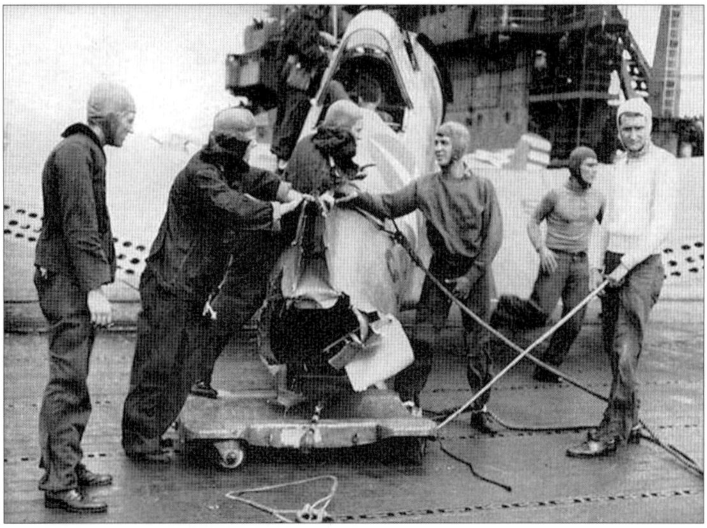

被中井撞去一半的第6侦察机中队5号机。

惊心动魄的一幕。在日机坠海之后，他深吸一口气，走到休息室去品尝咖啡。就在那，他看到值班的文书I.鲍曼（I.N. Bowman）正在微笑，于是瞪大了眼睛问对方在笑什么。这名士兵却羞红了脸，嚅嚅道“没什么”。哈尔西立即转身问他的参谋长，这是谁。布朗宁没有反应过来，吃惊地回答说：“怎么了长官？他是鲍曼，您参谋部的人啊。”哈尔西眉毛轻挑说：“我不是问这个，我想知道他的军衔是什么。”“报告长官，是文书兵。”哈尔西微笑着说：“你搞错了！他现在是文书军士了。凡是有人在我两腿紧张发抖的时候，还能面露微笑的，都应该升级。”不知道是受哈尔西的影响，还是纯粹自己的意见，默里舰长也把勇敢的盖多直接提升为一级航空机械军士。这两个励志故事迅速在“企业”号上流传开来——乔治·史密斯似乎没有提升或授予其他高级勋章的记录，他至少获得了一枚银星勋章吧。

再接再厉

刚应付完一轮空袭，新的威胁再度降临。14时，一架日本水上飞机突然从远处云层中钻出来。这是从埃贝耶岛基地起飞的水上飞机队中的一架。在中岛大佐派出的3个小队中，北面的第1小队没有发现美军，南路的第3小队和中路的第2小队分别在13时58分和14时05分发现了正在匆匆撤离的TF HOW。两个小队立即解散编组，开始围绕美军编队保持接触和监视。考虑到自己没有替班飞机了，在基地坐镇指挥的中岛立即让第1、2小队返航，仅留第3小队继续监视。前两个小队在16时15分至16时30分之间返回，迅速加油之后于17时20分再次出击，但未能再次发现美军舰队。这样一来，就只有第3小队的记录了。

被美军发现的是第3小队的2号机，飞行员是大石清海军三等兵曹。在与1号机分开之后，他从云端里冲出来观察。美军空中巡逻的F4F-3机组迅速咬上了这架水上飞机。大石极力操纵飞机在云里钻来钻去，回避美机的攻击。经过一番猫捉老鼠的游戏之后，大石还是被击落了，而且击落前未能发出电报。同机一共3人，全部毙命。

因为第3小队的成功跟踪，自塔罗阿岛来的第二波陆基攻击机很快找到了“企业”号。16时不到，2架九六式陆基攻击机从“企业”号编队后方进入，高度大约4300米，速度大约260公里/小时。这次不知是引导官的引导晚了一步，还是云层的影响，F4F-3所处的位置相当不利，兜个圈子转过来，已经追赶不上日本飞机了，让后者再次突破进入军舰防空火力圈。

看到日本飞机突入，防空炮位的炮手们又忙碌起来，然而这次他们的表现更差，根本挨不着敌机。看到这样的一幕，在外围绕圈的战斗机飞行员们只有干着急。此时，他们的领队正是中队长麦克拉斯基，他灵机一动，用无线电告知舰上高射火力的偏差（舰上广播系统直接切到战斗机使用的频道）。实际是否起到校射的作用不得而知，但是确实有高射炮弹击中了一架日本飞机，其尾部开始冒烟。然而2架日本飞机还在前进，它们从穿越一大片稀松的云层并背光从右舷前方45度角进入，各自投下2枚炸弹，然后立即钻回了云层。在躲进云层前，那架已经中弹的飞机冒出更多浓烟，速度也进一步降低。

日机投下的炸弹落在距离“企业”号很远的地方，没有造成任何损失。尽管如此，麦克拉斯基和队友们仍不肯放过日本飞机，他在无线电频道里大叫“炮火暂停，让我来收

"企业"号上的4联装28毫米机关炮。

拾这个兔崽子！"随着防空火炮停止射击，他驾驶座驾带着两架僚机冲入了云中。此时海面上的人都不知道发生了什么，只有广播系统传出麦克拉斯基急不可耐的怒吼："让开一点，我要把这狗娘养的打下去！"人们听到云层中发动机开到最大时的轰鸣声以及机枪的咆哮，随后飞机碎片如雨点般从云层之中坠落。

实际上，完成攻击的不是麦克拉斯基本人，而是他的僚机海军上尉詹姆斯·丹尼尔斯三世（James G. Daniels III）。1915年10月13日，这位胖娃娃般的年轻人出生在密苏里州堪萨斯城，当时的一座大城市（1900年排名全美第22位）。在美国内战时代，这里曾经充斥着仇恨与恩怨，但随着战争的血洗，奴隶主势力终于被历史淘汰，城市也获得了长足的发展。丹尼尔斯是幸运的，他生活在城市的发展期，并进入了美国海军，于1938－1939年在彭萨科拉基地完成了飞行学习。1941年12月7日夜，他和5名队友驾战机返回珍珠港时，遭到地面友军的误击，3名队友殒命。幸运的他不仅逃过一劫，还成为唯一降落在福特岛机场的飞行员。此后，他时刻想着复仇，要用敌人的血告慰枉死的战友。今天，在麦克拉斯基的指挥之下，他第一次体味到了血洗仇恨的感觉，散出了胸中郁积已久的恶气。这架九六式陆基攻击机的击落记录得到了日本方面的证实，但另一架被击伤后还是成功逃脱了，并在17时25分孤零零地回到了塔罗阿岛。

接下来安宁仍然是个奢侈品。在击落日本陆基攻击机约1个小时后，F4F-3又发现了一支日本鱼雷机飞行队——其实那仅是一架水上飞机而已，即第3小队的1号机。这架飞机已经断断续续追踪编队3个多小时了。美军F4F-3立即对其展开绞杀。17时18分，因为燃油告罄，又连续遭到攻击，驾驶员松本和夫海军飞行兵曹长驾驶该机撤离。18时45分，这架被美军宣布击落的"鱼雷机"挣扎着回到了埃贝耶岛基地。

由于连续遭到日本飞机袭扰，"企业"号不断起飞战斗机。到18时35分日落时，整个第6战斗机中队所有可用的14架F4F-3都在空中巡逻了。这些飞行员疲惫不堪，他们中的有些人已经是当天第5次执行战斗任务了，所有人勉强打起精神，在逐渐昏暗的天空中，警惕地扫视每一个角落。终于，"企业"号开始回收战斗机了。这时，满月已经升起，月光照亮了母舰的航迹，大大有利于着舰作业。19时02分，最后一架巡逻战斗机安全降落。

夜色降临，暂时没有日本飞机攻击的威胁了，这是一个摆脱敌人窥探骚扰的机会。哈尔西的掌旗官海军少校威廉·阿

威廉·哈尔西的参谋部，照片中左起第4人为参谋长布朗宁（手中点烟），第7人为哈尔西将军，第8人为精通日语的霍尔库姆（头被哈尔西的帽子遮去部分），第9人为骂人字眼丰富的道，右起第1人是因微笑被提升的鲍曼（戴白帽），第6人是建议迂回返航的阿什福德（戴望远镜）。

什福德（William H. Ashford）建议，不要走东北航向直接驶向珍珠港，而是换成日本人意料不到的西北航向。而且，在这个航向上，还可以得到一个湿冷锋的帮助——这是一片有着狂风和大雨的水域，如果换在白天，将对“企业”号的飞机起降作业造成严重影响，现在却成为它最好的掩护。这个建议被哈尔西采纳。尽管接下来的航程浊浪排空，军舰与军舰之间难以看清，但是舰队不可能被飞机追踪。舰员们亲昵地将之称为“‘企业’号天气”。（也有说法认为，是选择西北航向迂回返航，恰好途中遇到了湿冷锋。）

追之不及

日本方面还没发现美国舰队已经离去。下午4时，按捺不住兴奋的联合舰队发布了第59号作战命令，要求实施对美国舰队作战第三套战法。这是开战时机密第1号作战命令中规划的，要求先遣部队（第6舰队之潜艇一部）、机动舰队（航母部队）、南洋部队和北方舰队共同对美国航母编队作战。根据该项作战要求，北方第5舰队和本土第11航空舰队的机群都要给予支援。之后，第5舰队开始进入战备，涉及各航空基地的机群调动也开始谋划。

考虑到机动舰队及航空部队的需要，他们不断强调侦察。早在当天12时30分，第4舰队就下令马绍尔群岛航空部队要与美国舰队保持整晚的接触。17时30分，驻罗伊岛的千岁航空队司令大桥大佐下令伊密埃吉岛基地的飞行艇具体执行这个任务。作为驻扎马绍尔群岛的东方空袭部队指挥官，他能够指挥横滨航空队的力量。但不知什么原因，这个命令没有被遵从。就当时的伊密埃吉岛基地而言，还有1架飞行艇可用，就是1个多小时前返航的41号机。战后，在防卫厅战史内，执笔者仍然以这架飞行艇尚在执行任务而推托，真是咄咄怪事。合理的解释可能有二，或者机体出了某种故障，或者没有备份机组人员了吧。

最后，这位唯命是从的资深航空军官显然也是急过头了，求人不如求己，下令由自己所辖的驻塔罗阿岛分遣队执行侦察任务。17时45分和次日0时06分，从塔罗阿岛机场各起飞1架没有加挂炸弹的九六式陆基攻击机，飞向“企业”号可能存在的水域追踪。这两个机组在几个小时之前见过“企业”号，但陆基攻击机没有装备对海搜索雷达，只能依赖目力搜索，他们未能再看到“企业”号的身影。

此时，南云忠一的机动舰队还在一路东进，高速赶来。舰桥上有种莫名兴奋又混杂着凝重的气氛。对于几无航空经验的南云来说，这既是机遇又是挑战，承受着额外的压力。他缺乏有效的情报，自17时以后，马绍尔群岛已经完全丧失了与美国舰队的接触，无法确定美军的大概位置。他下令保持严格无线电管制，也要求舰队保持对潜防空警戒。入夜之后，他又补充指示在2日之后，将随时遭遇敌人，为此需事先做好战斗准备。

2月1日（东）23时30分，长岛大尉率领的先遣队抵达了伊密埃吉岛基地。这两架九七式飞行艇，穿过了暴风雨区和整整500海里漆黑的洋面。疲惫的日本飞行员匆匆打了个盹，第二天一大早（7时35分）就投入到搜索美军航母编队的任务之中。他们一直朝东飞行到500海里以外，但酸胀的双眼什么都没有发现。

2日（东）11时40分，第4舰队再度发布警告，因为无法探知美国航母的位置，要求其他各部严加警戒。这一警告加深了机动舰队的焦虑情绪——对于南云来说，他的焦虑是出于对战场不确定性的担忧，而他的航空参谋海军少佐源田实则是害怕丢失交锋的机会。在南云接任司令长官之后，对航空一窍不通的他，完全将源田当成了自己的大脑。克拉克所梦想的，在源田身上倒实现了。源田早在威克岛战役后就与参谋长草鹿龙之介达成意向，计划将机动舰队留在南洋诸岛，并向东扫荡所罗门与新几内亚区域内的盟军航空力量

从拉包尔起飞的横滨航空队九七式飞行艇。

与水面舰队，以等待与逃过珍珠港之劫的美国航母部队正面交战。所以，他期望哈尔西不会立即逃走，让他能一展宏图。除了建功立业之外，罗伊岛上的大桥大佐曾经做过源田的飞行教官和上司，因此他心底还可能存在一丝拯救的满足感。[①]

就在日本海军各舰队在自己制造的紧张氛围里渐行渐远之际，海军高层意识到，美军航母编队其实已经远离，他们更为担心美军以此声东击西，对日本本土发动航空袭击。3日（东）2时20分（机动舰队实际记录时间2日23时20分），联合舰队第64号作战令下达，取消了机动舰队的行动。至此，除潜艇继续搜索，第6战队继续返回夸贾林环礁之外，日本海军放弃了一切追击行动——无论是南云的担忧，还是源田的宏愿和小心机，最终都化作了虚空泡影，哈尔西率领的美国舰队轻易地全身而退了。

在马绍尔群岛扑空之后，南云机动舰队在2月底集结于西里伯斯岛。

值得一提的是，在参与追击的日本舰只中，“伊-23”号潜艇自2月14日以后失去了音讯。到2月28日（东），被日军海军认定沉没，柴田中佐以下均认定战死。这虽然不是美国袭击舰队的直接战果，也算是一个附带的成果吧。

① 从源田实后来的回忆看，他对大桥教官着墨不多，而对另一位教官谈论较多，从中至少可以推出，大桥与源田的关系并不紧密。以此而言，这种心理上拯救感反而愈发微妙。

第十七章　勇士归来

凯旋归来

逃脱了日本航空力量的追踪，美国舰队的返程就是一路顺风了。哈尔西唯一担心的是燃油问题，在撤退当晚，他就致电南下中的TF11，请求对方沿珍珠港西南延长线航行。这样两支舰队就能尽早会合，由TF11中的舰队油轮“尼奥肖”号及时为其补充燃油。TF11编队司令布朗十分痛快，一口答应。他在回电中表示，会在2月3日在约翰斯顿岛以北与TF8相逢。

2月1日上午，哈尔西正式电告尼米兹，“我部已摧毁大量军事目标，在本地区继续作战已无必要”。他还宣称，在夸贾林击沉或击伤了许多运输船和辅助船只，在沃特杰击毁或迫使一些运输船搁浅，塔罗阿岛和沃特杰岛的岸上设施遭到大面积破坏，许多敌机在空中和地面被消灭。尼米兹立即给哈尔西和弗莱彻两人同时发去了慰问的电文，内容无懈可击——“整支舰队都打得很漂亮。”他还认可了哈尔西与布朗的会合点，并提醒弗莱彻，如果“尼奥肖”号万一在中途损失，就必须使用“萨宾河”号为哈尔西的舰队加油。由此可见，尼米兹对夏威夷附近水域的日本潜艇活动有着悲观的预测。

尼米兹的提醒很快就被人忘怀了，因为哈尔西在调查了各舰燃油存量之后，确认它们能够支持自己返回珍珠港。这可是个好消息！在通知了尼米兹和布朗之后，哈尔西独自率TF8航向珍珠港，而TF11则依据尼米兹的指示，径直南下。当晚兴奋的哈尔西又绕有兴致地向全舰队致电：“这一仗大家都表现出色。你们每个人都在马绍尔群岛创造了历史。我能担任你们的指挥官，真是三生有幸。愿上帝祝福你们！”

2月5日上午，TF8又一次回到了珍珠港。“企业”号官兵一律白色制服，在飞行甲板列队。舰首由掌旗官阿什福德升起了一面大幅的战斗旗。看到这一幕，舰队内的其他军舰也纷纷效仿。

这一次进港跟前几次都迥然不同，胜利的喜讯早已传遍整个港口，大家都知道这是凯旋之师，所以用最大的热情欢迎他们。每艘船只都拉响汽笛，士兵、水手、船坞工人们则吹起口哨，不会

八面玲珑又沉稳有度的尼米兹。

吹口哨的也都大声呼喊、挥舞双手，以及手中的一切——手帕、步枪甚至是拖把。再也没有人用质疑的眼神和语气跟水兵们说话。

尼米兹将军早已像等待恋人一样来到码头，目睹"企业"号缓缓进港，停靠在了泊位。还没等舷梯放下，他就一屁股坐上工作吊板，登上了"企业"号。尼米兹直接迎着哈尔西的面走上前去，紧紧握住他的手，大声说："干得漂亮！"尼米兹的身后还跟着一批将星闪耀的人，其中就有当初强烈反对出击的西奥博尔德少将。他紧随尼米兹登上军舰，伸出手指在哈尔西面前晃动着说："该死的比尔，你他妈的把仗都打完了，让我们干什么？"两人哈哈大笑，哈尔西那张风霜老脸上流下了骄傲的泪水。

其他军舰的停泊没有这么风光，但也十分顺利。比如"盐湖城"号进港时，舰长站在司令塔，副舰长和航海长站到了舰桥。当军舰在C-3泊位下锚之后，欢天喜地地将2名仅有的伤病员转移到医院船"安慰"号（AH-5 Solace）上去。

罗伯特·西奥博尔德。

次日中午，TF17也抵达了。他们也是借助了暴风雨和夜幕的掩护返回的。撤退的当晚，TF17就与油轮编队会合。2月1、2日之间，舰队补充了燃油，然后缓缓向东北方航行，一路安静祥和。抵达瓦胡岛附近时，航母开始迎风，所有装载的飞机全部起飞——包括预定补充到岸上的。这部分飞机数量已经有了减少，因为有些飞机已经直接补充进了第5航空大队。飞机先行降落在岸上的机场，等待海上训练任务或下次出击才会再回到母舰。

"约克城"号的进港，没有"企业"号那么轰动。其一，是因为大多数人的情绪已经宣泄，第二次没有那样的兴奋劲儿了。其二，"约克城"号的战果也着实没那么理想。所以，一切显得"没有受到特别的注意"。与"企业"号一致，"约克城"号驶入进港水道时，所有官兵也穿白色制服，站在飞行甲板列队。除了弗莱彻和他的幕僚外，基本上所有人都是第一次看见偷袭后的珍珠港——虽然过去近两个月了，但是日本攻击的痕迹还是很清晰。多年后，副舰长克拉克在回忆中称之为"一个令人痛心又铭心刻骨的景象"。而看着那些乌黑的建筑、坐沉或翻沉的军舰，前几天还在努力反思的麦卡斯基和亚当斯也恍然大悟——对啊，我们的这些战友又是何等无辜？这、这毕竟是战争啊，你死我活再正常不过了。他们不再感觉血腥，复仇的火焰在心底怒烧起来。

"约克城"号很快靠上了E-9号泊位。它在那里停泊了4天，又转入珍珠港海军船厂。它要做一次小小的改进和维护。一旦再次出击，就是要影响太平洋战局的天平。

比TF17返港更寒酸的就数那些潜艇了。作为"无名英雄""幕后英雄"，它们的回归更加零散，根本无人问津。最早返航的是"鲳鲹鱼"号，它于1月31日抵达珍珠港，这时还不知道袭击的成果会如何。接着是跌跌撞撞返回的"海豚"号和相对顺利的"蚝隆头鱼"号，分别在2月3日、4日抵达。虽然珍珠港已经知道胜利的消息，但它们可不是主角。而当庆祝的热度完全散尽以后，2月24日，“长尾鲨”号完成对马里亚纳群岛的侦察返回了。3月6日，最后一艘“茴鱼”号也安全回到母港。不管怎么说，它们能全体平安归来就是最好的结果。

英雄降世

2月6日下午，一场令媒体欢欣不已的记者招待会召开了。各路记者们济济一堂，听失败消息听出茧子的他们迫切想要知道这场胜利中激动人心的故事。记者招待会的主角自然是哈尔西和弗莱彻。本来预定斯普鲁恩斯也要出场，但是他不擅长应付记者，又自己觉得炮击沃特杰岛行动特别失败，没有什么可说的。这个完美主义者将自己禁闭在“北安普敦”号舱室里面壁思过。

另一边的记者招待会上，一向沉默寡言的弗莱彻只简单讲了几句话，让贪婪的记者们倍感失望。但是，他们很快在哈尔西身上发现了新闻价值——这个老家伙在介绍舰队情况时，脸上微笑不断，一提及日本人就咬牙切齿。他用语尖锐、泼辣、风趣，有一种原始的西部牛仔的味道，给大家留下了深刻的印象。他明显做了充分的准备，准备了一整套既可以发表的，又能说明他打算如何对付敌人的想法，而且还很对新闻界的胃口。美式标题党们被煽动起来了，他们对哈尔西不惜笔墨，大吹大擂，将他神化为日本人的克星，一个传奇的美式救世主英雄。他们把他的绰号“Bill”幻化成了“Bull”——公牛哈尔西，这个称呼成为他后半生的招牌。不得不承认，这些美国记者确实抓住了他性格中的实质，尽管他们只有几面之缘。与之相反的是，可怜的弗莱彻就几乎被忽视了，仅有寥寥数语提及。

记者们基本上接纳了哈尔西所说所表现出来的一切。尽管出于保密，各路新闻直到2月中旬才陆续曝光。《纽约时报》使用了大幅标题“美国海军在马绍尔群岛袭击日军，总共击沉16艘军舰，包括航空母舰，巡洋舰和驱逐舰”和小标题“美国海军在太平洋上与日军扯平了”，并配以一张轰炸后失火冒烟的小岛照片。还有的报纸以“珍珠港的复仇”为题。这些新闻轰动了全美，一扫珍珠港以来笼罩在美国人心头的阴霾——原来美国海军一直在战斗，而且在打胜仗。这鼓舞起了全美国的斗志，让山本在偷袭珍珠港后的担心进一步转化成现实。

对于尼米兹而言，这场胜利是来之不易的，也是对他最大的支持。2月10日，他给海军部长的报告中，用“构思巧妙、计划周密、执行出色”三个短语高度评价了这次行动。当然，除了赞美的电文、亲自迎接、举行记者招待会和这份充满溢美之辞的报告以外，他也毫不吝惜实质性的褒扬。哈尔西得到了海军优异服务奖章，这是表彰他在这次战役中的出色指挥。同时，哈尔西推荐的许多将士获得应得的荣誉，也获得尼米兹的批准。其中，哈尔西着力举荐了两个人。第一个是他的参谋长布朗宁。哈尔西坚持声称具体作战计划是由这位参谋长完成的，因此布朗宁不仅获得了海军优异服务奖章，还被晋升了海军上校。第二个就是闷闷不乐的斯普鲁恩斯。在哈尔西的过问下，他获得了海军荣誉奖章。

除了先前所述的霍林斯沃思获得海军十字勋章以外，各主要带队飞行军官都获得了飞行优异十字勋章，他们包括第6航空大队大队长扬、第5航空大队大队长斯迈莱、第6战斗机中队中队长麦克拉斯基及下属格雷、第6轰炸机中队的贝斯特、第6鱼雷机中队副中队长马西①、第5轰炸机中队中队长阿姆斯特朗、第5侦察机中队中队长伯奇。其中，麦克拉斯基获奖的原因是"他完全无视重型防空炮火，反复对敌人目标轰炸和扫射，造成严重破坏。后来，指挥执行战斗巡逻任务的战机……对敌人轰炸机进行多次攻击……他一整天的领导和勇气都维护了美国海军军人的最高荣誉"。而对阿姆斯特朗的评价是"他带领他的中队，克服了黑暗中极端恶劣的天气条件，面对在密集的防空炮火轰炸和扫射下实施攻击，造成敌人港口设施和船只严重损坏。战斗中，他完全不顾自己的安危。他的勇气，领导中队的能力，延续了美国海军军人最高荣誉，保证了战斗胜利"。此外，第6战斗机中队的丹尼尔斯、第5战斗机中队的麦卡斯基和亚当斯也因为击落敌机而获得了飞行优异十字勋章。

第6侦察机中队的分队长迪金森还获得了航空奖章，理由是"冒着敌人猛烈高射火力反击和战斗机的拦截，直接命中一艘大型敌船"以及在"领导能力和执行任务的果决"上表现出色。同时这种奖章还颁给了第5轰炸机中队的亚当斯等。

喜气洋洋的尼米兹在"企业"号飞行甲板举行了海军第一场庆功会。他亲自出席，并为获得荣誉者佩戴奖章。仪式结束后，哈尔西把所有工作人员聚拢起来，指着自己佩戴的奖章说："这里有我的功劳，也有你们的功劳，是你们让这一切成为可能。"

1942年1月第6战斗机中队军官合影。前排坐者左起第1人为奎迪，左4为麦克拉斯基，右3为格雷。第二排左1为拉维，左2为霍德森，右3为丹尼尔斯三世。第三排左3为里奇，右2为克里斯威尔。

---

① 亦有一种说法认为马西的这枚勋章是中途岛战役牺牲后所得，奖励他在战争初期的整体贡献。

1942年1月，第6侦察机中队的新飞行员们。

当天晚上，“企业”号全体舰员在机库甲板集合看电影。哈尔西也来到舰员中间，他的出现让放肆的水兵们立即安静下来，伴随着椅子、凳子挪动的细碎声音，大家起立向这位将军致敬。“你们继续。”哈尔西淡淡地说。大家又坐回座位继续看电影侃大山。很快，他们再次安静下来，因为哈尔西还站在屏幕前，仿佛一位温柔的大爷面对着众人。在短暂的沉默之后，他忽然举起那枚奖章，“战友们，这枚奖章是属于你们的。能够替你们戴着它，我感到万分荣幸。”他停了一会，仿佛忘记要说什么了一样。随即，用沙哑的声音，快速地说：“我真的真的为你们骄傲和自豪，现在我想哭。”然后，他就在人群当中坐了下来。大家从未看到老将军如此动情，一时之间机库内寂静无声，突然间，人群中爆发出欢呼声，一浪高过一浪。声音冲出机库后，迅速传遍了整个珍珠港，所有听到的人都好奇地望着“企业”号，想要知道那里究竟发生了什么。

真实战果

在返程与狂欢的时间里，美国海军内部正在对战果进行评估。与记者们添油加醋的吹嘘不同，这种评估是严肃的，因为它既是成绩与经验的总结，也是荣誉评定的需要。首先，是关于TF8的。根据各方情况的汇报，美军判断袭击战绩如下：

一、船舶类：

沃特杰岛：击沉及重创4－5艘4－5千吨的辅助船只和货船，3－4艘小型“鸟”级船艇。

夸贾林环礁：500磅直击弹命中2艘潜艇，将其击沉；3枚500磅炸弹和1条鱼雷命中一

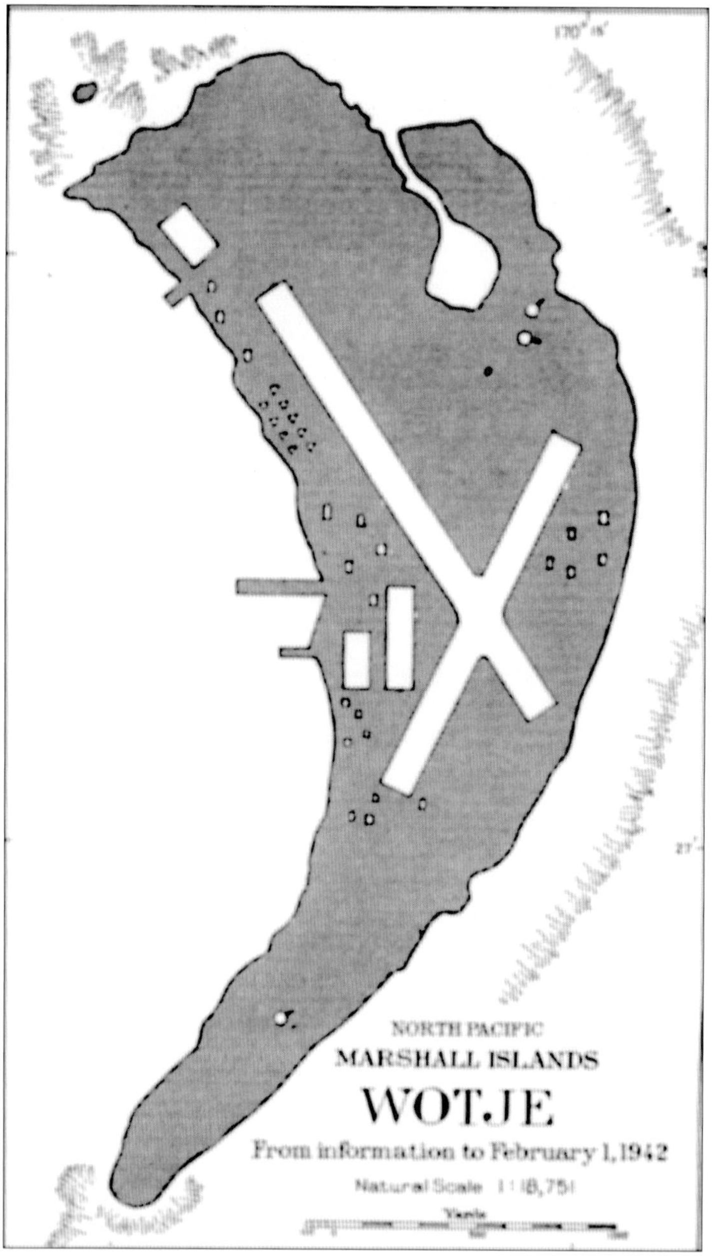

美国海军报告中绘制的沃特杰岛。

艘大的八幡丸级船只；2枚500磅炸弹和1条鱼雷命中1艘现代化的重巡洋舰或轻巡洋舰；击沉和重创3艘大的油轮，其中2枚500磅炸弹命中1艘，1枚500磅炸弹命中另2艘，2条鱼雷和1条鱼雷各命中其中1艘；500磅近失弹导致2艘货船重创，1条鱼雷命中其中1艘，使之搁浅在海滩；1艘炮艇重创搁浅。

二、岸上设施类：

沃特杰岛：摧毁了岛上全部设施，包括2座机库以及油槽、仓库、商店、兵营。压制了2门防空炮和所有的岸防炮。

塔罗阿岛：摧毁2座机库，数座建筑被击中起火，所有油罐起火。摧毁奥洛特岛的无线电站。

罗伊岛：摧毁2座机库，击中一弹药堆积处引发爆炸与火灾，摧毁了通讯建筑和所有的仓储设施。

古盖杰岛：摧毁4座建筑。

三、飞机类：

罗伊岛：击落3架战斗机，摧毁地面上的6架单发轰炸机、1架双发轰炸机。

塔罗阿岛：击落7架战斗机，击伤1架战斗机。摧毁地面上的5架单发轰炸机和1架双发轰炸机。

夸贾林岛：摧毁水中的2架4发巡逻机。

海上：击落3架双发轰炸机和1架单发双浮筒单翼水上飞机。

从这段来看，美国海军已经比新闻界的报道谨慎了许多，但是这还不够。比如斯普鲁恩斯本人对沃特杰岛炮击战果的评估就更加低调。他认为，战果并非出色：炮击行动中，编队一共消耗了690发203

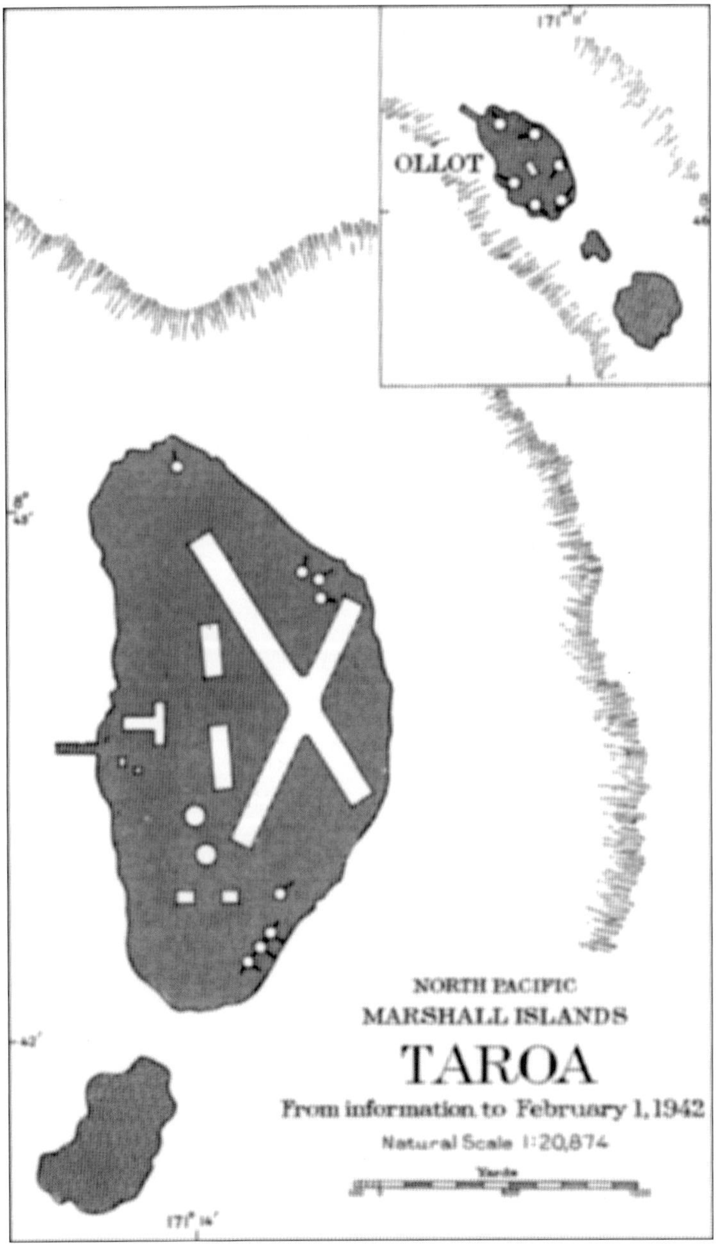

美国海军报告中绘制的塔罗阿岛与奥洛特岛。

毫米炮弹和1300发127毫米炮弹，可能击沉了2艘小船，击伤了其他数艘船只。另外，炮击在岸上引发了三处大火，不过究竟对岸上设施造成了多大的损伤难以判断。

另一边TF17的战果统计要模糊得多，也差得多。大致总结如下：

贾卢伊特环礁

3枚炸弹直接击中1艘辅助船，并引起猛烈火灾。反复扫射了该船。

对1艘辅助船取得3枚近失弹，并反复扫射，确定轻伤。

对1艘在航行状态的辅助船实施轰炸与扫射，损伤可以忽略。

对港内其他小型水上飞机的扫射，情况不详。

对贾卢伊特岛防波堤附近的管理建筑和兵营区投下数枚炸弹，并用12.7毫米和7.62毫米机枪反复扫射，造成广泛破坏。

对埃涅伯岛地面的平整设施进行了扫射，情况不详。

扫射了伊密埃吉岛上的水上飞机设施，情况不详。

马金环礁

2枚炸弹命中1艘水上飞机供应舰，引起大火；摧毁2架4发水上飞机。

美军的真实战果确实要大大低于前面的材料。战后，莫里森在《二战美国海军作战史》中根据日方资料修正后的夸贾林环礁攻击战果为：

6500吨的运输船“波尔多丸”和1艘驱潜艇被击沉，1艘驱潜艇、拖网船“鹿岛丸”和炮舰“丰津丸”被重创，9240吨的布雷舰“常磐”号、运输船“长田丸”号、轻巡洋

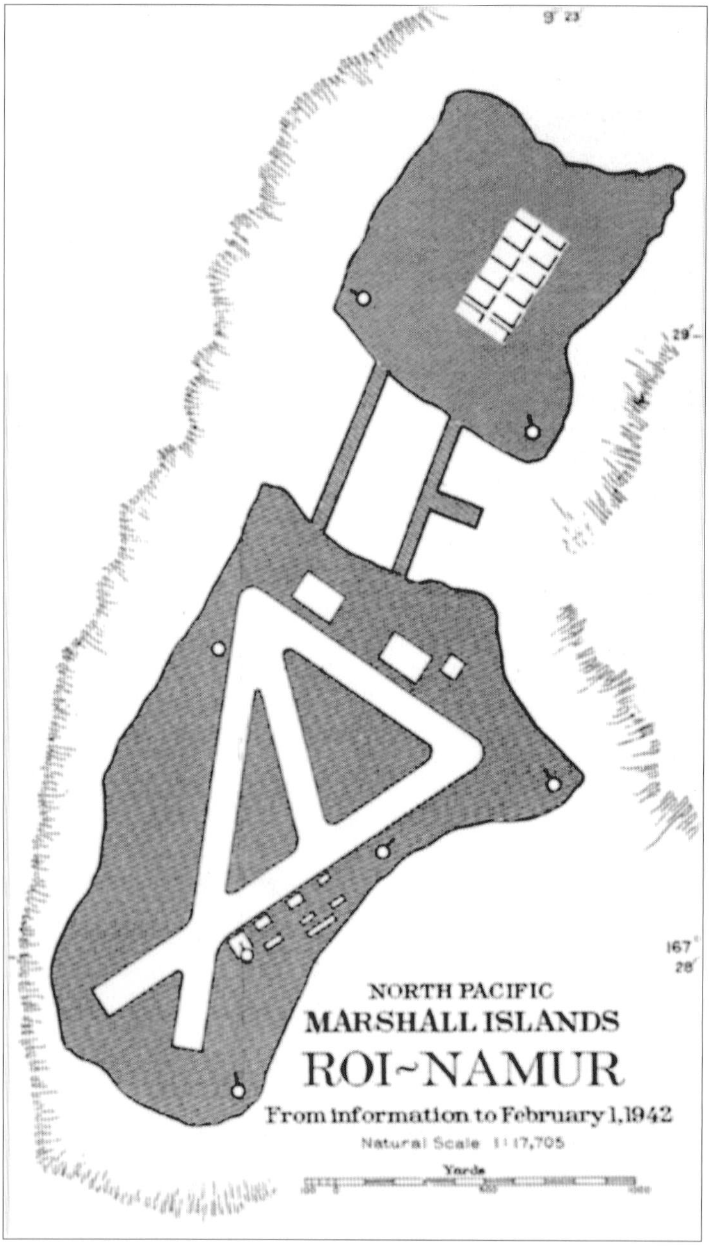

美国海军报告中绘制的罗伊岛与那慕尔岛。

舰“香取”号、8600吨“关东丸”号、1艘军火船和1艘潜艇供应船被击伤。共有18架飞机被炸毁或严重损坏，包括基地指挥官八代少将在内的90人被炸死。

也许是语言的问题，莫里森的记述还是存在严重的漏洞。事实上“关东丸”号、“长田丸”号以及18架飞机中的3架水上飞机都是TF17的战果。所以，他可能笼统地计算了2月1日当天的日本损失资料。这就意味着，这段内容反映的是整个袭击作战的结果。还有，他的谨慎或者解读的遗漏，使得这个战绩略有错漏。两艘驱潜艇应指“第十昭南丸”号与“第十一昭南丸”号（虽然实际没有沉没），军火船和潜艇供应船分别指“新玉丸”号和“靖国丸”号，但特设油轮“东亚丸”号就明显被遗忘了。

不管怎样，相对于这样的成绩而言，美军的损失并不严重。TF8仅有“企业”号航母轻微受伤、“切斯特”号重巡洋舰轻伤，以及损失1架TBD-1、6架SBD-2、1架F4F-3。TF17军舰没有损伤，只是损失了8架飞机，包括4架TBD-1、3架SBD-2和1架SOC。真可谓是一场极小代价获得的平庸胜利。

问题总结

成绩的统计十分重要，而更为重要的是总结经验教训。这次行动是在“缺乏情报的情况下，自发摸索完成的”（尼米兹给海军部长的报告语），对于初次接触实战的美国海军航母部队来说，这一点难能可贵。但是，美军的战术素养着实令人难以恭维。从上至下，各级机构在报告内，都用相当篇幅揭露了问题。尼米兹在给海军部长的报告中提到海军防空能力存在严重缺陷：一是无法及时提供正确的目标信息给炮手；二是Mk18-0和Mk18-1机械定时引信存在严重问题，而Mark 13 MCBD 引信3次过早爆炸；三是缺乏各种攻击情况下的训练，年轻的士兵缺乏经验。同时，他还对潜艇部队提供的情报提出批评：“（这些情报）对船只情况的掌握还算清楚，但是对于防御工事、飞机和其他防御设施的叙述就显得不够清晰。”

“企业”号舰长默里在给太平洋舰队司令部的报告中除了提到防空炮手缺乏射击经验之外，还建议安装炮瞄雷达以及进行25节航速以上的大机动防空射击训练，并提供安装敌我识别系统的战斗机。“企业”号的损害报告提示，按常规已经采用封闭式安装的消磁电缆仍然裸露在外（这直到1943年才解决）。而对于导致火灾的裸露油管，暂时没有好的对策，因为采用装甲封闭防护的话，会使走廊上的大火更容易蔓延到机库。

航空大队的飞行指挥官们提出了更多建议。例如第6轰炸机中队中队长霍林斯沃思少校在攻击夸贾林锚地的报告中写道：“向飞行员提供的敌人基地的资料不仅少还不准确。”还提道：“类似这样的攻击应该采用重磅炸弹，在相当高度以通常的70度角俯冲；对停泊船只的俯冲轰炸应该从船首方向进入，可能的话选择顺风射击，在高命中区域的距离上投弹，并以最大速度撤

实施炮击中的“盐湖城”号重巡洋舰。

退。”同样他在对塔罗阿岛的第二次袭击的报告中这样叙述：“我建议在任何可能的情况下所有攻击都应先考虑使用俯冲轰炸而不是滑翔轰炸……当飞机较为分散并且每架飞机都采取略有不同的攻击角度以避免危及上方的飞机时，进行俯冲投弹是很容易完成的。但值得注意的是炸弹必须投在离第一架投弹飞机最远的目标上，这样可以造成不同飞机投弹间的时间差从而避免炸弹爆炸伤到后续飞机的危险。假如开始俯冲的角度够陡的话，投弹是非常准确的……由于朝不同方向拉起后，各机间非常分散，因此在可能的情况下，每个人都有职责通过广播向飞行队长机报告任何出现的空中抵抗……即使敌机抵抗被成功对付，也必须向长机报告这一情况。否则，会造成长机误以为目标上空没有敌机，从而发出无人能修正的错误报告，导致第二波攻击飞机被‘突然’冒出来的敌机打个措手不及。”

这些都是官方的报告，私下范围内的讨论更为尖刻。比如哈尔西坦承“将航母开到敌人据点目视范围之内并非妥善之举”。而斯普鲁恩斯认为，自己对沃特杰的炮击纯粹就是一场令人沮丧的失利。重巡洋舰在战斗中表现不佳；防空火力效能低下；虚假的潜艇警报打乱了炮击计划，破坏了指挥纪律。他说：“我们的船分散在许多方向，我发出再多的信号也无法让他们返回。我完全失去了对编队的控制。”

以上大部分是TF8所属部队的总结，由于跟日军正面接触不多，TF17没有像样的补充。尽管如此，TF8反映的主要问题是极具代表性的。从中我们可以看到，美国参战是如何的仓促，美国海军军官和水兵的整体素质是何等的低下。不过话说回来，美军虽然暴露了许多问题，但它们没有导致恶劣的后果。通过这次代价极小的课堂，菜鸟部队不仅得到了初次锻炼，也及时找到了提高和改进的方向。对于美军来说，战争只是开了个头，国家的战争工业机器也已经全面启动，留给他们改正错误和磨炼技能的时间、机会与工具都很多。更为重要的是，尼米兹、哈尔西、弗莱彻、斯普鲁恩斯等这些未来的功臣，都坐稳了自己的座位，将带领浴血而生、重整士气的美国海军舰队去夺取太平洋战争的最终胜利。所以，这次尽管是平庸的胜利，但同时也是“珍珠港复仇”的真正起点，目光短浅的日本人将以数十倍数百倍的鲜血去献祭一个珍珠港。

第十八章　尾声

至前一章结束，本次战役的经历已经叙述完毕，但读者们一定对本文中的主要人物和军舰的未来命运有着浓厚的兴趣，故而笔者特开一章，择其重要者予以简要介绍：

美军指挥官

此役以后，美国海军的“万能上帝”金继续控制着舰队，并架空了海军作战部长斯塔克。1942年3月18日，罗斯福总统干脆任命他兼任了海军作战部长，真正成为美国海军唯一统帅。他继续霸道地统治一切事物，带领美国海军赢得了二战的胜利。1944年12月17日，他晋升五星上将，1945年12月15日正式卸任现役职务。1956年6月25日下午，金在缅因州基特里因心脏病突发去世。

本次袭击的总设计师尼米兹在大战期间继续担任太平洋舰队司令之职，一直指挥和掌控太平洋舰队赢得了战争的胜利。战争期间，在1944年12月14日获得五星上将军衔。1945年11月26日，他荣升海军作战部长。1947年12月15日，从该职位上退役。1966年2月20日在加利福尼亚州耶尔巴布埃纳岛去世。

袭击重要谋划者麦克莫里斯在当年4月离开了司令部，去重巡洋舰“旧金山”号上担任舰长。此后历任第3巡洋舰分队司令、太平洋舰队参谋长之职。1944年9月23日晋升中将。1952年9月1日退役，1954年2月11日在智利瓦尔帕莱索去世。

参与袭击方案修改的派伊因为被金认为不适合担任前线指挥官，1942年11月去海军战争学院担任院长，直到战争结束。1945年以中将军衔退役，1959年5月4日在马里兰州贝塞斯达去世。

袭击方案的反对者中，布洛克在当年调去海军总委员会，直到1945年以四星上将军衔退役。1967年10月4日在华盛顿特区去世。德雷梅尔因屡屡不合尼米兹的意，在中途岛战役之后被调去指挥两栖部队，此后担任第4海军军区司令直到战争结束。1946年以少将军衔退役，1971年3月24日去世。西奥博尔德在1942年5月调任北太平洋舰队司令，1943年1月至战争结束担任第1海军军区司令，1945年以少将军衔退役，1957年5月13日在马萨诸塞州波士顿去世。菲

出任海军作战部长时的尼米兹。

奇在1942年4月接任TF11指挥官，参加了珊瑚海海战和进攻瓜岛的战役。此后历任南太平洋舰队航空兵司令、海军作战部长参谋长（航空）。战后出任安纳波利斯海军军官学校校长，是第一位航空兵出身的校长。1947年以四星上将军衔退役，1978年5月22日在缅因州纽卡斯尔去世。

袭击的执行者、实际战术指挥官哈尔西成为美国海军将军中的明星，被誉为“水兵中的将军”。他先后出任南太平洋战区司令与第3舰队司令，一举力挽瓜岛战役初期的被动，并率领舰队打到了日本本土。1942年11月18日晋升四星上将，1945年12月11日荣获五星上将军衔。1947年3月退役，1959年8月16日在纽约州渔人岛去世。

哈尔西的参谋长迈尔斯·布朗宁参加了轰炸东京、中途岛

获得五星上将军衔的哈尔西。

等战役，由于一系列桃色绯闻以及在中途岛战役中与斯普鲁恩斯及飞行员的矛盾，暂时离开了作战岗位。此后又担任哈尔西的南太平洋战区司令部参谋长，参与扭转瓜岛局势。因与金和尼米兹都无法相处，在担任一段时间航母“大黄蜂”号（CV-12 Hornet）舰长之后，去了指挥与参谋学院当教官，教授航母作战战术。1947年1月1日，他以少将军衔退役，1954年9月29日在马萨诸塞州波士顿去世。

另一位舰队指挥官弗莱彻继续指挥“约克城”号航母编队参加了珊瑚海、中途岛战役，在“约克城”号沉没后，作为航母部队指挥官参与瓜岛早期作战。可是，他的表现一直不令金满意，最终在1942年11月调第13海军军区司令，1943年出任北太平洋战区司令，收复阿留申群岛后便无所事事。1947年5月以四星上将军衔退役，1959年在马里兰州贝塞斯达去世。

斯宾塞·刘易斯在弗莱彻的参谋部一直做到1942年9月，其后因为弗莱彻的司令部关闭，自身资历过高不好安排，另行遣派大西洋战线，先后担任第80特混舰队参谋长、联合特混舰队司令等职，参与了西西里岛登陆与法国南部登陆行动。战后以中将军衔退役，1952年6月26日去世。

炮击沃特杰岛的斯普鲁恩斯在1942年5月接替哈尔西代理指挥TF16，并成为中途岛战役的重要指挥官之一。此后接替德雷梅尔出任太平洋舰队参谋长。历任中太平洋舰队司令、第5舰队司令等职。1945年11月，他接替尼米兹出任太平洋舰队司令。1948年7月以四星上将军衔退役，1969年12月13日在加利福尼亚州佩布尔比奇去世。2001年7月12日，美国第107届国会通过第2492号法案，并由时任美国总统小布什签署，追授这位“将军中的将军”五星上将军衔。

斯普鲁恩斯两位抗令的部下扎卡拉赖斯和钱德勒都因本次作战影响了前途，前者1942年5月以后到战争情报办公室、海军情报办公室任职，1946年才晋升少将军衔，并且当年即退役，1961年6月27日去世。后者一直担任“北安普敦”号舰长到1942年9月，其后不详，最终军衔上校。1977年5月25日在弗吉尼亚州亚历山德里亚去世。击沉“第十昭南丸”号的罗恩在1943年4月离开了“邓拉普”号，具体任职情况不详。到20世纪50年代，他以上校军衔退役，1962年2月9日去世。

炮击塔罗阿岛的肖克1942年12月去了瓜岛海军基地担任指挥官，战后担任海军战争学院的行政主管。1947年以少将军衔退役，1962年10月4日在罗德岛州纽波特去世。

参与袭击的2艘航母的舰长命运不同。两人在中途岛战役一结束，均荣晋少将。默里担任第3航母分队司令，此后历任海军航空兵中级训练指挥部司令、太平洋舰队航空兵司令、马里亚纳群岛司令。1945年7月晋升中将。战后担任第14海军军区司令、第1舰队司令等职，1951年退役，1956年6月18日在加利福尼亚圣弗朗西斯科去世。巴克马斯特出任海军航空兵初级训练指挥部司令，1946年以中将军衔退役，1976年10月10日在加利福尼亚州科罗拉多去世。

特别需要指出的是，克拉克此役之后离开了“约克城”号，同年9月出任护航航母“萨沃尼”号（CVE-27 Suwanee）舰长，随后历任航母新“约克城”号（CV-10 Yorktown）舰长、第13航母分队司令。1944年2月晋升少将。1953年12月以四星上将军衔退役，1971年7月13日在纽约州圣奥尔本斯去世。

其他的军官与舰长中，法里昂在1942年晚些时候调任北太平洋舰队参谋长，历任海军鱼雷局局长、战列舰“北卡罗来纳”号舰长、第4巡洋舰分队司令。1946年在马绍尔群岛比基尼环礁进行的核试验中，他又出任联合特混舰队司令。他的两位驱逐舰舰长之一哈特维希，幸运地活到战后，以少将军衔退役，1973年4月11日去世；另一位海曼则在1942年5月7日珊瑚海海战中随舰战沉，被追授海军十字勋章。

航空军官之中，第6航空大队大队长扬在同年4月离开“企业”号，1943年5月晋升上校，先后担任水上飞机供应舰“丹吉尔”号（AV-8Tangier）、护航航母“奥曼尼亚湾”号（CVE-79 Ommaney Bay）的舰长。他因在萨马岛指挥“奥曼尼亚湾”号英勇抵抗栗田舰队而获得海军十字勋章。1953年6月30日，以少将军衔退役，1954年4月4日在加利福尼亚州丘拉维斯塔去世。

空袭沃特杰岛的第6战斗机中队中队长麦克拉斯基接替扬出任航空大队长，在中途岛海战中他率领SBD-3机队炸沉了南云机动舰队的“赤城”号、“加贺”号两艘航母。此后，他历任海军航空兵阿拉梅达航空站指挥官、护航航母“科雷吉多尔”号（CVE-58 Corregidor）舰长。1956年7月以少将军衔（高半阶）退役，1976年6月27日去世。

格雷接替麦克拉斯基第6战斗机中队长之职，参加了杜立特空袭东京行动及中途岛两次海战。此后历任第4D8训练

晋升上校的麦克拉斯基。

中队、第78夜间战斗机中队、第20战斗机中队中队长，第3航空大队大队长，参加了1943年12月至1945年8月的反攻。二战中击落7架敌机。1966年1月1日以上校军衔退役，1998年8月28日去世。

击落日本九六式陆基攻击机的丹尼尔斯三世更是一直延续着幸运。他在“企业”号上一直待到1943年6月，参加了其间历次作战。之后转去第10航空大队任着陆信号官、西海岸舰队航空司令部着陆信号参谋。1945年2月就任航母“香格里拉”号（CV-38 Shangri-La）上的第2战斗轰炸机中队中队长。9月2日（东），他参加东京湾受降仪式之后的千机集群飞越东京湾行动。在当时驾机的飞行员中，丹尼尔斯三世是唯一参加过1941年12月7日珍珠港上空行动的，是最佳的胜利见证者之一。1970年，他以120次战斗任务，4500飞行小时和上校军衔退役，2004年6月21日在夏威夷檀香山去世。

丹尼尔斯三世。

一天之内三度出击的霍林斯沃思也幸存到战后，并晋升上校，以少将军衔退役。1997年9月21日去世。他的部下三击塔罗阿岛的理查德·贝斯特在中途岛战役6月4日当天，一举炸中日本航母“赤城”号，因此获得海军十字勋章和飞行优异十字勋章。但之后很快因意外事故发病入院，1944年被迫提前退役。2001年10月28日在加利福尼亚州圣莫妮卡去世。

第6侦察机中队的两位分队长，加拉赫和迪金森在中途岛战役双双获得海军十字勋章，20世纪50年代，两人晋升上校。加拉赫于1959年1月以少将军衔退役，1983年2月4日去世。迪金森亦以少将军衔退役，于1984年10月4日在加利福尼亚州洛斯奥利沃斯去世。那位勇猛射击中井座机的盖多，1942年6月在中途岛战役中失踪。根据战后的调查显示，他与驾驶员海军少尉弗兰克·奥弗莱厄蒂（Frank W.O’Flaherty）的座机被击落后，两人被日本驱逐舰“卷云”号捞起来，施以虐刑。6月15日，双双被绑上重物投入大海。

第6鱼雷机中队的两位队长都在6月4日中途岛战役中壮烈牺牲。当时林赛是该中队中队长，马西已调任“约克城”号的第5鱼雷机中队中队长。值得注意的是，马西又一次发挥目视优势，比同行的SBD-3先发现日本航母，造成攻击时间差，无意中吸引了日本零式战斗机离开高空。两人均获颁海军十字勋章。他们的部下龙巴赫在1942年5月28日晋升中尉，但也在6月4日这一天战斗中，因座机被击落而失踪。美国海军追授其海军十字勋章。

攻击马金环礁的第5侦察机中队中队长伯奇，继续带领队伍袭击了新几内亚，参与了珊瑚海海战。中途岛战役前，他改任航母部队训练军官，此后就大部分时间在服务训练岗位，中间一度担任航母“提康德罗加”号（CV-14 Ticonderoga）副舰长。1962年7月1日以少将军衔退役，1989年1月21日去世。打爆米井中尉飞行艇的考德威尔后来在新几内亚、珊瑚海、东所罗门三获海军十字勋章。战争结束前，他是“企业”号上的第41夜间战斗机中队少校中队长。最终以少将军衔退役，1991年10月12日去世。另一部下斯特朗在珊瑚海海战（同一中队）、圣克鲁斯海战（第10侦察机中队）以及1945年7月24日空袭吴港（第85战斗轰炸机中队）中三得海军十字勋章。二战结束时为中校军衔，最后以上校军衔退役，1977年12月18日去世。

在米利环礁几无所获的肖特在珊瑚海时担任第5轰炸机中队中队长，中途岛海战时又回到第5侦察机中队任中队长。在这两次战役与对新几内亚空袭中他获得3枚海军十字勋章。战后一直升至上校，以少将军衔退役，1979年11月4日去世。

冒着风暴袭击贾卢伊特环礁的第5轰炸机中队里，中队长阿姆斯特朗参加了新几内亚攻击和珊瑚海海战，中途岛战役仍然留舰。其后历任格罗斯伊尔海军航空站站长、水上飞机供应舰“圣乔治”号（AV-16 St.George）舰长，应对了神风自杀飞机的攻击。1956年以少将军衔退役，1980年11月24日去世。

阿姆斯特朗的部下之中，炸中“关东丸”号的格斯特，1964年晋升少将，1966年曾指挥第65特混舰队协助打捞B-52遗落在地中海西班牙水域的氢弹。1992年8月13日去世。尾随阿姆斯特朗投弹的尼尔森在珊瑚海、中途岛两得海军十字勋章，以上校军衔退役，1994年2月5日去世；鲍尔斯在1942年5月8日珊瑚海海战中牺牲；亚当斯在新几内亚空袭和珊瑚海两获海军十字勋章。1942年6月中途岛战役期间，他在完成自己搜索任务后，自作主张扩大搜索范围，率先发现日军尚存的第4艘航母“飞龙”号，为战役最终胜利奠定坚实基础。可惜，在6日的战斗中，他因座机被日本驱逐舰“谷风”号防空火力击中而牺牲，追授海军十字勋章。

与阿姆斯特朗一起出击的倒运者泰勒，在新几内亚和珊瑚海两得海军十字勋章，尤其后一次，他的获奖感言是“完成攻击后，我把我的小伙子们都活着带回来了”。他的第三枚海军十字勋章来自1945

Admires Rockford Hero's Cross

Comm. Robert G. Armstrong of Rockford, commandant of the Grosse Ile Naval Training station, near Detroit, Mich., smiles as his wife admires his navy cross shortly after its presentation by Rear Admiral Elliott Buckmaster, who was captain of the aircraft carrier Yorktown, sunk in the battle of Midway in June, 1942. Armstrong, son of the Rev. and Mrs. Harry P. Armstrong of Beloit, Wis., formerly of Middle Creek community southwest of Rockford, received the citation for attacks on Jap shipping with his bombing squadron at Lae and Salamaua in New Guinea last March 10. Armstrong was commander of the bombing squadron, credited with disabling and probably sinking three enemy ships. A naval officer for 17 years, he served on the Yorktown until it was sunk.

获得海军十字勋章的阿姆斯特朗与夫人一起登报。

中途岛战役中牺牲的塞缪尔·亚当斯。

年3月19日，他任航母“富兰克林”号副舰长之时。当时航母遭到日机炸弹命中，内部殉爆，他镇定指挥并亲自参与抢救，挽救了母舰。他最后的军衔是少将，1963年5月4日去世。副中队长约翰逊在1945年回到美国之后，继续在海军服役。三年多的牢狱并未影响升迁，一度曾以中校军衔代理航母舰长，最终以少将军衔退役，1994年在佛罗里达州萨拉索塔去世。

第5鱼雷机中队飞行员之中，引导军舰救人的埃利森与富雷尔均在珊瑚海海战中获得海军十字勋章。随后，埃利森到劳德尔堡航空站担任教官，徒弟包括第41任总统老乔治·布什（George H.W. Bush）。1970年，这位公认为是海军最优秀飞行员之一的军官以上校军衔退役，2005年11月30日在佛罗里达州彭萨科拉去世。富雷尔具体经历不详，1961年以上校军衔退役，2007年12月7日去世。

取得“约克城”号首个击落记录的第5战斗机中队飞行员麦卡斯基和亚当斯都是幸运儿。两人大战中的命运类似，都参加了珊瑚海和中途岛战役，都两次获得海军十字勋章。之后麦卡斯基担任飞行教官，亚当斯先到第41战斗机中队任中队长，后任飞行教官。大战后期，两人又分别回第8和第88战斗机中队作战。麦卡斯基击落记录为13.5个，获飞行优异十字勋章，1965年以上校军衔退役，1997年去世。亚当斯1972年7月以上校军衔退役，2011年3月15日去世。

潜艇军官也不能被遗忘。指挥侦察行动的威瑟斯在1942年5月调任海军朴茨茅斯造船厂厂长，直到1946年以少将军衔退役。1953年6月25日去世。他的参谋长斯泰尔在1942年8月调任第10潜艇中队指挥官，1943年曾短期代理太平洋舰队潜艇部队司令，其后在1944年11月担任大西洋舰队潜艇部队司令直至战争结束。以少将军衔退役，1976年8月19日在加利福尼亚州洛斯加托斯去世。

“蚝隆头鱼”号艇长威林厄姆在1942年11月离开该艇，次年5月出任“弓鳍鱼”号（SS-287 Bowfin）艇长。此后历任第262潜艇分队、第82潜艇中队指挥官，战后担任欣厄姆海军弹药库指挥官。1948年以上校军衔退役，同年12月29日去世。

获得第三枚海军十字勋章的帕克斯。

“鲳鲹鱼”号艇长帕克斯在该艇服役到1942年7月，之后继续在潜艇部队担任各种指挥职务，曾任第202潜艇分队司令直至战争胜利。以少将军衔退役，1982年4月27日去世。

“海豚”号艇长雷纳返航之后就离开了这艘潜艇，后续情况不详，1957年6月12日去世，最终军衔就是少校。

“茴鱼”号艇长奥尔森在1942年9月离职，此后曾担任潜艇“黑鱼”号（SS-221 Blackfish）艇长以及潜艇第16中队、第17特混舰队第4大队、潜艇第122中队军需官。战后最终军衔为上校。

当然，因为缺乏资料和足够时间，前文中所述的参战人物有的未能涉及，有的涉及的勋章和经历有所缺漏，欢迎有志者予以补充。

美军舰艇

美军参战的2艘航母之中，“企业”号历经磨难，一直顽强战斗到战争结束，获得20颗战役之星。1947年2月17日，“企业”号退役，曾有计划作为纪念舰保存，但最终筹款不足，1958年7月予以拆毁。“约克城”号则在中途岛海战中，被日本舰载航空兵两度重创后，由“伊168”号潜艇在6月7日击沉。该舰获得3颗战役之星。

直接参与袭击行动的4艘重巡洋舰有3艘保存到战后，分别是“盐湖城”号、“切斯特”号、“路易斯维尔”号。三舰分别在1947年8月29日、1946年6月10日、17日退役，各获得11、11、13颗战役之星。“盐湖城”号参加了在马绍尔群岛比基尼环礁的核试验，作为靶舰遭到重创。1948年5月25日在加利福尼亚州南部水域沉没。另两艘在1959年拆毁。

唯一在战争中损失的是“北安普敦”号。它于1942年12月1日，在塔萨法隆加海战中被日本驱逐舰发射的鱼雷命中，不幸沉没。该舰共获6颗战役之星。

在马绍尔群岛比基尼环礁核试验中重创的“盐湖城”号。

巴西海军的“塔曼达雷”号。

获得11颗战役之星的轻巡洋舰“圣路易斯”号也保存到了战后。该舰1946年6月20日退役，1951年1月售与巴西海军，易名“塔曼达雷”号（Tamandare）。1976年6月，从巴西海军退役，1980年8月拖往拆船厂的途中沉没。

参与袭击行动的12艘驱逐舰有4艘在战争期间沉没。依次为1942年5月7日，“西姆斯”号被日军飞机炸沉于珊瑚海；同年8月22日，“布鲁”号在瓜岛水域被日本驱逐舰“江风”号打成重伤，次日自沉于铁底湾；同年11月15日，“沃克”号在瓜岛水域作战中，被日本舰队发射的火炮和鱼雷击沉；1944年12月7日，“马汉”号在莱特岛奥尔莫克湾被神风自杀飞机撞成重伤，弃舰后沉没。四舰分别获得2、5、3、5枚战役之星。

幸存的8艘之中，“拉尔夫·塔尔博特”号和“休斯”号参与了1946年7月在马绍尔群岛比基尼环礁的核试验，受创沉没。两舰均获得14颗战役之星。“巴尔奇”号、“麦考尔”号、“莫里”号、“邓拉普”号、“拉塞尔”号5舰于1945年退役，分别获得6、9、16、6、16颗战役之星。“巴尔奇”号在1946年拆毁，其余在1947年拆毁。“克雷文”号在1946年退役，1947年拆毁，获得10颗战役之星。

2艘油轮均用到了冷战时期。“普拉特”号在1972年退役，“萨宾河”号在1976年退役，其后拆毁。二战期间，两舰分别获得了11、10颗战役之星。

对马绍尔群岛和吉尔伯特群岛实施侦察的5艘潜艇，有2艘在战争期间损失。其中“鲳鲹鱼”号1943年9月在日本本州岛北部失踪，怀疑是遭到攻击沉没。“茴鱼”号于同年同月9－12日之间，在马尼拉附近失踪，应该是被攻击沉没。战争期间，两艇分别击沉8艘与6艘日本船只。

“海豚”号在1942年全年还在执行战斗巡逻任务，1943年起转为训练潜艇。1945年10月12日退役，1946年拆毁。

"蚝隆头鱼"号与"长尾鲨"号在整个战争期间共执行战斗巡逻13、14次，1945年12月退役。两艇都曾计划用于马绍尔群岛比基尼环礁的核试验，后放弃。"蚝隆头鱼"号作为预备训练船，直到1959年退役拆毁。"长尾鲨"号1946年退役，1948年拆毁。

日军指挥官

在日本军官之中，首先要说一下南洋群岛侵略的急先锋山屋他人。他在完成占领马绍尔群岛的任务后，一路青云直上，晋升大将，并做到联合舰队司令长官。1923年3月31日（东）编入预备役，1936年正式退役，1940年9月10日（东）未看到太平洋战争爆发即死亡。

带队考察南洋群岛，谋划军事基地建设计划的宫田义一，1940年3月31日（东）转入预备役。开战前的1941年11月再次召集，出任横须贺炮术学校校长，直到1943年3月20日（东）。1960年11月27日（东）死亡。三木森彦在开战时于海军军务局任职，兼管商工省航空事务，历任霞浦航空队司令，第27航空战队司令官，第14、21、15联合航空队司令官。1973年7月6日（东）死亡，最终军衔少将。

与美军交手的第4舰队司令长官井上成美因在后续作战中不能让海军高层满意，于1942年10月调任海军军官学校校长。他推行英语教学，反对轻视全面素质的纯军事速成教育，批判军国主义思维，是当时日本国内不可多得的亮点。

极为重视英语学习与教育的井上成美。

后来，他调任海军省次官，战争结束之前转军事参议官，并晋升大将。1975年12月15日（东），在横须贺市自己家里亡故。

井上离开第4舰队后，参谋长矢野志加三也调任海军省教育局局长。之后在海军省舰政本部、海军总队等处任职，最终军衔中将。1966年1月24日（东）死亡。首席参谋川井严在此之前的7月就调回本土任横须贺镇守府附，历任第5舰队司令部附、轻巡洋舰"木曾"号舰长及海军省人事局第1课课长等职。1972年5月15日（东）死亡，最终军衔少将。

井上的部下里，侵占北吉尔伯特群岛的第19战队司令官志摩清英在1942年10月出任第16战队司令官。此后依次出任横须贺海军通信学校校长、第5舰队司令长官、高雄警备府司令长官等职。其参与了莱特湾海战中的苏里高之战。1973年11月7日（东）死亡，最终军衔中将。

在战争期间跟八代一样下场的还有沃特杰环礁的指挥官寺田荣之丞、马洛埃拉普环礁的海面防御指挥官浅井谦只。两人均于1943年1月13日（东）死亡，前者原因不详，后者乘坐"岩代丸"号在马朱罗环礁以东遭潜艇"鲸鱼"号

志摩清英。

（SS-239 Whale）攻击，随船沉没毙命。两人均按例追晋少将。

活到了战后的更多。抢先代理马绍尔群岛守卫部队指挥权的牛尾藤雅，在1942年9月调大和田通信队任司令。在经历海军通信学校校长之后，于电测学校校长职位上迎来日本战败。1953年12月24日（东）死亡，最终军衔少将。跟他较真的富泽不二彦1943年3月调职，先后担任食品补给舰“伊良湖”号舰长、马公方面特别根据地队司令官，1955年7月2日（东）死亡；企图决死冲击的太田增右卫门1979年10月6日（东）死亡；马洛埃拉普环礁的指挥官阪本敏1975年3月5日（东）死亡；贾卢伊特环礁指挥官千知波长次1953年3月30日（东）死亡；第8炮舰队司令坂野民部1973年10月17日（东）死亡。以上5人最终军衔皆是大佐。

航空军官多数活到战后，大桥富士郎一直担任千岁航空队司令，1942年11月航空队改名第703航空队后继续留任。1943－1945年间经历不详，1945年2月担任鹿岛航空队司令，最终军衔大佐。战后，他在东京品川区危险品仓库担任安保队长。1964年7月14日（东）夜晚，仓库发生火灾并爆炸，19名消防员殉职。大桥负罪，于7月20日（东）在家中以刀自尽。横滨海军航空队司令横井俊之在1942年5月离职，随后历任横须贺航空队副队长兼教头、“飞鹰”号舰长、吴镇守府附、第25航空战队司令官、第5航空舰队参谋长等职。1969年12月23日（东）死亡，最终军衔少将。第19航空队司令中岛第三在1944年10月转任第381海军航空队司令，直至战争结束，最终军衔大佐。横滨航空队飞行队长小泉实三郎后来出任第343航空队副队长，最终军衔中佐。驻扎塔罗阿岛的仓兼义男后来曾任第204航空队飞行队长，最终军衔少佐。以上三人死亡日期不详。

战死者包括驻扎伊密埃吉岛的柳泽八郎、驻马金环礁的坂本勇、从特鲁克匆匆赶回的长岛博三郎。柳泽在1944年底成为神风特攻队樱花队的第一批成员，但未能如愿“献身”，就转任战斗机第304飞行队队长。1945年4月17日（东），在冲绳上空掩护特攻行动中毙命，当时军衔少佐，按例追晋中佐。坂本勇在1942年5月初的珊瑚海海战期间被击毙，按例追晋少佐军衔（这也算是对米井中尉等人的一种补偿吧）。长岛最后职务是第801航空队飞行队长，在台湾水域航空战中战死，特二阶追晋为大佐（原军衔少佐）。

潜艇部队两位将领的后事颇有色彩。1942年7月14日（东），伤愈复出的清水光美接任第1舰队司令长官。没想到一年不到，因“陆奥”号战列舰炮塔爆炸事故丢了官。之后转入预备役，最终军衔中将，1971年5月5日（东）死亡。他的参谋长三户寿在1942年10月转第1潜水战队司令官，之后历任海军人事局长、第4特攻战队司令官。在战后间歇期晋升中将。据说在1943年3月20日（东），他曾向部下发布“格杀勿论”令，故而被美军逮捕，以战犯身份起诉。因为没有有效证据证明命令是真，最终于1948年12月被判有期徒刑8年。1955年2月，他被释放，1967年5月17日（东）死亡。

最后是那位在风雨天与哈尔西失之交臂的武田盛治。这位好色之徒自1942年3月起，历任第3根据地队司令官、第2海上护卫队司令官之职。1943年9月转预备役，最终军衔中将。1973年2月27日（东）死亡。

由于遭袭日军舰艇多为辅助舰只、小型舰只，多数在战争中沉没，故而不一一介绍，列成总表附录于后（见附表3）。

附表1 美日海军主要战斗机性能对比

	F4F-3	零式21型(A6M2b)	九六式4号(A5M4)
标准起飞重量(公斤)	3176	2421	1671
机翼面积(平方米)	24.2	22.4	17.8
发动机输出功率(马力)	1200	940	785
最大时速(公里)/高度(米)	531/6710	533/4550	435/3160
巡航时速(公里)	298	296-333	/
降落时速(公里)	121	119	/
机内燃油容量(升)	545	525	330
海平面爬升率(米/分)	701	945	/
实用升限(米)	11280	10300	9800
机翼载荷(公斤/平方米)	131.2	107.9	93.9
动力载荷(公斤/马力)	2.7	2.6	2.1
武备	4×12.7毫米	2×20毫米 2×7.7毫米	2×7.7毫米

附表2　美日航空鱼雷比较

	Mk13	九一式
直径(毫米)	572	450
长(米)	4.1	5.3
重(公斤)	1006	848
战斗部重量(公斤)	/	323.6
战斗部装药(公斤)	272.4①	235
最大航速(节)	33.5	42
实用射程(米)	5761	2000

① 手头有的美方资料比较含糊，有说是战斗部重量，也有说是装药重量。综合判断，这一重量是装药量的可能性为大。

附表3　受攻击诸环礁日本主要舰艇最终命运表

类型/船名	损失时间与地点	原因
轻巡洋舰“香取”号	1944 年 2 月 17 日 特鲁克环礁	被美军第 58 特混舰队舰载航空兵击伤后，又遭美军舰队炮击击沉
布雷舰“常磐”号	1945 年 8 月 15 日 大湊	8 月 9 日被美军第 38 特混舰队舰载航空兵炸伤，后坐底
潜艇“伊 9”号	1943 年 6 月 14 日 阿留申群岛基斯卡岛	被美国驱逐舰“弗雷泽”(DD-607 Frazier)号击沉
潜艇“伊 15”号	1942 年 12 月 16 日 瓜岛附近	美国飞机炸沉
潜艇“伊 17”号	1943 年 8 月 19 日 努美阿附近	美国水上飞机炸沉
潜艇“伊 19”号	1943 年 11 月 25 日 马金岛附近	被美国驱逐舰“拉德福特”号(DD-446 Radford)击沉
潜艇“伊 25”号	1943 年 10 月 24 日认定 不详	不详
潜艇“伊 26”号	1944 年 10 月 25-26 日夜间 莱特岛以东	被美国护航驱逐舰“库尔博”号(DE-217 Coolbaugh)击沉
潜艇“吕 61”号	1942 年 9 月 1 日 阿留申群岛阿特卡岛	被美国驱逐舰“里德”号(DD-369 Reid)击沉
潜艇“吕 62”号	1946 年 5 月 伊予滩	沉海处置
运输舰“知床”号	1945 年 2 月 1 日 新加坡	被 B-29 炸伤沉底

续表

类型/船名	损失时间与地点	原因
特设潜水母舰“平安丸”号	1944年2月18日 特鲁克环礁	被美军第58特混舰队舰载航空兵击沉
特设潜水母舰“靖国丸”号	1944年1月31日 恩德比岛附近	被美国潜艇“扳机鱼”(SS-237 Trigger)号击沉
特设油轮“东亚丸”号	1943年11月25日 波纳佩岛以北	被美国潜艇“绒杜父鱼”号(SS-196 Searaven)击沉
特设军火船“新玉丸”号	1944年4月8日 关岛以南	被美国潜艇“海马”号(SS-304 Seahorse)击沉
特设食品供应船“第二天洋丸”号	1944年3月3日 幌筵岛东岸	触礁后弃船
特设淡水供应船“第一甘糠丸”号	1942年12月24日 威克岛附近	被美国潜艇“海神”号(SS-201 Triton)击沉
特设炮舰“八海山丸”号	1942年10月22日 塔比特韦亚岛西南	被美国驱逐舰“马汉”号(DD-364 Mahan)和“拉姆森”号(DD-367 Lamson)击沉
特设炮舰“生田丸”号	1944年1月12日 夸贾林环礁	被美军PB4Y飞机炸沉
特设炮舰“长田丸”号	1944年4月22日 西贡外海	被美军B-25炸沉
特设炮舰“大同丸”号	1943年12月4日 波纳佩岛东北	被美国潜艇“天竺鲷”号(SS-308 Apogon)击沉
特设炮舰“光岛丸”号①	1943年5月20日 塔罗阿岛	被美国潜艇“青鳕”号(SS-180 Pollack)击伤后报废
特设拖网艇“宇治丸”号	1944年1月29日 马绍尔群岛	被美军第58特混舰队舰载航空兵炸沉
特设拖网艇“桂丸”号	1944年1月31日 夸贾林环礁以西	被美军第58特混舰队舰载航空兵炸沉
特设拖网艇“第三寿丸”号	1944年1月28日 埃尼威托克环礁以南	被美军飞机炸沉
特设扫雷艇“第三玉丸”号	1944年1月30日 马绍尔群岛	美军第58特混舰队舰载航空兵炸沉

① 5月18日被潜艇击伤，20日至塔罗阿岛。一般认定20日损失，实际保留一段时日，遭美军数次空袭沉底。

续表

类型/船名	损失时间与地点	原因
特设扫雷艇“第五玉丸”号	1944 年 1 月 30 日 夸贾林环礁	美军第 58 特混舰队舰载航空兵炸沉
特设扫雷艇“第七昭和丸”号	1945 年 1 月 24 日 硫黄岛西南	被美国驱逐舰“邓拉普”号(DD-384 Dunlap)、“范宁”号(DD-385 Fanning)击沉
特设扫雷艇“第八昭和丸”号	1944 年 6 月 15 日 鸟岛东南	推测为美国潜艇击沉
特设驱潜艇“第三文丸”号	1944 年 1 月 30 日 埃尼威托克环礁	美军第 58 特混舰队舰载航空兵炸沉
特设驱潜艇“第六京丸”号	1943 年 11 月 27 日 马绍尔群岛	触礁
特设驱潜艇“第七京丸”号	1944 年 12 月 26 日 母岛附近	触雷
特设驱潜艇“第六拓南丸”号	1945 年 8 月 10 日 女川港外	英国舰队及美国第 38 特混舰队舰载机炸沉
特设驱潜艇“第七拓南丸”号	1943 年 12 月 5 日 夸贾林环礁罗伊岛以南	美国舰载航空兵炸沉

注：书中正文已记载命运的不计入本表。本表内使用东经日期，不再每个注明。

附表4 马绍尔群岛及吉尔伯特群岛中外语对照

花园群岛Los Jardines Islas（西）[①]

一路顺风群岛Buen Viaje Islas（西）

珊瑚群岛Los Corales Islas（西）

金斯米尔群岛 Kingsmill Islands

缅希科夫环礁Menshikov Atoll

马尔格雷夫岛 Mulgrave Island

马绍尔群岛 Marshall Islands

拉塔克群岛Ratak Chain

塔翁吉环礁Taongi Atoll[②]

比卡尔环礁Bikar (Bikaar) Atoll

乌蒂里克环礁Utirik Atoll

艾卢克环礁Ailuk Atoll

梅吉特环礁Mejit Atoll[③]

利基普环礁 Likiep Atoll

沃特杰环礁Wotje Atoll

沃特杰岛Wotje Island

席施马雷夫海峡 Schischmarev Strait

马洛埃拉普环礁Maloelap Atoll

塔罗阿岛Taroa Island

特贾岛 Tjan Island

奥洛特岛 Ollot Island

奥尔环礁 Aur Atoll

马朱罗环礁 Majuro Atoll

阿尔诺环礁Arno Atoll

米利环礁Mili Atoll

米利岛 Mili Island

诺克斯环礁 Knox Atoll

拉利克群岛Ralik Chain

埃尼威托克环礁Enewetak Atoll

比基尼环礁Bikini Atoll

朗格拉普环礁Rongelap Atoll

朗格里克环礁Rongerik Atoll

沃托环礁Wotho Atoll

乌贾环礁Ujae Atoll

夸贾林环礁Kwajalein Atoll

夸贾林岛Kwajalein Island

比杰岛 Bigej Island

埃努布吉岛 Enubuj Island

埃贝耶岛 Ebeye Island

古盖杰岛 Gugegew Island

梅卢岛Mellu Island

那慕尔岛 Namur Island

罗伊岛 Roi Island

艾林拉普拉普环礁Ailinglaplap Atoll

贾卢伊特环礁Jaluit Atoll

贾卢伊特岛Jaluit Island

阿吉简岛 Agijean Island

埃涅伯岛Enybor Island

伊密埃吉岛Imiej Island

卡本博克岛 Kabbenbock Island

平勒普岛 Pinglapp Island

纳莫里克环礁Namdrik Atoll

埃崩环礁Ebon Atoll

吉尔伯特群岛Gilbert

---

① 字尾标注为（西）的是西班牙语，其余为英语。

② 今日一般称博卡克环礁Bokak Atoll。

③ 因为石体超过珊瑚礁体，今日一般认作岛。

Islands

马金环礁Makin Atoll

小马金岛 Little Makin Island

布塔里塔里环礁Butaritari Atoll

布塔里塔里岛Butaritari Island

比卡提岛 Bikati Island

贝鲁环礁Beru Atoll[①]

塔拉瓦环礁Tarawa Atoll

阿比昂环礁 Abaiang Atoll

---

① 因为石体超过珊瑚礁体，今日一般认作岛。

主要参考资料

档案：

A06031520700，『南洋群島現勢要覧昭和2年1月』。

A06031520800，『南洋群島現勢要覧昭和2年12月』。

A06031520900，『南洋群島現勢要覧昭和4年1月』。

A06031521000，『南洋群島現勢要覧昭和5年』。

A06031521100，『南洋群島現勢要覧昭和6年』。

C10080130300，『第5特別陸戦隊戦時日誌ヤリユート島守備隊日誌』。

C10080130400，『第5特別陸戦隊戦時日誌（1）』。

C10080595500，『第1南遣枝隊戦時日誌大正3年10月』。

C10080595600，『第1南遣枝隊戦時日誌大正3年11月』。

C10080596000，『第3戦隊第1南遣支隊戦時日誌（通信の部） 大正3年10月』。

C10080140300，『第1南遣支隊告示第1号·司令官より発せられたる諸報告』。

C08030018200，『昭和16年12月1日－昭和19年8月31日 第4艦隊戦時日誌（1）』。

C16120663000，『昭和16～18年主要作戦（航空関係を除く）摘要（南東·南西·中部太平洋方面）16年度』。

C08030251500，『昭和16年12月1日－昭和16年12月31日 第6根拠地隊戦時日誌』。

C08030066400，『昭和16年12月1日－昭和17年1月31日 第19戦隊戦時日誌戦闘詳報（1）』。

C08030066500，『昭和16年12月1日－昭和17年1月31日 第19戦隊戦時日誌戦闘詳報（2）』。

C08030251600，『「マーシャル」方面防備部隊戦闘詳報』。

C08030251500，『昭和16年12月1日－昭和16年12月31日 第6根拠地隊戦時日誌』。

C08030251600，『「マーシャル」方面防備部隊戦闘詳報』。

C08030171400，『昭和17年2月1日－昭和17年2月28日　戦時日誌（1）』。

C08051608000，『昭和17年2月　横浜空飛行機隊戦闘行動調書（1）』。

（以上属国立公文書館アジア歴史資料センター）

H-108/AR-179-761/21976。

H-108/AR-180-76 1/2/1976。

E-108/AR-380-77 12/7/1977。

H-108/AR-63-80 5/16/1980。

（以上属Naval District Washington Microfilm Section）

书刊：

[美] Robert Cressman：That Gallant Ship，Pictorial Histories Publishing Company 1985。

[美] E.B. Potter：Bull Halsey，Naval Institute Press 1985。

[美] Samuel Eliot Morison：

The Rising Sun in the Pacific，Castle Books 2001。

[美] Thomas B.Buell：Master of Sea Power，Little，Brown and Company 1980。

[美] Thomas B.Buell：The Quiet Warrior，Little，Brown and Company 1974。

[德] Stefan Terzibaschitsch，[美] Harold Erenberg译：Cruisers of the US Navy 1922-1962，Naval Institute Press 1984。

[美] 波特著，伊斯曼译：《海上悍将海尔赛》，麦田出版有限公司1995年版。

[法] 乔治·布隆德著，梁贵、姚根林译：《大洋余生》，新华出版社1983年版。

[美] E.B.波特著，蒋恺、施家鼐、伍文雄译：《尼米兹》，解放军出版社1987年版。

[美] 约翰·B.伦斯特罗姆著，胡毅秉译：《航母舰队司令》，中国长安出版社2013年版。

[美] 巴里特·蒂尔曼著，孙文龙译：《企业号CV-6航母大战》，湖南人民出版社2013年版。

[美] 哥德斯坦等著，林光馀译：《图说偷袭珍珠港》，当代世界出版社2001年版。

[苏] C.A.托卡列夫等著，李毅夫等译：《澳大利亚和大洋洲各族人民》，三联书店1980年版。

[美] 唐纳德·B.弗里曼著，王成至译：《太平洋史》，东方出版中心2011年版。

[日] 学习研究社著，王志远等译：《世界民族大观1大洋洲》，自然科学文化事业股份有限公司1978年版。

[英] 理查德·迪肯著，群益译：《日本情报机构秘史》，群众出版社1985年版。

张恩护编著：《太平洋群岛》，商务印书馆1959年版。

严懋德编译：《太平洋诸岛概观》，世界书局1946年版。

世界知识出版社编辑：《国际条约集1917－1923》，世界知识出版社1961年版。

[英] 蔡尔德（R.Child）著，张诒仙译：《椰子》，农业出版社1984年版。

新华通讯社译名资料组编：《英语姓名译名手册》，商务印书馆2004年版。

新华通讯社译名室编：《德语姓名译名手册》，商务印书馆1999年版。

新华通讯社译名室编：《法语姓名译名手册》，商务印书馆1996年版。

辛华编：《西班牙语姓名译名手册》，商务印书馆1973年版。

新华通讯社译名室编：《葡萄牙语姓名译名手册》，商务印书馆2009年版。

傅华主编：《临床预防医学》，复旦大学出版社2014年版。

[日] 防衛研修所戦史室著：『中部太平洋方面海軍作戦(1)昭和十七年五月まで』，朝雲新聞社1970年。

[日] 防衛庁防衛研修所戦史部著：『潜水艦史』，朝雲新聞社1979年。

[日] 海軍砲術史刊行会编：『海軍砲術史』，海軍砲術史刊行会1975年。

[日] 湯沢豊编：『世界の傑作機No.40〈SBDドーントレス，SB2Cヘルダイバー〉』，文林堂1993年。

[日] 湯沢豊编：『世界の傑作機No.47〈日本海軍水上偵察機〉』，文林堂1994年。

[日] 湯沢豊编：『世界の傑作機No.55〈零式艦上戦闘機11-21型〉』，文林堂1995年。

[日] 湯沢豊编：『世界の傑作機No.68〈グラマンF4Fワイルドキャット〉』，文林堂1998年。

[日] 湯沢豊编：『世界の傑作機No.91〈九六式陸上攻撃機〉』，文林堂2002年。

[日] 巖谷二三男著：『中

攻』，原書房1976年。

[日] 大内建二著:『特設艦船入門』，光人社2008年。

[日] 中井晶夫著:『海軍大尉中井一夫の生涯』，ライフリサーチ・プレス2000年。

[日] 源田實著:『海軍航空隊、発進』，文春文庫1997年。

[日] 源田實著:『海軍航空隊始末記』，文春文庫1996年。

[日] 松村金助著:『南にも生命線あり日・満・南・経済ブロックの提唱』，東京森山書店1933年。

[日] 福川秀樹编著:『日本海軍将官辞典』，芙蓉書房2000年。

[日] 外山操编:『陸海軍将官人事総覧海軍篇』，芙蓉書房1971年。

[日] 木津徹編集:『日本海軍特務艦船史』，海人社1997年。

[日] 雑誌『丸』編集部:『日本海軍艦艇写真集11』，光人社1997年。

[日] 雑誌『丸』編集部:『日本海軍艦艇写真集15』，光人社1997年。

[日] 雑誌『丸』編集部:『日本海軍艦艇写真集19』，光人社1997年。

[日] 雑誌『丸』編集部:『写真太平洋戦争》第2卷，光人社2003年。

[日] 新人物往来社戦史社:『日本海軍指揮官総覧』，新人物往来社1995年。

[日] 宮本三夫著:『太平洋戦争喪われた日本船舶の記録』，成山堂書店2009年。

文章:

爰澜:《第一次反击——美军第8特混舰队袭击马绍尔群岛》，《军事历史》2006年第2－3期。

爰澜:《急兔咬凶狼——“翁迪纳”号油轮和“孟加拉”号护卫舰护航战记》，《舰船知识》2014年第6期。

福町知宏:『南洋群島占領—WW1劈頭の日本海軍の行動』，『東大戦史研会報第57号(特集:第一次世界大戦)』。

网络资源:

www.ibiblio.org

www.navsource.org

www.cv6.org

en.wikipedia.org

pacific.valka.cz

uniform-reference.net

avalon.law.yale.edu/

www.geocities.jp/tokusetsukansen/J/index.html

http://www.geocities.jp/torikai007/

hush.gooside.com

www.wings-aviation.ch

navy.togetherweserved.com

valor.militarytimes.com

www.geni.com

鸣　谢

本书在写作期间，得到了美国波士顿大学顾剑教授、东京大学贺申杰先生、神奈川大学博士张子平先生、上海图书馆张铁先生，高峻、欧阳欣、朱墨青、童丰、范庭豪、徐元卿、胡毅秉、褚以伟先生，陈虹、唐思雯女士，网友希腊水果（以上排名不分先后）的无私帮助，没有大家的热情支持，此书的完成是无法想象的，在此表示最诚挚的谢意。